RANDEYNES & FILS

LOUVOIS

D'APRÈS SA CORRESPONDANCE

1641-1691

PAR

LE GÉNÉRAL BARON AMBERT

TOURS

ALFRED MAME ET FILS

ÉDITEURS

LOUVOIS

PROPRIÉTÉ DES ÉDITEURS

Le roi ordonna à Le Nôtre d'aligner,
de mesurer et de dire ce qu'il aurait trouvé. (Ch. v.)
(*Louvois*, frontispice.)

LOUVOIS

D'APRÈS SA CORRESPONDANCE

1641-1691

PAR

LE GÉNÉRAL BARON AMBERT

DEUXIÈME ÉDITION

TOURS

ALFRED MAME ET FILS, ÉDITEURS

M DCCC LXXXI

A

MADAME MARIE DEMANGE

NÉE AMBERT

PRÉFACE

L'histoire de Louvois n'avait pas été sérieusement écrite avant l'œuvre si remarquable de M. Camille Rousset, publiée en 1861, sous le titre : *Histoire de Louvois et de son administration politique et militaire.*

Il existait cependant un ouvrage en huit volumes écrits en 1760 par le P. Griffet, qui l'avait intitulé : *Recueil de lettres pour servir d'éclaircissement à l'histoire militaire du règne de Louis XIV*. Cet ouvrage renferme un grand nombre de lettres de Louvois.

Occupant une haute position au dépôt de la guerre, M. Rousset a eu la bonne fortune d'y découvrir un trésor qui est la correspondance de Louvois. Cette correspondance formant *neuf cents* volumes manuscrits, il fallait un courage de savant, pour y puiser pendant de longues années, jour par jour, heure par heure.

M. Camille Rousset a eu ce courage. Ses travaux ont enrichi l'histoire. L'Académie française s'est honorée en ouvrant ses portes à l'historien de Louvois.

Cette correspondance présentait Louis XIV sous un jour nouveau, et faisait découvrir plus d'un secret. Cependant, quelque précieux que soient les jugements de M. Rousset, il est permis de ne pas les accepter tous sans contrôle. On pourrait penser qu'il fait un peu grande la part de l'administration et trop petite celle du commandement militaire.

Peut-être aussi trouverait-on, en y regardant de près,

que le roi est parfois sacrifié à son ministre ; peut-être enfin serait-il permis de réclamer pour le Tellier quelques-unes des institutions dont M. Camille Rousset fait honneur à Louvois.

Nous avons reproduit un grand nombre de lettres qu'il eût été facile de faire servir à la construction d'un texte de plus facile lecture. Mais ces lettres ont un caractère d'authenticité bien autrement important que la traduction d'un écrivain. D'ailleurs on aime les formes un peu surannées, les phrases improvisées qui expriment naïvement ou brutalement, mais toujours franchement, la pensée du personnage en scène. Ce style familier, sans ornements, est plein de charmes ; il sent son gaulois et nous reporte de deux siècles en arrière. On aime à s'imaginer que l'on est dans le cabinet de Louis XIV ou de Louvois, ou bien sous la tente de Turenne ou de Vauban.

Quelque beau, quelque vrai que soit l'ouvrage de M. Camille Rousset, il ne sera pas le dernier sur le marquis de Louvois. Neuf cents volumes renferment trop de richesses pour un seul écrivain.

Nous venons après M. Rousset, d'autres viendront après nous. Ceux-là porteront de nouveaux jugements suivant le point de vue auquel ils se placeront. Les futurs historiens du célèbre ministre découvriront de nouvelles perspectives, et la vérité historique ne pourra qu'y gagner.

Mais tous, dans l'avenir comme dans le présent, devront proclamer que le trésor a été découvert par M. Camille Rousset, et que, de près ou de loin, il a sa part dans les histoires du marquis de Louvois.

LOUVOIS

D'APRÈS SA CORRESPONDANCE

1641-1691

CHAPITRE I

1641-1672

Michel le Tellier. — Diverses opinions sur Louvois. — Expéditions. — L'intendant Robert. — Coligny. — Les commissaires des guerres. M. de Mirabeau et le commissaire. — Le marquis de Coëtquen. — Le marquis du Montal. — Corps d'armée au secours des Hollandais. — Lettres familières de Louvois. — Le marquis de la Vallière. — Turenne. — Expédition de Flandre en 1667. — Rapide conquête de la Franche-Comté. — Voyage de Louis XIV. — Le comte de Gramont. — La législation militaire est antérieure à Louvois. — Le Tellier a préparé toutes les réformes de Louvois. — Réformes inspirées par Turenne. — Lettre de Vauban à Louvois. — Activité de Louvois. — Expédition contre le duc de Lorraine Charles IV. — Lettre de Louvois au maréchal de Créqui. — Probité de Vauban. — Louvois est nommé grand vicaire de l'ordre de Saint-Lazare et ministre d'État. — État de l'armée prête pour la guerre de Hollande. — Difficultés entre les maréchaux de France. — Entrée en campagne. — Passage du Rhin. — Fautes commises par Louvois.

I

Louvois était fils de Michel le Tellier, chancelier de France, ministre d'État sous le règne de Louis XIII.

Le père contribua plus qu'on ne pense à la fortune du fils, d'abord en l'instruisant, ensuite en l'aidant de ses conseils. On n'a pas assez remarqué que Michel le Tellier ne mourut que dix ans avant Louvois et put le soutenir.

Il n'est donc pas inutile de faire connaître le père avant le fils. Celui-ci fut plus célèbre, mais celui-là ne méritait pas d'être sacrifié aussi complètement par les historiens jaloux de contribuer à l'illustration du grand ministre de Louis XIV.

Michel le Tellier naquit, le 19 août 1603, de Michel le Tellier, seigneur de Chaville, conseiller à la cour des aides, et de Claude Chauvelin.

Il annonça tout d'abord un goût prononcé pour l'étude et fit de rapides progrès. Lorsqu'il eut atteint sa vingt-huitième année, son père, reconnaissant en lui de grandes dispositions pour la magistrature, lui acheta une charge de conseiller au grand conseil. Peu de temps après le jeune conseiller fut nommé procureur du roi au Châtelet de Paris. Cette position donnait un crédit considérable et conduisait à tout.

Après avoir exercé sa charge pendant sept années, le Tellier devint maître des requêtes.

C'est en cette qualité qu'il fut chargé avec le chancelier Séguier et Talon, conseiller d'État, d'un procès contre quelques séditieux normands. L'affaire présentait de sérieuses difficultés, parce qu'il fallait éviter d'offenser le parlement de Rouen. Le Tellier déploya une rare habileté, et fit rendre justice tout en contentant la cour et les parlementaires.

Il fut nommé à l'intendance du Piémont en 1640, à l'âge de trente-sept ans.

Cette grande et importante fonction venait de prendre plus de développement depuis l'ordonnance royale de 1635, qui donnait aux intendants le titre de : *Intendant du militaire, justice, police et finances.*

L'intendance du Piémont était l'une des plus difficiles à conduire. Le Tellier, travailleur infatigable, ne tarda pas à se montrer bon administrateur; mais il s'attacha tout particulièrement à bien connaître les troupes, à étudier leur organisation, à maintenir la discipline, à pourvoir à toutes les nécessités du service.

Le cardinal de Richelieu, qui ne devait mourir qu'à la fin de l'année 1642, put apprécier le Tellier, que Mazarin lui signala comme digne des postes les plus élevés.

Il y avait entre le caractère du cardinal Mazarin et celui de Michel le Tellier des rapports qui les rapprochèrent jusqu'à l'intimité.

Le 22 octobre 1645, le Tellier fut nommé secrétaire d'État au département de la guerre; il en remplissait les fonctions **depuis deux ans.**

CHAPITRE I

Les temps étaient difficiles au milieu d'intrigues sans cesse renouvelées. Michel le Tellier se montra souple et prudent jusqu'à la dissimulation.

Il avait alors trois passions : s'élever, se distinguer par de grands services et d'utiles relations, et enfin faire de son fils un grand personnage. Cette dernière passion ne le cédait pas aux deux autres. Peut-être même, en y regardant de près, trouverait-on que tout cela n'est qu'une même chose : l'ambition la plus haute qui ne se borne pas à une vie d'homme.

Le Tellier voulut être un ancêtre, car il en manquait. Son grand-père, ardent ligueur, protégé par le duc de Mayenne, était connu dans son quartier comme agitateur, bruyant bourgeois, partisan du désordre. A ce métier, il ne perdit rien, et acheta même la terre de Chaville.

Le fils de ce ligueur mourut jeune, étant conseiller à la cour des aides. Ce conseiller fut le père, assez obscur, de Michel le Tellier.

Celui-ci eut donc le mérite de se former seul, de conquérir par un travail assidu et une habileté remarquable cette grande position qu'il sut occuper dignement. Les historiens, éblouis par le génie administratif du marquis de Louvois, ont laissé, sinon dans l'ombre, du moins dans un demi-jour, ce Michel le Tellier dont l'influence fut immense. S'il n'eût aplani la route, si, conduisant son fils par la main au début, il ne l'avait doté de sa profonde expérience, le grand ministre de Louis XIV n'aurait été qu'un administrateur remarqué.

Sans doute Louvois fut supérieur à son père ; il s'élevait plus haut dans ses combinaisons, possédait une vue plus perçante, avait la main plus ferme. Mais le Tellier vivait à une époque tourmentée où l'équilibre se perdait facilement, tandis que Louvois se sentit soutenu par ce grand principe d'autorité qui donne aux facultés une puissance considérable.

Louvois était âgé de quatre ans lorsque le Tellier fut nommé secrétaire d'État de la guerre. Le père voulut fermement laisser à son fils sa grande charge. Alors il se mit à l'œuvre avec un courage et une persévérance qui ne se démentirent pas un seul jour.

Après avoir pétri, pour ainsi dire, le caractère de son fils, après avoir présidé à ses études, il jeta dans cette jeune âme des germes d'ambition. Puis il l'associa à ses travaux, lui donnant d'abord les solutions, lui laissant bientôt le soin de résoudre les difficultés, rectifiant par des raisons, éclairant par des conseils, citant les précédents, faisant ressortir les conséquences d'une décision, démontrant, en un mot, qu'administrer c'est prévoir.

Louvois se forma ainsi jour par jour, heure par heure, apprenant tout sans difficultés à vaincre. Son père lui fit parcourir à pas de géant les premières étapes, les plus pénibles, et lui enseigna en même temps l'art du courtisan et l'art plus difficile de la domination.

Louvois fut donc, à l'âge de dix-huit ans, presque aussi habile que l'était le Tellier à soixante. Son ardeur avait de bien plus grandes proportions.

Si, pour écrire l'histoire de Louvois, d'éminents historiens ont puisé dans ce trésor qui est le dépôt de la guerre, s'ils ont consulté la correspondance du marquis de Louvois, il eût fallu en même temps interroger les travaux de le Tellier, lire les mémoires de Turenne, les lettres de Colbert, et peut-être de ces documents comparés les uns aux autres serait-il ressorti des vérités inconnues.

La mémoire de Louvois en eût souffert sans doute ; mais il n'en fût pas moins demeuré grand ministre et homme tout à fait à part.

Les relations de le Tellier avec le duc d'Orléans et le cardinal de Retz, ses difficultés avec les parlements, son intimité avec Mazarin, la confiance que lui accordait la reine régente, sa fidélité envers le jeune monarque, avaient fait de lui un personnage tellement considérable qu'en toute affaire il jouait le premier rôle.

Lorsqu'en 1666 il demanda et obtint la survivance de sa charge de secrétaire d'État de la guerre pour son fils, celui-ci, âgé de vingt-cinq ans, travaillait avec son père depuis l'année 1654, c'est-à-dire que Louvois avait obtenu la survivance à l'âge de treize ans.

Devenu chancelier de France en 1667, le Tellier mourut en 1681, âgé de quatre-vingt-trois ans. Jusqu'à la fin de la vie de son père Louvois le consulta.

Lorsque le Tellier se retira du ministère, il fut regretté par les gens de guerre, parce qu'il était juste, affable, bon et généreux. Il pardonnait à ses ennemis, et se montrait fidèle à ses amis.

Loin de nous la pensée de diminuer les grands mérites du marquis de Louvois. Nous les ferons ressortir en toutes circonstances; mais nous voudrions expliquer cette incontestable supériorité de Louvois et nous défendre d'une admiration sans limites.

Donnons au marquis de Louvois les louanges méritées par d'éclatants services et un génie supérieur, mais rendons à Michel le Tellier ce qui lui est dû.

Les grandes institutions fondées par le marquis de Louvois étaient presque toutes préparées par le Tellier.

Louis XIV, né au mois de septembre 1638, avait deux ans de plus que Louvois, dont l'acte de naissance porte la date du 18 janvier 1641.

Le roi était donc flatté de pouvoir considérer son jeune ministre comme un élève à former. Le Tellier fit comprendre à son fils combien cette circonstance devenait favorable à sa fortune. Moins modeste que son père, d'un caractère plus entier, Louvois eut quelque peine à se discipliner; mais il y parvint, et garda pour d'autres que pour le roi cette humeur impérieuse et cet orgueil qui lui firent tant d'ennemis. Extrêmement laborieux, descendant jusqu'aux moindres détails, Louis XIV aimait à prononcer les décisions, après avoir fait quelques corrections aux travaux présentés à sa signature. Le Tellier fit comprendre à Louvois qu'il était bon de satisfaire ce goût du roi, en commettant à dessein de légères irrégularités, que le maître corrigerait avec plaisir, en accompagnant le tout d'une petite leçon bienveillante, flatteuse même, et qui établissait aux yeux du conseil la supériorité du roi.

Le 19 mars 1663, le marquis de Louvois épousa une riche héritière, de noble race, fille unique de Charles de Souvré, marquis de Courtenvaux.

Le roi prit un goût véritable pour son jeune ministre. Louvois plut naturellement, parce qu'il partageait sincèrement les idées de Louis XIV. Comme le roi, il aimait l'autorité; son goût pour les choses militaires était semblable à ceux du roi, et tous deux, le monarque et le sujet, avaient le sentiment patriotique. A leurs yeux l'Europe devait respect à la France, et l'épée de la France pouvait toujours protéger ou châtier.

Lorsqu'en 1661 le cardinal de Mazarin mourut, il donna au jeune monarque le conseil de gouverner lui-même; il dit au roi de ne plus confier le gouvernement de la France à un premier ministre omnipotent, mais de se contenter de secrétaires d'État pour l'administration.

Louvois ne fut donc jamais ministre comme l'avaient été Richelieu et Mazarin.

Louis XIV règne et gouverne. Son énergie et sa capacité l'ont fait accuser d'orgueil; d'autres ont dit que son éducation négligée et son instruction imparfaite ne lui permettaient pas d'apprécier les affaires à leur juste valeur.

La nature l'avait royalement doté. A l'âge de vingt-trois ans, il savait se faire obéir et respecter; il donnait à ses ministres l'exemple du travail et les tenait en haleine, en ne les perdant pas de vue. Rien de ce qui pouvait contribuer à la grandeur et à l'éclat de son règne ne lui était étranger. Les lettres et les arts recevaient de lui des encouragements, et il savait honorer toutes les carrières.

Sa grande qualité était la connaissance des hommes.

Il ne faut pas croire que Louvois fût indispensable à Louis XIV, comme Richelieu l'avait été à Louis XIII. L'utilité de Louvois est incontestable; mais, le plus souvent, il appliqua, en les développant et en les complétant, les idées du roi, qui voyait les questions de plus haut, dont l'intérêt était infiniment plus élevé, et qui, enfin, avait au cœur un amour pour son peuple qu'un ministre n'éprouve pas au même degré qu'un souverain.

Nous ne voudrions pas amoindrir les gloires de Louvois, ni diminuer ses mérites; mais il nous semble juste d'éviter les erreurs des historiens, qui ont grandi le ministre aux dépens de Louis XIV, oubliant qu'à côté des magnifiques entreprises de Louvois se trouvaient Colbert à l'intérieur et Turenne au delà des frontières, sans compter Vauban et Luxembourg.

II

Avant de montrer Louvois à l'œuvre, faisons connaître quelques jugements portés sur lui. *Esprit audacieux, insatiable de crédit,* dit l'abbé de Choisy. *Puissant génie, âme féroce,* d'après Duclos, qui ajoute : « C'était sans doute un ministre supérieur pour conduire une guerre; mais si on le considère comme citoyen, c'était un monstre d'égoïsme. » Lafare considérait Louvois comme excellent dans l'exécution, mais dont les vues n'étaient pas assez étendues pour le gouvernement d'un grand État; capable de bien servir dans le ministère, mais non pas de gouverner.

Les uns l'ont nommé le *grand commis*, d'autres le *grand vivrier*, parce qu'il avait la science des approvisionnements.

Le duc de Saint-Simon se montre injuste pour Louvois, qui cherchait à établir l'égalité, la discipline, et voulait faire servir les grands seigneurs comme les officiers de fortune.

On connaît cette lettre de Mme de Sévigné à sa fille : « Vous ne serez pas fâchée d'apprendre ce que c'est que d'avoir une belle compagnie ou d'en avoir une mauvaise. M. de Louvois dit l'autre jour tout haut à M. de Nogaret : « Monsieur, votre compagnie est en fort mauvais état. — Monsieur, dit-il, je ne le savais pas. — Il faut le savoir, dit M. de Louvois; l'avez-vous vue? — Non, Monsieur, dit Nogaret. — Il faudrait l'avoir vue, Monsieur. — Monsieur, j'y donnerai ordre. — Il faudrait l'avoir donné. Il faut prendre parti, Monsieur : ou se déclarer courtisan, ou s'acquitter de son devoir quand on est officier. »

Cette lettre est à la louange de Louvois. Il fallait qu'il eût le sentiment de l'autorité et du devoir pour parler ainsi à ce grand seigneur, entouré d'une noblesse qui se croyait quitte de tout lorsqu'elle revenait de la guerre, après y avoir versé son sang.

Puisque nous sommes près de Mme de Sévigné, empruntons-lui cette belle lettre écrite à M. de Coulanges, le 26 juillet 1691. Louvois n'ayant pas eu d'oraison funèbre, cette lettre lui en servira. Aussi bien, le ministre de Louis XIV venait de mourir : « Le voilà donc mort, ce grand ministre, cet homme si considérable qui tenait une si grande place; dont le *moi*, comme dit Nicole, était si étendu; qui était le centre de tant de choses! Que d'affaires, que de desseins, que de projets, que de secrets, que d'intérêts à démêler, que de guerres commencées, que d'intrigues, que de beaux coups d'échecs à faire et à conduire! — Ah! mon Dieu, donnez-moi un peu de temps, je voudrais bien donner un échec au duc de Savoie, un mat au prince d'Orange. — Non, non, vous n'aurez pas un seul, un seul moment. — Faut-il raisonner sur cette étrange aventure? Non, en vérité, il y faut faire des réflexions dans son cabinet... »

Si on lit attentivement l'histoire de cette époque, on voit qu'après la mort de Turenne l'influence de Louvois prit un plus grand développement et qu'il eut ses coudées franches.

Saint-Simon porte une accusation fort grave. « La paix de Ryswick semblait enfin devoir laisser respirer la France... Le roi avait soixante ans et il avait acquis toute sorte de gloire ; les grands ministres étaient morts, et ils n'avaient point laissé d'élèves ; les grands capitaines non seulement l'étaient aussi, mais ceux qu'ils avaient formés avaient passé de même ou n'étaient plus en âge et en faculté d'être comptés pour une nouvelle guerre. Louvois, qui avait gémi avec rage sous le poids de ces anciens chefs, avait mis bon ordre à ce qu'il ne s'en formât plus à l'avenir, dont le mérite pût lui porter ombrage. Il n'en laissa s'élever que de tels qu'ils eussent toujours besoin de lui pour se soutenir ; il ne put en recueillir les fruits ; mais l'État en porta toute la peine, et, de main en main, la porte encore aujourd'hui. »

Ce jugement peut sembler sévère, quoiqu'il soit plus juste qu'on ne pense.

Les contemporains éclairés de Louvois ont pensé qu'il fut l'un des plus puissants génies qui aient paru à la tête des affaires ; mais ils ont pensé aussi qu'étant ministre appartenant au civil et non général d'armée, il soumit, jusqu'à un degré d'asservissement funeste, la guerre proprement dite à l'administration, et la stratégie à la bureaucratie.

Le développement de ce système a promptement préparé le retour des abus qui avaient amené la décadence des armées romaines.

Le ministre tout-puissant a mis les machines de tout genre, le nombre des bataillons, l'argent et tous les moyens que la puissance positive peut créer et employer, à la place des talents et des vertus, parce qu'un ministre peut disposer des hommes et des trésors, mais qu'il ne dépend pas de lui d'inspirer le courage et le zèle, le génie, l'amour de la patrie et les sentiments nobles et chevaleresques.

Cela devait fatalement conduire, comme le prévoyaient Turenne et Vauban, aux armées nombreuses, aux grands états-majors, aux grands équipages, aux grands convois, aux grands magasins, aux grands fourrages, aux grands hôpitaux, aux grands sièges, en un mot, aux grands embarras, aux grands abus, aux petits talents et aux grands désastres.

Louvois poussa jusqu'à la manie le système des places fortes, système qui, porté à l'excès, est le renversement de la guerre véritable, parce qu'il fait de l'accessoire le principal, et met en première ligne ce qui ne doit être qu'en seconde.

Malheureusement Louis XIV avait un goût prononcé pour

la guerre de sièges; la cour se plaisait à ces représentations théâtrales, où la bravoure est en vue, où les soudaines inspirations font place au calcul.

Un siège est une partie d'échecs que l'on gagne toujours en plus ou moins de temps, lorsqu'on a des canons, de l'argent, du pouvoir, et des semaines ou des mois devant soi.

Le génie militaire de la nation française, génie d'illuminations, d'élans généreux, fut emprisonné dans les formules. Avec Vauban le succès d'un siège était assuré. Le roi, très courageux, y pouvait braver la mort, mais échappait à la captivité, qui eût été la ruine de son royaume. Louis XIV aimait donc les sièges, où son épée brillait d'un éclat incontestable. Le goût personnel du roi s'accordait donc avec l'intérêt de Louvois, mais les progrès de l'art de la guerre véritable reçurent une atteinte sérieuse.

Le système du ministre mit dans toutes les parties du militaire un ordre incontestable, une subordination du commandement à l'administration, qui ont pu tromper les historiens.

Saint-Simon n'a pas complètement tort lorsqu'il se plaint du mode d'avancement au rang d'ancienneté par le tableau. Sans doute Louvois voulait arrêter le flot de la faveur, couper court aux prétentions de la haute noblesse et à l'influence des femmes en crédit; mais n'était-ce pas en même temps dédaigner les talents et le mérite? N'était-ce pas arrêter de bons officiers d'avenir et décourager les laborieux et les braves? D'ailleurs l'intrigue sut tourner les difficultés.

Louvois croyait, ou feignait de croire, que tous les hommes sont égaux en valeur intrinsèque, et que les choix deviennent indifférents; il croyait que le pouvoir, qui domine tout, suffit pour tout prévoir, tout diriger, et que les choses font plus que les hommes. Ce principe ministériel est démenti par la nature humaine, ce qui n'empêche pas qu'il a survécu à Louvois, et que le XIXe siècle, en héritant de l'erreur du XVIIe, a vu d'immenses catastrophes produites par de mauvais choix dans le personnel.

Louvois avait coutume de dire que la fortune était pour les *gros bataillons*. C'est une erreur qui, à la longue, triomphe du génie et du talent. Les gros bataillons durent peu, leur nature s'altère et leur esprit militaire se corrompt.

La conséquence des gros bataillons est que l'on dévoue à

la guerre plus d'hommes que la nature n'en créa pour la guerre, abus qui ruine les nations, porte le dernier coup à leur civilisation, et prépare leur décadence.

Au lieu d'être pour les gros bataillons, il eût été sage et prudent de prononcer les noms de Turenne, de Luxembourg, de Villars, de Catinat et de Vendôme.

Les Chinois nomment la guerre la *grande affaire*, et la morale la *grande science*. Il faut toujours appliquer la grande science à la grande affaire, ce que Louvois ne comprit pas.

La guerre est le triomphe de la force, mais il ne faut pas que cette force soit uniquement matérielle et mécanique, comme Louvois le pensait. La matière a des limites fort étroites, tandis que l'influence morale est constante et sans bornes. C'est donc l'homme qui doit occuper la première place dans les institutions; car l'homme est l'être supérieur qui pense en agissant, tandis que la machine, quelque savante qu'elle soit, demeure toujours sans âme.

Louvois n'a pas compris que les petites armées de 30,000 hommes, commandées par Turenne et Montecuculli, accomplissaient des prodiges d'art et de science; il a mis à la mode les gros bataillons, multipliant les engins, les convois et les accessoires.

Très grand ministre sans doute, il a multiplié les écritures dans l'intérêt de l'ordre; mais pour ces monceaux d'écritures il a fallu des commis en nombre illimité, et la bureaucratie est venue naturellement avec ses formes puériles, son pédantisme et ses entraves.

Louvois savait être un grand ministre, tout en oubliant ce qu'est un grand général. Napoléon Ier dit dans ses Mémoires : « Le génie du général est indispensable; c'est la tête, c'est le tout d'une armée : ce n'est pas l'armée romaine qui a soumis la Gaule, mais César; ce n'est pas l'armée carthaginoise qui faisait trembler l'armée républicaine aux portes de Rome, mais Annibal; ce n'est pas l'armée macédonienne qui a été sur l'Indus, mais Alexandre; ce n'est pas l'armée française qui a porté la guerre sur le Weser et sur l'Inn, mais Turenne; ce n'est pas l'armée prussienne qui a défendu sept ans la Prusse contre les trois plus grandes puissances de l'Europe, mais Frédéric le Grand. »

Louvois était dans un autre ordre d'idées et croyait devoir limiter l'action du général. Il soumit le général en chef aux bureaux; plus tard, à la fin du xviiie siècle, d'autres pouvoirs entravèrent le commandement militaire, et l'on vit le gouvernement placer auprès des généraux des représentants pour les surveiller et les diriger dans leurs opérations militaires.

Telles furent les conséquences des idées de Louvois. Ce grand homme est mort depuis bientôt deux siècles, et ses institutions durent encore; mais à côté du bien qu'il a fait on retrouve encore les traces du mal.

III

Après avoir fait connaître les points principaux qui nous séparent des historiens de Louvois, nous allons assister aux grands travaux de cet homme si remarquable. Tout en rendant un éclatant hommage au génie de ce ministre, nous jugerons ses œuvres dans l'intérêt historique et non pour la glorification d'un homme, quelque utile qu'il ait été.

Les débuts ministériels de Louvois menaçaient d'être d'une gravité exceptionnelle. Les étrangers n'avaient plus pour la France le respect dû à une grande puissance; aussi l'ambassadeur d'Espagne se permit-il une injure envers l'ambassadeur de France à Londres. Louis XIV saisit cette occasion de prouver la force de la monarchie. Philippe IV se soumit promptement.

A cette insulte diplomatique en succéda une autre plus grave encore. Le pape Alexandre VII, que ses sympathies entraînaient du côté de l'Autriche, se montrait quelque peu dédaigneux envers la France. L'ambassadeur de Louis XIV, le duc de Créqui, soutenait hautement l'honneur de la France. A l'occasion d'une rixe, le gouvernement pontifical laissa la populace envahir l'hôtel du duc de Créqui. Ne pouvant obtenir satisfaction, l'ambassadeur se retira à Florence, et prévint le roi de sa situation.

Louis XIV se redressa de toute sa hauteur, et fit connaître qu'il exigeait une réparation publique, éclatante pour lui et pour son peuple. Les médiations furent repoussées, et le nonce reconduit à la frontière. Le Tellier, qui était encore ministre, écrivit au duc de Créqui, le 9 septembre 1662 : « Sa Majesté ne songe plus présentement qu'à former une armée et à faire préparer toutes les choses nécessaires pour la faire marcher en Italie, le plus diligemment qu'il sera possible. »

Ce fut une affaire d'importance que de s'attaquer au chef de l'Église catholique; mais le roi s'y résolut. Il forma donc une armée, composée de seize mille fantassins et de huit mille chevaux, dont il donna le commandement au maréchal du Plessis-Praslin.

Le parlement de Paris et la Sorbonne approuvèrent le roi, tandis que le peuple d'Avignon chassait le vice-légat, et que le comtat Venaissin était réuni à la France.

La cour de Rome céda, fit des excuses, et l'expédition fut contremandée.

Cette grave affaire était à peine terminée, qu'une autre préoccupait l'Europe.

Les Turcs avaient des prétentions sur la Transylvanie et la Hongrie, et menaçaient l'Autriche. On pouvait craindre que l'étendard de Mahomet ne parût d'un jour à l'autre sous les murs de Vienne.

Louis XIV accorda un secours de six mille hommes à l'armée des confédérés, qui ne se composait que de vingt-cinq mille hommes. Cent vingt jeunes gentilshommes des meilleures maisons furent autorisés à servir en qualité de volontaires. Le comte de Coligny eut le commandement de ce corps, qui partit de Metz, joyeux et fier, le 17 mai 1664.

Peu de temps après, ils étaient à la bataille de Saint-Gothard. Le comte de Coligny l'annonce ainsi : « Nous avons aujourd'hui pu voir deux choses fort opposées, la valeur du Français et la poltronnerie de ces troupes-là (les Allemands). Aujourd'hui, les Français ont sauvé l'Empire et se sont aussi sauvés eux-mêmes; car la boucherie que Bajazet fit faire de la noblesse qui s'était croisée avec le duc de Nevers (Jean Sans-Peur), n'eût rien été auprès de celle que je vous parle, si les Français n'avaient regagné le poste que les Turcs avaient occupé. Tous les Turcs que nous avons défaits aujourd'hui avaient, chacun, une tête d'Allemand pendue à leur ceinture; mais ils les ont bien payées, et jamais je n'ai vu un si grand désordre que celui qui a été parmi ces gens-là, ni un si grand massacre en si peu de temps. »

Cette lettre de Coligny est adressée à le Tellier, qui avait eu soin de nommer un de ses parents, M. Robert, intendant de l'armée. Celui-ci écrivait en secret à Louvois et lui faisait connaître ce qui se passait. Une réponse de Louvois, qui se trouve au dépôt de la guerre, est ainsi conçue : « A monsieur Robert, 31 octobre. — J'ai reçu, avec votre lettre du 12 de ce mois, un mémoire écrit de votre main, qui contenait environ vingt ou vingt-cinq feuillets. Ce mémoire m'a particulièrement informé de toutes les choses qui se sont passées durant la campagne, et j'en tirerai toute l'utilité que je dois. Cependant je l'ai jeté au feu après l'avoir lu avec grand plaisir. »

Louvois fait donc espionner le général, mais il a soin de détruire la dénonciation, afin de donner plus de confiance au dénonciateur.

Le corps expéditionnaire français mourait de misère ; sans pain, sans solde, maltraité par les habitants, plus que froidement avec les alliés, ce corps se fondait dans les hôpitaux. Les Mémoires de Coligny renferment des détails navrants qui font peu d'honneur à la science administrative de l'intendant Robert, et ferait soupçonner que Louvois lui-même ne connaissait pas encore les secrets d'une bonne administration militaire.

Cette petite campagne terminée, le corps expéditionnaire français reprit le chemin de Metz, d'où il était parti. Au point de vue militaire, cette guerre est sans intérêt, mais l'influence politique de la France grandit considérablement. L'intendant Robert écrivait à son cousin Louvois, le 7 novembre, en parlant du retour : « C'était un concert de louanges et de belles paroles ; les actes, choses inouïes, les dépassèrent encore. Le trésor impérial, qui était vide, trouvait cent mille livres à offrir aux généraux français ; et comme ils répondaient un peu fièrement qu'ils ne prenaient d'argent que du roi seul, les florins se métamorphosaient en diamants et en bijoux. »

De son côté, Coligny écrivait à le Tellier : « En venant on nous refusait tout pour de l'argent, et au retour on nous donne tout pour rien... Je vous assure que nous sommes de gentils garçons, et j'espère que nous serons plus sages au retour qu'à l'aller. Nous ramènerons un corps chargé de gloire et des bénédictions des Allemands. »

Parti de Metz le 17 mai 1664, le corps expéditionnaire y rentrait le 8 janvier 1665, après avoir mis deux mois pour opérer sa retraite.

Coligny, chef de cette petite armée, appartenait à une grande maison, et jouissait de la plus haute considération.

Très brave, d'un esprit charmant, pénétré du sentiment militaire, gai compagnon, ayant pour le soldat une véritable passion, veillant à son bien-être, lui faisant rendre justice en maintenant la discipline, il était adoré des troupes. Ses lieutenants étaient le comte de la Feuillade et le comte de Podwitz, en qualité de maréchaux de camp. La cavalerie obéissait au comte de Gassion, qui avait sous lui le comte de Sault et les marquis de Ragny et de Biffy.

Ce sont les hommes qui refusent les cent mille francs offerts par l'Empereur, et que l'intendant accuse d'accepter des bijoux. Coligny, ce superbe gentilhomme si plein d'honneur, est dénoncé à Louvois par l'intendant Robert.

Le 8 janvier 1665, Coligny, dont la mission se termine, écrit à Louvois, en lui rendant compte de ses travaux : « Je suis venu finir ma course où je l'ai commencée, avec une grande reconnaissance et une profonde humilité envers Dieu, de l'avoir fait réussir si heureusement à la gloire du roi et à l'honneur de toute la nation. »

Coligny, quoiqu'il eût admirablement conduit l'expédition, n'avait pas été assez heureux pour plaire à Louvois. C'est précisément parce qu'il veillait aux intérêts du soldat que les relations avec l'intendant Robert prirent parfois un caractère aigu. Coligny voulait une administration sévère et d'une probité irréprochable, mais il entendait que cette administration fût soumise au commandement. Il faut, en effet, que le général ait une entière liberté de mouvements, et que ses calculs stratégiques ne soient pas entravés par des questions de vivres.

Nous lisons dans les Mémoires de Coligny : « J'arrivai à la cour au mois de janvier 1665, et je vins mettre pied à terre chez M. le Tellier. Il n'était pas content de moi, à cause de plusieurs démêlés que j'avais eus avec un nommé Robert, parent du dit sieur le Tellier. Je fus confirmé dans l'opinion que j'avais conçue que, quand on n'est pas créature et très humble valet des ministres, c'est temps perdu de s'attacher au service des rois. »

Il ne saurait y avoir partage de pouvoirs dans une armée. L'autorité n'appartient qu'au général en chef; responsable envers le souverain, il doit trouver les moyens de vivre avec l'aide des fonctionnaires administratifs.

Coligny avait la juste prétention de n'être pas complètement étranger aux questions administratives, et d'avoir une probité pour le moins égale à celle de l'intendant Robert.

Le 27 décembre 1664, pendant la campagne, il écrivait à le Tellier : « Vous ne trouverez que des dépenses solides et rien d'obscur ; nous vous ferons bien voir que nous sommes bons ménagers de l'argent de Sa Majesté, et que, si jamais je deviens surintendant des finances, je les ménagerai peut-être aussi bien que feu M. le maréchal d'Effiat, qui était un porte-rapière comme moi. »

Coligny eut des luttes à soutenir contre M. Robert et les commissaires. Dans une lettre à Louvois, du 4 janvier 1665, au moment où la campagne se terminait, Coligny parlait ainsi de l'intendant et des commissaires des guerres : « Ils sont si fiers, que la terre n'est pas capable de les porter. »

Les historiens font honneur à Richelieu, à Mazarin et à Louvois, du contrôle exercé par des commissaires spéciaux, qui veillaient aux intérêts du trésor, et faisaient vivre les troupes. Le commissariat remonte plus haut. Louis XI créa dans la milice française des fonctionnaires nommés *commis généraux des vivres*. Ils étaient en rapport direct avec la chambre des comptes. Au temps de Charles IX et de Henri III, le commissaire général des vivres d'une armée prenait les ordres et dépendait du maréchal de camp de cette armée. En 1527, Louis XIII étendit les attributions des commissaires qui prirent le titre d'*intendants des vivres*.

Une ordonnance de 1547 enjoignit aux gouverneurs des provinces de faire passer des revues par les commissaires, pour s'assurer des présents et défaillants (manquants).

Louvois, dans l'intérêt de l'ordre administratif, encouragea et soutint les commissaires. Cependant le ministre voulait les maintenir dans les limites de leurs attributions. Ainsi il écrit au commissaire Pérou, le 7 mai 1665 : « Il ne faut pas que vous prétendiez attribuer aux mauvais offices qu'on vous rend, ce que l'on vous écrit d'ici ; vous devez l'attribuer à votre conduite, qui n'est pas assez modérée. Un commissaire des guerres n'a pas le droit de prétendre aucun commandement sur les troupes, ni sur les habitants des lieux de son département, et je dois vous faire connaître que, si vous ne vivez d'une autre manière, il vous sera impossible de vous soutenir. »

Le ministre comprenait donc, en ce temps-là, les utiles attributions du commissariat. Mais, quelle que fût sa puissance, il lui était difficile d'arrêter les empiètements de l'administration.

De leur côté, les officiers supportaient avec peine le contrôle administratif. Nous n'en citerons qu'un exemple, choisi entre mille. Nous l'empruntons aux *Mémoires de Mirabeau* : « Un jour, mon grand-père n'arriva à sa troupe, pour la revue, qu'au moment même où la revue se passait. Il descend de cheval sur la place même, et va droit au major, qui dit à l'instant au commissaire : « Monsieur, voilà M. de Mirabeau, que je vous disais ne pouvoir manquer d'arriver dans la journée. Le commissaire répond qu'il est bien fâché, mais que son devoir est de passer la troupe en revue, et de noter ce qui y manque d'hommes; qu'au moment où la compagnie a passé devant lui, le capitaine n'y était pas; qu'il ne peut prendre connaissance d'autre chose; qu'en conséquence, la revue est fermée pour M. de Mirabeau, *et qu'il passera absent*. Celui-ci laisse le major plaider sa cause et se récrier contre la rigueur du commissaire, qui, cramponné sur ses distinctions d'exactitude, persiste dans son refus. Le jeune capitaine, muet jusqu'alors, prend d'un grand sang-froid la parole, et dit au commissaire : « Monsieur, je suis donc absent? — Oui, Monsieur. — En ce cas, Monsieur, ceci se passe en mon absence. » Et, tombant sur M. le commissaire à grands coups de cravache, il lui donne à résoudre, en pleine place, un dilemme fort embarrassant. »

Quoique Louis XIV établit l'ordre et l'obéissance dans toutes les parties de l'État, quoique Louvois mît, dans l'administration du militaire, tout le poids d'une sévère autorité, l'esprit fier et hautain de la noblesse résistait encore. Le roi n'en était pas mécontent; car, tout en soumettant le militaire, il ne voulait pas l'abaisser. La pédanterie prédominante des bureaux n'entrait nullement dans le régime de son gouvernement personnel. Ainsi les chefs de l'armée ne portaient l'uniforme qu'avec répugnance. Le roi, qui passait la revue d'un régiment, avait ordonné au colonel marquis de Coëtquen de paraître en uniforme. Ce Breton, chef d'une grande maison, désobéit à Louis XIV, qui le cassa à la tête de son régiment. « Heureusement, Sire, que les morceaux me restent, » répondit fièrement le colonel.

Le marquis du Montal était l'un des meilleurs officiers généraux de son temps, et eût été fait maréchal de France, disait-on dans l'armée et à la cour, sans une réponse qu'il adressa au roi. Autrefois du Montal, qui était dans le parti de Monsieur le prince, avait défendu Mézières contre le roi, et ne rendit la place qu'après une très belle défense.

Longtemps après, le marquis du Montal se trouva à l'armée et au dîner du roi dans cette même ville de Mézières. Le roi lui dit : « Montal, vous souvenez-vous de nous être rencontrés ici autrefois? — Oui, Sire, répondit Montal; et si la poudre ne m'eût pas manqué, Votre Majesté y serait encore. »

Citons un dernier trait pour prouver l'esprit militaire, mais indépendant, des officiers, et la grandeur d'âme de Louis XIV, qui comprenait si bien les sentiments chevaleresques. M. de Vendôme, revenant d'Italie, présenta au roi, dans ses salons de Versailles, un colonel de son armée, couvert de blessures, et que les bureaux n'avaient point proposé pour l'avancement. Le maréchal dit : « Sire, depuis l'entrée des Français en Italie jusqu'au départ, ce brave officier n'a pas quitté le harnais un seul moment. » Le roi considérait cet homme de grande maison, dont les blessures saignaient encore; celui-ci adressa au roi ces paroles : « Oui, Sire, et, si quittant les drapeaux, j'étais venu à la cour acheter la faveur, j'aurais eu plus d'avancement et moins de blessures. »

Le monarque, toujours majestueux, qui sut se posséder mieux que personne, parla à quelque autre. Vendôme, peu d'instants après, dit au colonel : « J'aurais dû te connaître; à l'avenir, je te présenterai toujours à l'ennemi, et jamais au roi. »

Louvois était trop habile pour heurter de front de tels caractères. Aussi confia-t-il les fonctions d'*inspecteurs* à de vieux officiers connus par leur sévérité, et qu'il nomma *apôtres*. Mais, malgré leur bravoure, leur probité, un passé glorieux, ces officiers se lassèrent bientôt d'un rôle peu respecté par l'armée. Dès lors, Louvois nomma des *commissaires*, qui n'avaient de pouvoir que celui de faire des appels pour constater la présence ou l'absence. Louvois étouffait ainsi les abus anciens et fort usités de *passe-volants* ou de *mortes-payes*. Mais, en même temps, l'habile ministre nommait des officiers généraux, sous le titre d'*inspecteurs*, qui s'assuraient une fois par an du nombre des soldats, et couvraient, de leur autorité toujours respectée, les fonctions des commissaires, qui, pendant longtemps, ne furent que tolérés.

Il y avait eu jusque-là de grands désordres financiers. On donnait, dans l'armée, le nom d'*abuseurs* aux comptables qui s'enrichissaient aux dépens du roi et des soldats. Les *abuseurs* ne résistèrent pas à Louvois et ne firent pas entendre une plainte; mais ils ameutèrent les jeunes officiers, qui étaient au-dessus de tout soupçon d'intérêt, et voulurent leur persuader que Louvois les accusait de vols.

Louvois mérite des éloges pour l'appui constant qu'il donna aux commissaires; mais peut-être mit-il de la passion à refuser toutes faveurs aux officiers généraux qui ne se soumettaient pas aveuglément aux empiètements de ces commissaires, empiètements qui ont duré jusqu'à nos jours.

Ainsi, Coligny fut en disgrâce pour avoir maintenu la dignité du commandement contre le commissaire Robert.

Ce même Coligny, qui avait conduit en Hongrie six mille Français, pour combattre les Turcs, et s'était acquitté de sa mission avec les plus grands talents, ce même Coligny fut disgracié. Lorsqu'en 1667, c'est-à-dire moins de deux années après le retour du corps expéditionnaire, Louis XIV organisait une armée pour conquérir la Flandre, Coligny ne put obtenir un commandement, et fut presque le seul à n'être pas employé. C'est à cette occasion qu'il écrivit à Bussy-Rabutin : « Je vais être témoin des conquêtes du roi; je n'ai ni office, ni bénéfice, mais j'ai le plaisir, à l'âge de quarante-neuf ans, de faire le métier de volontaire, que je n'avais encore jamais fait. Il me semble par là que je sors de l'académie. Cela me réjouit extrêmement, et d'autant plus que le roi m'a fait l'honneur de me permettre de faire ce voyage, dont je lui suis extrêmement obligé. »

IV

Louis XIV envoya un petit corps d'armée au secours des Hollandais, contre l'évêque de Munster. Ce corps, de quatre mille hommes d'infanterie et de deux mille chevaux, était sous les ordres du marquis de Pradel, lieutenant général.

Au point de vue militaire, cette expédition fut insignifiante; mais elle nous offre l'occasion de montrer Louvois, non plus administrateur, mais ministre de la guerre, c'est-à-dire, soutien très éclairé de la discipline militaire. Nous le verrons aussi maniant la plaisanterie, hors du service, et se laissant aller au courant de la plume.

Le marquis de la Vallière, frère de Mlle de la Vallière, commandait les chevaux-légers-Dauphin, qui étaient de l'armée de M. de Pradel. Le marquis de la Vallière jouissait d'un très grand crédit et comptait parmi les amis particuliers de Louvois. Ce gentilhomme était en correspondance familière avec le ministre, qui lui écrivait le 25 décembre 1665 : « Si votre subsistance dépend de votre fusil, messieurs les Dauphins feront fort mauvaise chère à votre table; ils seront réduits au plus au bœuf et au mouton. La plaine Saint-Denis est toujours fort remplie de gibier; mes occupations, qui ont triplé, m'ont ôté le temps d'aller à la chasse; les lièvres et les perdrix attendent les gens avec effronterie. » Le 23 avril 1666, Louvois écrit à la Vallière : « Les dames, qui aiment plus la paix que la guerre, ont paru pourtant alarmées du bruit qui s'est répandu ici de l'accommodement entre messieurs les États et M. l'évêque de Munster. Elles appréhendent que les lauriers que vous avez cueillis en pays étranger ne vous rendent insolent dans le pays natal, et que votre langue ne leur soit plus dangereuse que votre plume. Je leur ai assuré que les héros des siècles passés avaient autant de douceur pour les demoiselles que de fureur pour les ennemis, que vous marchiez sur leurs pas, que vous êtes un gentilhomme d'honneur, et que j'étais votre caution. Elles se sont un peu rassurées, et nous verrons la conduite que vous tiendrez à votre retour. » Enfin, le 13 octobre 1667, le ministre de la guerre, malgré ses grandes occupations, écrit au marquis de la Vallière : « Je n'ai pas beaucoup de peine à croire que votre bourse est souvent fort vide; vous travaillez avec application et avec succès à un si bon effet. Votre ordonnance a été expédiée et envoyée à M. Colbert, afin qu'il lui plût de la faire viser du roi et acquitter. Saint-Pouange en sera le solliciteur, et si vous me faites l'honneur de me donner vos commandements, je le seconderai volontiers. »

Voilà donc ce ministre tant redouté, ce réformateur, que ses travaux privaient de sommeil; le voilà se faisant bon homme, causant simplement, familièrement avec un ami, car la Vallière était un compagnon de jeunesse.

Or le marquis de la Vallière, trop ébloui de la fortune de sa sœur et de l'amitié du ministre de la guerre, se montra indiscipliné et méconnut l'autorité de son chef le marquis de Pradel.

Louvois ne balança pas un seul instant à remplir son de-

voir. Il adressa au marquis de la Vallière cette lettre :
« Votre conduite ne peut être approuvée de personne... à
l'égard d'un homme qui a l'honneur de représenter votre
maître; et, pour vous confirmer encore mieux dans ce que
je vous dis, c'est que, si je me rencontrais dans une armée
où le roi ne fût pas, je ne trouverais point à redire que
M. de Pradel (qui n'est que capitaine aux gardes, mais lieutenant général), la commandant en chef, ne me donnât pas
la main chez lui, pendant le temps que je serais dans son
armée (donner la main, c'est-à-dire le pas, la droite, les
honneurs). »

Louvois écrivait en même temps : « Il n'y a rien de si
important au service de Sa Majesté que de conserver l'autorité de celui qui commande. »

Richelieu, lui-même, n'avait pu rendre la noblesse obéissante aux grades militaires. La hiérarchie sociale était supérieure à la hiérarchie militaire, et le grand seigneur
refusait de se soumettre aux ordres d'un simple gentilhomme. De là naissait une indiscipline qui s'étendait du
maréchal de France au simple soldat. Louvois fit les plus
grands efforts pour fonder l'institution militaire, et il y
réussit, non pas dans les parties spéciales, dans les parties
techniques, qu'il ne connaissait pas, mais dans ce qui tenait
au gouvernement de l'État.

Ainsi les règles d'avancement établies par Louvois sont
mauvaises. Longtemps après le règne de Louis XIV, ce
mode d'avancement a produit un grand mal. C'était une alternative bizarre de rang d'ancienneté et de faveur le plus
souvent entachée de finance. Ainsi le sous-lieutenant devenait lieutenant par ancienneté; le capitaine (au moins de
cavalerie) ne le devenait que par finance et sans passer par
tour; le major et le lieutenant-colonel l'étaient devenus par
ancienneté; le colonel de toute arme par faveur et par
finance. Les plus anciens colonels et lieutenants-colonels
devenaient brigadiers; et une fois brigadiers, les officiers
généraux étaient nommés par promotions, selon l'ordre d'ancienneté de grade. Ainsi dans les hautes fonctions, dans les
grades importants, où le choix était nécessaire pour avancer
les hommes de talent et fermer la porte aux médiocrités, on
se liait les mains; et dans les emplois subalternes, où de
bons services sans éclat auraient mérité un avancement
sans inconvénient, la règle s'opposait à ce qu'il eût lieu.

Parmi les reproches que les gens de guerre peuvent

adresser à Louvois, j'en trouve un qui est fort grave : c'est d'avoir multiplié outre mesure le nombre des officiers généraux dans les armées en campagne. Le ministre, étranger à la guerre, ignorait que dans la vie de campagne tout ce qui n'est pas utile est nuisible.

Une des maximes favorites de Louvois est que l'expérience suffit à un officier. Il cherchait donc à fournir à chacun l'occasion d'acquérir de l'expérience. Cette maxime de Louvois est venue jusqu'à nous, et nos dernières guerres ont cruellement prouvé que l'expérience ne suffit pas.

Un des généraux du grand Frédéric s'était vanté de son expérience; le roi de Prusse lui écrivit : « Un officier qui n'a que de l'expérience, est un homme qui a marché toutes les fois que l'armée a marché, qui a dîné toutes les fois qu'on a dîné, qui s'est arrêté toutes les fois qu'on s'est arrêté. A ce compte, un mulet qui aurait fait les campagnes du prince Eugène serait un animal fort recommandable et digne d'avancement... »

Ce fut un grand malheur pour Louis XIV de n'avoir pas confié à Turenne toutes les organisations militaires, en laissant à Louvois l'administration.

Turenne créa une armée que les historiens ont considérée comme l'œuvre de Louvois. Un des meilleurs écrivains militaires, Carion-Nisas, a dit : « L'ordre et la subordination établis par Turenne tenaient à sa personne, à son caractère, à toutes les conditions qui étaient en lui. Du moment qu'il ne fut plus, le vice et le défaut des institutions reparurent à nu. Le premier effet de sa mort fut la dispute, pour le commandement, entre les deux lieutenants généraux de son armée : tant l'anarchie était inhérente à toutes les routines successives que le hasard et le caprice avaient amenées jusqu'alors; tant il y avait absence de règles qui prévissent d'avance les cas les plus naturels. »

Louvois était ministre de la guerre depuis treize ans lorsque Turenne fut tué, en 1675; or pendant ce laps de temps, ce fut Turenne qui créa une belle armée, non par des institutions qui ne dépendaient pas de lui, mais par sa haute influence. Cela est si vrai, qu'après la mort de Turenne la décadence fut complète. Montecuculli, son rival, put dire avec raison : « Un homme a disparu de la scène du monde, qui faisait honneur à l'homme. »

« Il est très rare, écrit Voltaire, que sous un gouvernement despotique, où les hommes sont occupés de leurs intérêts particuliers, ceux qui ont servi la patrie meurent regrettés du public. Cependant Turenne fut pleuré des soldats et des peuples. *Louvois fut le seul qui se réjouit de sa mort.* »

Il faut dire à l'honneur de Louis XIV, qu'il ne s'est jamais montré jaloux de Turenne pendant sa vie, et qu'il lui a rendu les plus grands honneurs après sa mort, « malgré la haine du ministre tout-puissant qui, débarrassé de ce grand homme, se hâta de détruire tout son ouvrage. »

Après la mort de Turenne, il se forma peu d'officiers généraux et encore moins d'officiers particuliers. Le soldat ne valut que ce qu'on l'estima, et peu de chefs surent l'estimer.

Luxembourg, Villars, Catinat, Vendôme, eurent chacun quelque part de l'héritage de Turenne : les uns le caractère ferme, les autres le génie et le sang-froid, tous la connaissance et l'amour des soldats. Quelques éclairs de notre ancienne gloire militaire brillèrent encore, et la France fut sauvée par l'épée. Mais ces généraux n'avaient plus les petites armées maniables de Turenne, armées qu'il était possible de discipliner, de nourrir et de manier, parce qu'on les voyait. L'art de la guerre se perdit, les principes s'oublièrent, et l'administration elle-même devint impuissante en présence des armées colossales.

V

Vers la fin de l'année 1665, Louis XIV se préparait à la guerre des Pays-Bas.

On faisait des levées extraordinaires dans tout le royaume ; on réunissait les approvisionnements, les troupes prenaient de nouveaux emplacements, enfin chacun se mettait en mesure d'entrer en campagne. De longs mois étaient employés à une besogne qui maintenant s'improvise.

Il faut rendre à le Tellier et à Louvois la justice qu'ils méritent ; en cette circonstance de si haute importance, ils s'effacèrent devant Turenne ; mais toute autre conduite leur était impossible, tant la supériorité de Turenne les accablait.

Turenne pourvut à tout. Il avait remis au roi un mémoire dans lequel il indiquait à Sa Majesté, avec autant de précision que de solidité, quelle était la conduite politique à tenir.

CHAPITRE I

Le roi d'Espagne étant mort en 1665, et la reine Anne d'Autriche, mère de Louis XIV, l'année précédente, aucune considération ne put empêcher le roi de suivre ses desseins en se préparant à la guerre.

Turenne donna ses instructions à le Tellier et à Louvois, qui consentirent à lui servir de commis. Le maréchal ne se borna pas aux levées d'hommes et aux organisations militaires ; il prit d'importantes mesures chez l'étranger pour assurer le succès des armes du roi. Afin de mettre l'Empereur hors d'état d'agir efficacement en faveur de l'Espagne, le vicomte de Turenne fit négocier auprès des princes d'Allemagne ; on conclut des alliances avec les uns, et l'on acheta la neutralité des autres. A l'égard de l'Angleterre et de la Hollande, on les détermina à faire la paix. Turenne en fut le négociateur, et elle se conclut à Bréda. Il traita aussi avec la Suède, qui promit de faire passer des troupes dans l'Empire si l'Empereur agissait contre la France.

Turenne se livra à ces immenses travaux avec un zèle, une activité, une présence d'esprit, une connaissance profonde de la politique européenne, dont lui seul était capable.

La mort de la vicomtesse de Turenne, qui eut lieu au mois d'avril 1666, vint accabler de douleur le maréchal, sans l'arracher à ses occupations.

En 1667, l'armée française passa en Flandre. Le roi annonça son départ à la cour. « Je veux, dit-il à Turenne, marcher en personne à la tête de mes troupes, et apprendre de vous le métier de la guerre. »

Turenne passa une revue des troupes avant de franchir la frontière, et l'habile le Tellier lui écrivit pour justifier Louvois, si quelque chose laissait à désirer : « Que si vous ne trouvez pas que les choses répondent à ce que l'on a pu désirer de ses soins, je vous supplie très humblement, Monseigneur, de vouloir bien faire considération sur la difficulté qu'il y a ordinairement de réussir dans une affaire où il faut que tant de gens contribuent. »

Sans doute le maréchal se montra satisfait, car Louvois exprime sa joie dans cette lettre à son ami le marquis de la Vallière. Marcilly, un de leurs amis de plaisir, venait de mourir, et Louvois fait connaître son chagrin : « Le bienheureux Marcilly, que Dieu a appelé à une meilleure vie depuis quinze jours seulement, m'a chargé de vous faire un chapitre sur vos débordements passés, desquels il dit qu'il a bonne connaissance. Je satisfais à l'ordre de sa béatitude, et, afin que vous ne vous scandalisiez pas, je veux bien vous donner part d'une proposition qu'il m'a faite, qui était d'abandonner les affaires de ce bas monde pour ne plus songer qu'à celles de celui qu'on nous promet. Comme mon heure n'était pas encore venue, je me suis abstenu de suivre ses bons avis, et je me suis résolu de continuer à chercher les occasions de vous rendre mes services, comme je l'ai fait par le passé. »

Lorsque Louvois écrivait cette lettre il n'avait, il est vrai, que vingt-cinq ans; mais la haute position qu'il occupait, ses fonctions importantes, la confiance du roi, tout lui faisait un devoir de se montrer plus réservé. Cette lettre n'est pas digne d'un ministre de la guerre, tout au plus pourrait-on l'attribuer à quelque mousquetaire plus joyeux que spirituel.

Il n'est pas inutile de faire ressortir ces nuances légères dans la physionomie si grave, si sévère, si impérieuse du ministre Louvois.

L'armée française qui allait marcher à l'ennemi était de soixante-douze mille hommes. Turenne en prit le commandement en chef le 10 mai 1667, et Louis XIV quitta sa cour pour le camp le 16 du même mois.

Le grand historien de Louvois, M. Camille Rousset, dit à cette occasion : « Louvois y venait aussi, non pour s'initier à la science qui livre et gagne les batailles, mais pour se perfectionner dans cette autre science presque aussi importante, quoique plus obscure, et sans laquelle la première ne serait qu'une conception vaine, la science qui donne au général ses moyens d'action, ses instruments, ses ressources, les hommes, les chevaux, les munitions, les vivres. Combien de victoires et de défaites dont il faut chercher la cause, non sur les champs de bataille, mais dans les magasins, les fourgons et les bagages! Toutes les facultés que réclame la science de l'administration militaire, Louvois les trouvait dans sa riche nature; il les a développées jusqu'au génie; mais Turenne l'a aidé de ses leçons, de ses conseils, de sa sévérité même. »

Il est bon de prendre acte de cet aveu. Sous la plume d'un admirateur de Louvois, on est heureux de trouver cette justice rendue à Turenne.

Ne nous laissons pas entraîner sur les pas de Turenne, en racontant ses victoires. Ce serait oublier Louvois. Passons donc rapidement.

Les débuts de la campagne furent moins une expédition

militaire qu'un splendide voyage. Sept places assez considérables se rendirent à la première sommation, et l'on ne fut arrêté qu'à Lille.

Louis XIV était allé chercher à Compiègne la reine, Mlle de la Vallière et les dames de la cour. Bussy-Rabutin écrivit alors à Coligny : « Tout ce que vous avez vu de la magnificence de Salomon et de la grandeur du roi de Perse, n'est pas comparable à la pompe qui accompagne le roi dans son voyage. On ne voit passer par les rues que panaches, qu'habits dorés, que chariots, que mulets superbement harnachés, que chevaux de parade, que housses brodées de fin or. Tous les courtisans, les officiers et les volontaires sont partis avec des équipages somptueux. On compte trente mille chevaux, seulement à ces équipages. »

Turenne et Louvois, qui désapprouvaient ce luxe asiatique, adressèrent au roi des représentations qui demeurèrent sans effet.

Louis XIV prit au siège de Lille ses premières leçons de guerre. Il ne perdait pas Turenne de vue, l'interrogeait sans cesse, et l'accompagnait presque toujours. Or Turenne se reposait peu, si nous en croyons les Mémoires du duc d'York, qui avait servi sous lui : « M. de Turenne voulait tout voir lui-même : il allait reconnaître en personne et de bien près les villes qu'il voulait assiéger; il marquait toujours l'endroit où il fallait ouvrir la tranchée, et y était présent. Il ordonnait de quel côté il fallait la pousser, et y allait matin et soir : le soir pour résoudre ce qui était à faire durant la nuit, et le matin pour voir si les ordres avaient été suivis, ayant avec lui un lieutenant général ou maréchal de camp, qui devait commander la tranchée pour l'instruire de ses instructions : il retournait pour la seconde fois à la tranchée après souper, et y restait plus ou moins de temps, selon que sa présence y était nécessaire... »

La place de Lille fut emportée après neuf jours de tranchée ouverte.

La conquête des Pays-Bas fut suivie de près de celle de la Franche-Comté. Mais Turenne n'eut point de part à celle-ci. Condé obtint le commandement.

Ce prince vivait dans sa retraite de Chantilly, paraissant rarement à la cour, et désireux de faire oublier au roi ses grandes fautes passées.

Louvois s'était attaché au prince de Condé, qu'il voulait opposer à Turenne, dont la faveur lui portait ombrage. Il y eut donc des entrevues entre le prince et le Tellier. Ce dernier employa son influence auprès du roi, pour faire obtenir au prince le commandement du corps expéditionnaire.

Cependant Louvois était trop habile pour rompre avec Turenne. Loin de là, il se fait petit jusqu'à l'humiliation. Une de ses lettres se termine ainsi : « ... Je vous demande mille pardons de la liberté que je prends de vous dire ainsi mes faibles sentiments, mais vous me l'avez permis, et vous connaissez le principe avec lequel je le fais. »

Tout était à créer dans l'armée. Il n'y avait ni administration, ni comptabilité, ni surveillance. Les soldats mouraient misérablement. La correspondance de Louvois fait ressortir tous les vices. « Le soldat est logé d'une manière à faire pitié. On met seize soldats, avec quatre lits, dans une petite baraque de paille, dans laquelle il est impossible de se chauffer, sans un très grand danger de mettre le feu, et, comme le bas du logement est toujours rempli de boue et qu'il faut que le feu soit modéré, le soldat est toujours dans l'humidité... » Après avoir parlé du nombre considérable de malades, Louvois ajoute que « il n'y a, dans la place, ni aumônier, ni chirurgien ».

VI

Le Tellier remit en faveur le prince de Condé, qui, depuis neuf ans, cherchait à se faire pardonner. Il importait au ministre d'empêcher Turenne de devenir l'unique conseiller du roi, l'homme indispensable; on lui opposa Condé. Mais le Tellier, en mettant en avant l'ancien chef de la Fronde, craignait que le prince ne se souvînt qu'après la bataille de Rocroy le même le Tellier avait écrit à Gassion pour féliciter celui-ci de la victoire qu'il venait de remporter, et que tant d'autres attribuaient à Condé.

Que fit alors le Tellier? Il s'effaça et disparut pendant quelques mois, comme il avait fait disparaître Turenne. Louvois et Condé furent seuls en scène.

Louis XIV désirait gagner du temps; mais, quoiqu'il n'y eût pas de journaux indiscrets, les lettres faisaient connaître aux provinces l'opinion des salons de Paris. Le prince de

Condé imagina de faire arrêter les courriers sur le grand chemin ; la même idée vint à Louvois.

Le 27 janvier, le prince écrivait : « Je crois qu'il ne serait pas mal à propos que le premier courrier fût volé, et qu'il ne vînt point ici de lettres de Paris, car elles commencent à être fort concluantes. » Louvois écrivait le même jour : « L'ordinaire de Dijon, qui partit hier de Paris, a été volé, par mon ordre, auprès de Villeneuve-Saint-Georges. Les paquets dont était chargé le courrier seront rapportés, la nuit de mardi à mercredi prochain, dans la boîte de la grande poste, par un homme inconnu. De cette sorte, les lettres de Dijon n'arriveront qu'après le départ de Votre Altesse, et le public n'en souffrira pas, puisque les lettres de change et les autres pièces importantes qui pourront être dans la malle seront conservées. Pour ce qui est du courrier de Bourgogne, je le ferai arrêter... »

Ce tour d'adresse de Louvois fut récompensé ; car, bientôt après, le 24 décembre 1668, il obtint la charge importante de surintendant général des postes, qu'il exerça en même temps que le ministère de la guerre.

Pour rejoindre son armée, Louis XIV quitta Saint-Germain, le 2 février, par un temps froid et humide. Le roi est à cheval, presque sans escorte et sans bagage, par des chemins détournés, d'où les chevaux ne se tirent qu'à grand'peine. Le roi fait quatre-vingts lieues en cinq jours ; il arrive à Dijon le 7.

Faire seize lieues à cheval, chaque jour, par des chemins détestables, au cœur de l'hiver, pour marcher à l'ennemi, n'est-ce pas se montrer digne de la couronne de France ! On nous représente toujours Louis XIV au milieu des pompes de Versailles, entouré de dames et de courtisans, présidant aux fêtes et laissant tomber de ses lèvres un sourire majestueux.

Qu'on apprenne donc à voir ce grand roi, enveloppé de son manteau de guerre, à cheval, l'épée au côté, dans des tourbillons de neige, tremblant de froid, mais ferme et la tête haute. C'est ainsi qu'avait marché son aïeul Henri IV.

La campagne ne fut pas rude, et la Franche-Comté se soumit en peu de jours. Les places se rendaient sans tirer un coup de canon.

Si nous n'établissons pas un lien plus intime entre les récits de campagnes diverses, c'est que nous retraçons l'histoire d'un homme et non celle d'une époque. Nous nous éloignerions beaucoup trop du personnage, en développant des événements importants en eux-mêmes, mais qui ne feraient pas mieux connaître Louvois.

Parmi les gentilshommes qui s'empressaient autour du roi se trouvait le comte de Gramont, joyeux compagnon, qui dit à haute voix : « Je parie que je prendrai Dôle avec des mots, si Sa Majesté me fait l'honneur de m'y autoriser. — Soit, dit le roi, mais pas de folie. — Il en faut bien un peu, Sire, » murmura Gramont.

Le jour même il s'approche d'une porte de Dôle. La sentinelle lui crie de gagner au large. Gramont s'éloigne à pas lents, puis revient. La sentinelle le met en joue et menace de faire feu. Gramont salue et répond par une plaisanterie. Le soldat pense avoir affaire à un fou, et relève son arme. Gramont crie qu'il n'a pas même d'épée. Les hommes de garde à cette porte s'approchent peu à peu, et demandent à la sentinelle quel est ce singulier personnage. Une conversation s'engage entre les soldats et Gramont; on rit, on plaisante pendant quatre heures. Gramont répond à tous, et les met en gaieté. Il dit enfin qu'il a soif, et deux soldats lui apportent à boire; il les récompense avec de l'or. Peu d'instants après un tambour lui ouvre la porte. Enfin, pour s'amuser de leur capture, deux ou trois soldats le conduisent chez les principaux habitants. En entrant dans chaque logis, Gramont saute au cou du bourgeois. On rit, et Gramont est conduit de maison en maison, faisant connaître son nom et ses qualités. Les soldats finissent par l'abandonner et rentrent au corps de garde. Alors Gramont parle de Louis XIV, de ses armes victorieuses, de sa bonté, mais aussi de sa colère contre qui lui résiste. Il laisse entendre que l'assaut sera prochain, que la ville, livrée au pillage de la soldatesque, présentera le spectacle le plus horrible. « Ah! s'écrie-t-il, je frémis à la seule pensée de voir de paisibles bourgeois percés de coups d'épée, leurs familles insultées, leurs maisons livrées aux flammes. Dôle en disparaissant fera le bonheur et la fortune de Besançon... »

Ce dernier argument réveille de vieux souvenirs de rivalité. La peur s'en mêlant, les bourgeois courent les uns chez les autres, s'animent réciproquement, et finissent par se mutiner. Le lendemain la ville de Dôle se rend au roi.

Gramont se présente à Louis XIV et lui apporte la capitulation. Le monarque sourit et dit au gentilhomme : « Vous êtes un plaisant avocat, monsieur de Gramont. »

CHAPITRE I

Des scènes à peu près semblables se jouaient à Besançon, à Salins, au fort de Joux, au fort Sainte-Anne, à Gray, et dans toute la Franche-Comté, qui fut soumise en quinze jours.

Très généreux, et fidèle à sa parole, Louis XIV rendit la Franche-Comté aux Espagnols et se contenta de quelques provinces du Pays-Bas qui lui furent cédées comme faisant partie de l'héritage de la reine. Mais, en réformant ses troupes, le roi, d'après les avis de Louvois, retint les officiers, ce qui lui assura des cadres faciles à remplir au premier ordre. Des camps furent formés pour l'instruction de l'armée, et les places fortes mises en bon état. Louvois se préparait à la guerre contre la Hollande, qui venait de conclure une ligue avec les Espagnols, les Suédois et les Anglais.

VII

On peut donner à Louvois de grands éloges sans aller jusqu'à dire qu'il fut le premier à s'occuper des institutions militaires, et qu'avant lui rien n'existait.

La correspondance de Louvois, qui se trouve au dépôt de la guerre, remplit neuf cents volumes de 1661 à 1691, c'est-à-dire depuis son entrée aux affaires jusqu'à sa mort.

Si un écrivain désireux de faire des découvertes laissait de côté, pour quelques jours, les neuf cents volumes de Louvois pour s'arrêter devant les documents législatifs de l'ancienne monarchie, il se trouverait en présence de milliers de volumes qui renferment en germe toutes les institutions terminées par Louvois.

Depuis le ve siècle jusqu'au xiiie, une grande quantité d'édits sont publiés concernant les gens de guerre. Le xive siècle renferme trente-trois ordonnances pour l'armée. En 1303, la composition du ban et de l'arrière-ban est déterminée.

Philippe le Bel règle le service;

Au mois de juin 1338, le roi détermine la solde des gens de guerre;

En février 1340, les droits du connétable sont établis;

Le 1er mai 1347, paraît le mandement sur la justice militaire;

Philippe de Valois rend, le 13 mai 1347, une ordonnance pour la composition de l'armée;

Le 4 février 1351, ordonnance sur la comptabilité. En avril 1351, paraît le règlement sur le service en garnison et dans les marches;

En décembre 1355, une loi règle le service militaire, les revues, les marques des chevaux de cavalerie, les gîtes d'étape dans le royaume, les vivres en route, les punitions.

La question des commissaires des guerres est réglée par ordonnance du 28 janvier 1356.

Le 6 mars 1363, on affiche les règlements pour le guet et service militaire de la ville de Paris.

Nous pourrions suivre les développements de la législation militaire année par année, mois par mois, et prouver que toutes les questions, sans en excepter une seule, avaient été soulevées, résolues suivant l'état social et toutes prêtes pour les améliorations successives.

Chaque siècle a, pour ainsi dire, sa préoccupation. Ainsi le xve est rempli d'ordonnances concernant les revues pour s'assurer des effectifs et resserrer les liens de la discipline. On s'occupe aussi de la tenue; ainsi le 30 janvier 1454 paraissent les « lettres du roi Charles VII qui prescrivent la manière dont les nobles doivent être habillés pour venir servir en armes, et les gages qu'ils recevront ».

En 1477, on publie le « règlement sur la solde ». Au xvie siècle, la législation s'occupe particulièrement des armées en campagne et de l'état de guerre. Le 12 août 1523, le roi ordonne que « les revues seront faites par les commissaires et contrôleurs, et qu'ils seront présents aux payements faits aux soldats par les trésoriers ».

Le 23 septembre 1523, on publie « l'édict contre les adventuriers, pillards et mangeurs de peuple ».

Sous François Ier, presque toutes les ordonnances concernent les revues dans l'intérêt du trésor.

Le 4 mars 1578, un édit remarquable est rendu en faveur des invalides. « Édict sur les places de religieux laiz, pour tous capitaines, gentilshommes et soldats blecez et estropiez. »

Le 9 novembre 1588, ordre du roi pour la distribution du pain de munition.

A la fin du xvie siècle, les ordonnances s'occupent souvent des villes prises d'assaut.

Au xviie siècle, les ordonnances sont relatives aux duels dans l'armée. Le 25 octobre 1627, paraît une ordonnance pour la fourniture de deux mille cinq cents paires d'habits pour l'uniforme des gardes du roi. Une autre ordonnance du même mois est relative aux invalides.

Le 14 février 1633, « ordonnance et règlement général faict par le roi pour l'art militaire de France, pour le bien et soulagement de ses sujets. » C'est une ordonnance d'administration, de justice, de police, de revues, de solde, de subsistance. Les mots *art militaire* ne doivent pas être pris dans le sens que nous lui donnons. Il y est question d'étape, de fourrage, de pain, de munition, de tarif de solde.

A cette époque l'administration militaire préoccupe surtout les ministres.

On voit donc que Louvois n'a eu qu'à perfectionner. Il l'a fait avec une grande fermeté, un esprit supérieur, un sincère désir d'améliorer le service, de ménager les finances, de rendre la France puissante et de contribuer à la gloire de Louis XIV.

Mais l'historien doit se défendre d'une admiration sans bornes qui pourrait faire penser qu'un seul homme a pu accomplir ce que les générations ont lentement préparé.

Il ne faudrait pas attribuer à Louvois les œuvres de son père le Tellier.

Celui-ci est ministre depuis le 6 mai 1643 jusqu'en 1666. Louvois, nommé le 24 février 1662, à l'âge de vingt et un ans, a droit à la signature, mais son père administre. Donc, tout ce qui se fait entre les années 1643 et 1667 est l'œuvre de le Tellier.

Voyons si parmi ces œuvres la plus grande partie n'a pas été attribuée à Louvois :

L'organisation du secrétariat de la guerre (1658); — le service des postes, — le règlement sur le recrutement des troupes, la fixation de la solde, — l'abolition de la pluralité des charges (20 décembre 1643); le règlement des étapes (30 octobre 1644 et 1665); — le premier service intérieur (4 novembre 1651); — la subsistance et les vivres, les commissaires généraux des guerres (décembre 1654); — l'installation des corps de garde et du casernement, le chauffage et l'éclairage, la literie (1661); le service des places (12 et 28 octobre 1661); — l'abolition des mortes-payes (1661-1662); — l'obligation des troupes à tenir garnison (1660-1661); — l'organisation de la masse d'entretien, — le règlement pour la justice militaire, pour les hôpitaux militaires, la nomination des médecins, des apothicaires et autres fonctionnaires du service de santé, — l'obligation du brevet, — le règlement de l'uniforme des officiers, — l'organisation de la maison du roi (1659-1663); — la création de l'intendance des fortifications (1645); — l'organisation des premières places modèles, Arras, Dunkerque, Sedan, Pignerol, Perpignan; — règlement pour les soldats estropiés (1645 et 2 novembre 1655); — le mot d'ordre, — les officiers de cavalerie astreints à servir deux ans dans l'infanterie (20 mars 1659); — les gouverneurs nommés pour un temps et non plus à vie (1660); — le sous-lieutenant (1657); — le colonel (juillet 1661); — la suppression des colonels généraux de l'infanterie (1661); la sujétion du grand maître de l'artillerie au secrétaire d'État de la guerre, commissaires, nominations, brevets, les arsenaux, la première fonderie à Pignerol, la seconde à Narbonne (1661); — le règlement pour les rapports entre les armées de terre et de mer (1662-1664); — le célibat dans l'armée (1661); — la réglementation des corvées (10 mars 1663); — l'uniformité des calibres, etc.; — l'organisation du service de la police au dedans et au dehors de Paris (12 juin 1662), etc.; — la réorganisation des ordres militaires du Mont-Carmel, du Saint-Esprit, de Saint-Michel (1661 et 1665), etc. etc.

Louvois assistait chaque jour aux travaux de son père, il discutait avec lui ses projets, se pénétrait de leur utilité, et lorsqu'il fut secrétaire d'État, en des temps plus calmes, sous un monarque qui avait l'autorité, il lui fut possible d'appliquer une foule d'institutions, de présider aux réformes, de perfectionner l'administration, de coordonner ce vaste ensemble qui a fait sa gloire.

Effacé, oublié, presque méconnu, le Tellier s'est trouvé dominé par Louvois, qui a sa légende. Les écrivains classiques eux-mêmes ont rejeté le Tellier dans l'ombre pour mettre Louvois en pleine lumière. C'est ainsi que se professent à l'école militaire de Saint-Cyr, pour se perpétuer dans l'armée, de nombreuses erreurs :

« Louvois crée l'administration militaire et centralise cette administration entre les mains du ministre. » L'honneur de cette réforme appartient à Michel le Tellier, et non pas à son fils.

« Louvois établit les hiérarchies militaires dans le commandement des troupes, et centralise l'autorité militaire

CHAPITRE I

entre les mains du ministre en nommant à tous les emplois et à tous les grades. » C'est encore l'œuvre de le Tellier et non de Louvois.

« Le service de l'administration est confié aux commissaires ordonnateurs des guerres (intendants militaires actuels), agents révocables et relevant directement du ministre. » Tout cela fut créé par le Tellier en 1644, 1645, 1653, 1654.

Le service des vivres appartient à le Tellier, aussi bien que la création des arsenaux, fonderies, poudrières, fabriques d'armes, ambulances, hôpitaux militaires, invalides, les transports militaires (train), les haras, les remontes, les casernes et le règlement des étapes. Le logement des soldats chez l'habitant, dont on fait honneur à Louvois, est de 1660 et 1661, c'est-à-dire appartient à le Tellier.

Le règlement de la solde lui appartient également ; c'est lui qui crée les inspecteurs pour réprimer les abus des passe-volants et les nombreuses malversations des officiers propriétaires des régiments et des compagnies.

Le dépôt de la guerre remonte à 1619, comme pensée, comme idée première; mais ce dépôt ne fut créé qu'en 1701. Chamillard mit à exécution le projet de le Tellier.

Quant à l'organisation des troupes, aux questions techniques, il faut aller à Turenne pour en connaître l'origine.

La rédaction du code militaire, les conseils de guerre, l'établissement de la discipline, ont été inspirés à le Tellier par Turenne. Il en est de même du règlement sur la levée des troupes, de l'organisation et armement de ces troupes, de l'uniforme, de l'ordonnance pour régler le service, de l'armement.

On a récemment, à l'occasion de la réorganisation de l'armée, donné des louanges à Louvois, pour avoir obligé la noblesse à servir dans l'infanterie avant d'entrer dans la cavalerie. On a dit que le ministre voulait ainsi honorer une arme moins brillante, et augmenter l'instruction de l'officier.

Cette décision, inspirée par Turenne, fut ordonnancée le 20 mars 1659, trois ans avant l'époque où Louvois fut autorisé à signer.

Turenne avait chargé M. Martinet, officier général, d'organiser un régiment modèle, et ce corps était sur pied en 1662, une année avant l'entrée de Louvois aux affaires.

Le Tellier, d'après les conseils de Turenne, avait créé les inspecteurs généraux chargés de tout surveiller et d'imposer partout la volonté du pouvoir central. C'est encore le Tellier qui, d'après les avis de Turenne, établit les conditions de l'avancement.

VIII

Le Tellier et Louvois ont rendu d'immenses services en constituant les armées, en les organisant, en les administrant et surtout en les moralisant. Ils ont puissamment contribué à la grandeur de la France et aux gloires de Louis XIV.

Mais il est un homme qui les domine, cet homme est le maréchal de Turenne. Il n'apparaît dans les livres d'histoire que l'épée à la main sur un champ de bataille, on ne voit d'ordinaire dans ce grand homme que le capitaine vainqueur. C'est qu'il se dérobait aux regards et parlait peu. Le cardinal de Retz dit « qu'il y a toujours eu dans la conduite de M. de Turenne, comme dans son *parler*, certaines obscurités qui ne se sont développées que dans les occasions, mais qui ne s'y sont jamais développées qu'à sa gloire ».

Saint-Évremont, officier général distingué et littérateur de mérite, porte ce jugement sur Turenne : « Tout ce que dit, tout ce qu'écrit, tout ce que fait M. de Turenne a quelque chose de trop secret pour ceux qui ne sont pas assez pénétrants. La nature lui a donné le grand sens, la capacité, le fond du mérite, et lui a donné ce feu du génie, cette ouverture, cette liberté d'esprit qui en a fait l'éclat et l'agrément ; il faudra le perdre pour connaître bien ce qu'il vaut, et il lui coûtera la vie pour se faire une juste et pleine réputation. »

Ce jugement était écrit avant la mort de Turenne, ce qui prouve que de son vivant la supériorité de ce grand homme demeurait comme cachée.

Louvois partagea l'erreur de ses contemporains et ne considéra Turenne que comme un tacticien. Cependant il profita de ses leçons plus souvent qu'il ne l'avouait. Très grand administrateur, Louvois avait coutume de dire : L'administration ne s'improvise pas comme une victoire.

C'est là une vérité. Mais, si la victoire s'improvise, il n'en est pas de même d'une savante campagne. Pour en faire le plan, la conduire jour par jour, il faut des méditations. Ce fut le mérite de Turenne, qui ne remporta jamais une éclatante victoire comme Austerlitz ou Wagram, mais fit la guerre pas à pas et fut un maître incomparable.

Nous regrettons pour la mémoire de Louvois qu'il ait été jaloux du plus grand homme du siècle de Louis XIV, et que par orgueil ambitieux il se soit refusé à comprendre que l'administration militaire est faite pour l'armée et non l'armée pour l'administration; en d'autres termes, que le commandement prime toujours l'intendance, fût-elle dirigée par un homme de génie. Turenne avait appris la guerre sous les princes de Nassau, ses oncles, restaurateurs de l'art. Il avait donc la science complète que l'expérience ou l'entrain ne remplacent jamais. Plus que personne, Turenne professait un respect profond pour l'humanité, un amour sans bornes pour le soldat, une grande estime pour le militaire français. Ces sentiments lui inspirèrent le désir de réformer les abus et de constituer une armée française.

L'armée lui donna le nom de *père*, malgré sa sévérité pour maintenir l'ordre et la discipline. Jamais on ne le vit se soumettre aux traditions et aux prétentions fâcheuses, lorsqu'il les jugeait mauvaises.

Telles étaient les préséances des corps, les rivalités puériles, mais anciennes, de la cavalerie et de l'infanterie; tel était le tour des officiers généraux pour leur commandement, pour leur rang dans l'ordre de bataille.

A l'affaire des Dunes, il choisit M. de Créqui pour commander une aile, sans tenir compte de l'ancienneté des autres généraux. Il jugeait Créqui le plus capable et le plus utile.

Lorsqu'il croyait un officier de cavalerie plus propre qu'un officier d'infanterie à commander dans une ville fortifiée, il nommait l'officier de cavalerie sans écouter les réclamations. Ainsi Turenne faisait au XVIIe siècle ce qu'on n'osait ordonner au milieu du XIXe.

Pendant le siège de Mouzon, le régiment des gardes-françaises invoqua un ancien privilège, qui consistait à n'être commandé que par le général en chef en personne, et à choisir son tour de tranchée; en un mot, les gardes-françaises ne voulaient point obéir aux lieutenants généraux placés à la tête des autres troupes. Turenne tourna la difficulté, et provoqua une ordonnance qui détruisit ces privilèges. Ceci se passait en 1653. Deux siècles après, au siège de Sébastopol, la garde impériale invoquait des privilèges semblables à ceux des gardes-françaises.

Turenne était en présence de difficultés qui n'atteignaient pas directement Louvois. Les privilèges, les préséances, les distinctions découlaient du système féodal. Ce système avait engendré une foule de nuances de dignité entre les vassaux et les arrière-vassaux qui conduisaient les communes à la guerre sous le gonfanon du grand feudataire ou la bannière du suzerain; la troupe suivait le rang du chef. Il restait, dans les armées de Louis XIV, comme une vague tradition de ces choses, et Turenne fit cesser ces prétentions nuisibles au service. « Il ne faut pas, disait-il, de privilèges dans les troupes d'un même pays, d'un même prince, appelées à remplir les mêmes devoirs. » C'était l'opinion de Gouvion Saint-Cyr, qui en 1815 repoussait la pensée d'une garde royale.

Après avoir renversé les vieilles coutumes, Turenne accomplit une sorte de miracle en créant la morale militaire. Il inspira, dit un historien, *la civilité dans la guerre*. Il fit que l'officier eut de la considération pour le soldat; il fit oublier la cour aux courtisans, et enseigna aux troupes à souffrir les fatigues sans murmurer.

On est saisi d'admiration lorsqu'on lit dans les Mémoires de Turenne les préparatifs de l'affaire des lignes d'Arras. L'opinion était jusqu'alors qu'il fallait faire agir les Français et ne pas leur donner le temps de réfléchir : « Je suis persuadé du contraire, dit Turenne, que les Français ont la même patience que les autres nations, *quand on les conduit bien*. »

Lorsque Condé partit pour la Flandre, il demanda conseil à Turenne, comme à son maître dans la guerre méthodique. Voici la réponse qui sera éternellement vraie : « Faire peu de sièges, et livrer fort peu de combats (je dis combats et non batailles, ce qui est différent); quand vous aurez rendu votre armée supérieure à celle de l'ennemi par la bonté de vos troupes, ce que vous aviez presque fait à Rocroy; quand vous serez bien maître de la campagne, alors les villages vous vaudront des places; mais on met son honneur à prendre difficilement une ville forte, bien plus qu'aux moyens de conquérir aisément une province... »

Louvois et Louis XIV lui-même étaient pour la guerre de

sièges. On répétait, pour leur plaire, que le soldat français est peu capable de tenir en plaine ; Turenne rétablissait les vrais principes de l'art : il estimait le soldat et connaissait le caractère français.

Tous les historiens conviennent que Louis XIV fit une grande faute en ne poursuivant pas ses conquêtes en Hollande avec assez de rapidité. « Condé et Turenne, dit Voltaire, voulaient qu'on démolît la plupart des places hollandaises ; ils disaient que ce n'est point avec des garnisons que l'on conquiert des États, mais avec des armées, et qu'en conservant une ou deux places de guerre pour la retraite on devait marcher rapidement à la conquête entière. Louvois, au contraire, voulait que tout fût place et garnison ; c'était là son génie, et c'était aussi le goût du roi. Louvois avait par là plus d'emplois à sa disposition ; il étendait le pouvoir de son ministère ; il s'applaudissait de contredire les deux plus grands capitaines de son siècle. Louis le crut et se trompa, comme il l'avoua depuis. »

La guerre telle que l'entendaient Turenne et Condé est celle qui élargit l'intelligence et l'activité individuelle. C'est la véritable science. Telle, au contraire, que la voulait Louvois, le calcul suffit. Le ministre étranger à l'armée pouvait se mêler de celle-ci, et non de l'autre.

Le Tellier fut plus juste que Louvois envers Turenne. Il lui écrivit, après sa retraite du Quesnoy, que « sa prudence et sa vigoureuse conduite avaient rétabli la réputation des armes du roi ; que rien n'était plus beau que son campement près du Quesnoy, à la suite de la déroute de Valenciennes, et qu'avoir fait ainsi tête aux ennemis jusque dans leur pays même, et les avoir obligés de se retirer, quoique victorieux, était un trait qui n'appartenait qu'aux grands maîtres de la guerre ».

Nous nous éloignerions de notre sujet en rappelant les perfectionnements introduits dans l'armée française par Turenne. Il avait deviné la puissance de cette magnifique unité nommée *division*, et pour y arriver il créa la brigade ; à cette occasion il rendit les commandements permanents. Turenne établit la distinction entre le régime tactique et le régime administratif.

En écrivant ses Mémoires, Turenne mit l'étude de la guerre dans le plus grand honneur, et son armée fut plus instruite sur l'art des anciens que ne l'ont été les armées qui vinrent après. Nos ouvrages classiques sont de l'époque de Turenne ou de celle qui suivit. Nous avons eu à la suite de nos grandes guerres du XIX° siècle des mémoires intéressants; mais on y trouve peu de leçons sur l'art et la science; pour s'instruire, même de nos jours, il faut lire les œuvres des lieutenants de Turenne, les Feuquières, les Folard et les Puységur.

Le maréchal de Saxe, le grand Frédéric lui-même profitèrent des leçons de Turenne.

Napoléon Ier ne comptait que sept grands capitaines depuis l'antiquité : Alexandre, Annibal, César, Gustave-Adolphe, Turenne, le prince Eugène (l'ancien) et Frédéric. En discutant, dans ses Mémoires, les quatre-vingt-trois campagnes conduites par ces hommes, il se plaît à citer les dix-huit campagnes de Turenne comme des modèles « pour surprendre les secrets de l'art ».

Louvois, secrétaire d'État de la guerre, voulait tout connaître, tout ordonner. Turenne trouvait qu'un tel service dépassait les forces humaines; il le disait hautement et faisait des vœux pour que les attributions du ministre fussent mieux réglées, mieux distribuées, mieux définies, et surtout simplifiées. De là naissaient de sérieuses difficultés avec Louvois. Or nous lisons dans les Mémoires de Napoléon écrits à Sainte-Hélène : « La France est trop grande pour un ministre de la guerre, c'est au-dessus des forces d'un homme. On a centralisé à Paris les décisions, les marchés, les fournitures, les confections, et subdivisé la correspondance du ministre en autant de personnes qu'il y a de corps. Il faudrait, au contraire, centraliser les correspondances et subdiviser les ressources, en les transportant dans les localités mêmes. Ainsi j'avais longtemps médité le projet de former en France vingt ou vingt-cinq arrondissements militaires, qui eussent composé autant d'armées. Il n'y eût plus eu que ce nombre de dépôts de comptabilité... C'eût été vingt sous-ministres, il eût fallu trouver vingt honnêtes gens. Le ministre n'eût plus eu que vingt correspondances. Il eût centralisé le tout, et fait mouvoir la machine avec rapidité, etc. »

C'était à peu près une pensée de Turenne, bien contraire aux idées de Louvois. Mais, si ce projet eût été exécuté, l'armée française appelée à entrer en campagne pour la guerre de 1870 n'eût pas été condamnée à une trop longue immobilité par le système de centralisation qui paralyse les membres.

IX

L'autorité de Louvois était immense. Pour en donner une idée, citons une lettre que lui écrivait Vauban le 23 novembre 1668 : « Je vous supplie très humblement d'avoir un peu de créance à un homme qui est tout à vous, et de ne point vous fâcher si, dans celles que j'ai l'honneur de vous écrire, je préfère la vérité, quoique mal polie, à une lâche complaisance qui ne serait bonne qu'à vous tromper si vous en étiez capable, et à me déshonorer. Je suis sur les lieux ; je vois les choses avec application, et c'est mon métier que de les connaître; je fais mon devoir, aux règles duquel je m'attache inviolablement, mais encore plus que j'ai l'honneur d'être votre créature, que je vous dois tout ce que je suis, et que je n'espère que par vous; ce qui étant de la sorte, et n'ayant pour but que très humble et très parfaite reconnaissance, ce serait bien y manquer et me rendre indigne de vos bonnes grâces, si, crainte d'une rebuffade ou par appréhension de la peine, je manquais à vous proposer les véritables expédients qui peuvent faciliter le ménage et avancement de cet ouvrage-ci (fortifications d'Ath) et de tous ceux que vous me ferez l'honneur de me commettre. Trouvez donc bon, s'il vous plaît, qu'avec le respect que je vous dois, je vous dise librement mes sentiments dans cette matière. Vous savez mieux que moi qu'il n'y a que les gens qui en usent de la sorte qui soient capables de servir un maître comme il faut. »

Deux jours après avoir reçu cette lettre de Vauban, Louvois répond le 27 novembre : « Je ne comprends pas ce que veut dire la fin de votre lettre, par laquelle il semble que vous vous excusiez de me dire la vérité avec trop de franchise. Je ne pense point vous avoir jamais témoigné désirer autre chose que de la savoir, et je vous répète présentement que, si j'ai à espérer quelque reconnaissance de vous avoir donné occasion de faire votre fortune, ce ne sera jamais d'autre chose que d'être informé, à point nommé, de ce qui se passe et de ce que vous croyez que l'on doit faire, quand même vous auriez connu, par mes lettres, que cela est contre mon sens. »

Voilà une belle déclaration, qui nous montre Louvois sous un jour favorable. Mais la lettre de Vauban respire une telle timidité, qu'il serait permis de supposer que la vérité n'arrivait pas toujours jusqu'au secrétaire d'État. L'honnêteté, la loyauté de Vauban s'entourent de formes très humbles qui prouvent combien Louvois était haut placé dans l'opinion des généraux et des hommes du plus grand mérite.

Qu'on ne se représente pas Louvois constamment renfermé dans son cabinet, entouré de papiers, lisant ses volumineuses correspondances, y répondant, y rédigeant des mémoires, étudiant les rapports, donnant des audiences, et toujours prêt à se rendre chez le roi, qui le mandait si souvent. Il était réellement ministre de la guerre, et non pas le grand commis que nous montrent les historiens.

Outre son travail de cabinet qui aurait suffi pour accabler un homme même supérieur, Louvois montait à cheval pour visiter les places fortes, inspecter les troupes, donner son avis sur les ouvrages qu'il discutait avec Vauban. Sans prévenir les diverses autorités, il arrivait dans une province, et d'un prompt coup d'œil se rendait compte de l'exécution des ordres, louant les uns, blâmant les autres, brisant toutes les résistances et parlant haut et ferme au nom du roi.

Le 17 novembre 1668, il écrit à Vauban : « Je serais bien aise qu'à votre premier jour de loisir vous allassiez faire une course à Lille, et que vous allassiez faire un tour dans les places du Hainaut, et que vous vous en vinssiez à Paris en poste (dont le roi vous dédommagerait), à Pignerol et à Perpignan à cheval, afin qu'étant de retour ici au 15 du mois de janvier, vous pussiez vous en retourner en Flandre pour disposer les choses à l'ouverture des ateliers. »

Lui-même part au mois de mai 1669 pour l'Artois et la Flandre. Il est à cheval depuis le matin jusqu'au soir. Le 19 mai il visite la place de Bapaume et passe en revue la garnison. Le même jour, il est à Arras, parcourt les remparts, fait prendre les armes aux troupes, travaille une partie de la nuit à écrire ses observations; le lendemain matin, 20 mai, il arrive à Douai, inspecte les casernes et la fonderie de canons. Le 21, on le voit dans la citadelle de Tournay. Le 24, il passe en revue quatre mille hommes à Lille, s'occupant de l'habillement, de l'armement, des munitions, de la nourriture et des moindres dé-

CHAPITRE I

tails du service. Le 25, il quitte Lille pour aller à Dunkerque, dont les travaux le surprennent. Pendant ce voyage il écrit à le Tellier, non pas une lettre de famille, mais quatre longues lettres d'affaires, les 19, 21, 24, 25 mai 1669. Le Tellier s'efface et l'on ne voit que son fils, mais le père dirige toujours.

Le roi avait nommé Vauban gouverneur de Lille; les travaux étaient poussés avec ardeur, et Louvois s'intéressait particulièrement à cette place. Une lettre écrite par Vauban à Louvois peint en peu de mots les mœurs de cette époque. Les ouvriers, pressés par un travail extraordinaire, abandonnaient les ateliers, ce qui déplaisait à Vauban. Voici ce qu'il écrivit le 18 juin: « Pour empêcher la désertion des maçons, qui me fait enrager, j'ai pris, sous votre bon plaisir, deux gardes de monsieur le maréchal, des plus honnêtes gens, qui auront leurs chevaux toujours sellés dans la citadelle, avec chacun un ordre en poche et un nerf de bœuf à la main; les soirs, on verra ceux qui manqueront; après quoi, dès le matin, ils les iront chercher au fond de leur village, et les amèneront par les oreilles sur l'ouvrage. »

Toutes les places de guerre étaient peintes sur les lambris du cabinet de travail de Louvois. Il était devenu passablement habile en fortifications.

Au mois de mai 1670, Louis XIV, suivi de toute sa cour et entouré de sa maison militaire, visita les places de Flandre. Louvois était sans cesse près du roi.

A peine de retour de ce voyage, l'infatigable ministre partit pour Pignerol avec Vauban, ordonnant qu'aucune cérémonie ne serait faite pour sa réception et que personne ne viendrait au-devant de lui.

On croyait à la guerre pour l'année 1671. Il fut question de former des camps d'instruction pour juger de la valeur de l'armée. L'un de ces camps fut même établi au mois de juillet 1670, près d'Herblay, non loin de Saint-Germain. Louvois, qui visitait souvent cette réunion de troupes, jugea que les exercices étaient insuffisants, et qu'il serait plus utile à l'armée du roi d'entreprendre une petite guerre facile à conduire, de courte durée, qui habituerait les officiers et les soldats aux marches et aux coups de fusil. Ce projet fut adopté, et l'on chercha querelle au duc de Lorraine Charles IV.

Ce prince avait recouvré ses États à la paix des Pyrénées,

3

mais à la condition que les troupes françaises auraient droit de passage entre la Champagne et l'Alsace. Les fortifications de Nancy devaient être rasées, et le duc ne pouvait armer que trois compagnies pour sa garde particulière. Mais Charles IV violait sans cesse les traités, et rien n'était plus facile à Louvois que de justifier les difficultés qu'il allait faire naître.

Dans les derniers jours du mois d'août 1670, Louvois arriva au camp d'Herblay dont nous venons de parler. Le ministre était équipé en guerre et se mit à la tête des troupes. Le camp fut levé, et ce corps d'armée marcha joyeusement vers la Champagne. Louvois, toujours à cheval, observait, laissant aux chefs militaires le soin de donner les ordres. Il s'assurait de l'exécution des ordonnances sur la discipline, sur le campement, sur les marches, les convois, les bagages, la tenue et les relations avec les habitants.

Louvois accompagna ainsi ce corps expéditionnaire jusqu'à Reims, puis revint à Paris.

Quoiqu'ils fussent hors d'état de se défendre, les Lorrains ne semblaient pas prêts à se soumettre. Ce fut alors que Louvois écrivit, le 21 septembre, au maréchal de Créqui, chef de l'expédition : « Sa Majesté ayant considéré que les places de monsieur de Lorraine sont mal pourvues, qu'elles ne peuvent espérer aucun secours, et qu'ainsi c'est une témérité à ceux qui les défendent qui mérite une punition exemplaire, Sa Majesté a résolu que tout ce qui se trouvera de cavaliers, soldats, élus (miliciens) et habitants lorrains qui auront contribué à la défense de la place, soient envoyés aux galères, si quinze jours après la réduction ils ne se rachètent pas de cent écus chacun; qu'à l'égard des Français, ils soient pendus s'il n'y en a pas un grand nombre, sinon décimés, et le surplus envoyé aux galères; et pour ce qui est des officiers lorrains et de la noblesse, qu'ils soient mes prisonniers, et à l'égard de la noblesse, taxés à proportion de ce qu'ils auront de bien pour se racheter, à faute de quoi leurs maisons soient abattues. Elle veut que celles des élus lorrains soient brûlées, au moins une par village, pour l'exemple, choisissant celle du plus riche dans chaque lieu, afin qu'il soit plus grand. Quant aux officiers français qui se trouveront dans les troupes, le roi veut que le commandant de chaque corps soit pendu ainsi que les autres, s'il n'y en a pas plus de cinq ou six, et s'il y en a un plus grand nombre, ils soient pendus de deux un, et les autres envoyés aux galères. Tout ce que dessus doit être exécuté avec grande ponctualité. »

Deux places seulement, Épinal et Chaté, soutinrent un siège de quelques jours, et les menaces de galères et de pendaisons ne furent pas exécutées; mais il fallut payer de fortes sommes.

L'administration de la Lorraine, considérée comme province conquise, donna lieu à de grandes difficultés. Le maréchal de Créqui voulait, suivant l'usage, exercer le gouvernement de la Lorraine, et l'intendant, M. Charuel, créature de Louvois, prétendait, au contraire, que ce gouvernement était dans ses attributions.

Soutenu par Louvois, qui avait fait naître la querelle pour créer un précédent et bien établir un principe, l'intendant l'emporta sur le maréchal de France.

Vauban, ayant été vaguement accusé de détournements, écrivit à Louvois, le 15 décembre 1671, cette belle lettre qui se termine ainsi : « ... Je suis accusé par des gens dont je saurai le nom, qui ont semé de très méchants bruits de moi; si bien qu'il est nécessaire que j'en sois justifié à toute rigueur. En un mot, Monseigneur, vous jugerez bien que, n'approfondissant point cette affaire, vous ne me sauriez rendre justice; en ne me la rendant point, ce serait m'obliger à chercher les moyens de me la faire moi-même, et d'abandonner pour jamais la fortification et toutes ses dépendances. Examinez donc hardiment et sévèrement, bas toute tendresse; car j'ose bien vous dire que, pour le fait d'une probité très exacte et d'une fidélité sincère, je ne crains ni le roi, ni vous, ni tout le genre humain ensemble. La fortune m'a fait naître le plus pauvre gentilhomme de France; mais, en récompense, elle m'a honoré d'un cœur sincère, si exempt de toutes sortes de friponneries, qu'il n'en peut même souffrir l'imagination sans horreur. »

Il est inutile d'ajouter que les honnêtes gens ne soupçonnèrent jamais Vauban, et que Louvois lui accorda son amitié tout entière.

X

Louvois, qui connaissait les règles de la fortification, ignorait l'art de l'attaque et de la défense des places. Il pria Vauban de composer pour son instruction particulière une sorte de manuel. Le grand ingénieur écrivit alors le *Mémoire pour servir d'instruction sur la conduite des sièges.* Il joignit à son envoi cette lettre du 9 février 1672 : « Ce sera un livre rempli de la plus fière marchandise qui soit dans ma boutique, et telle qu'il n'y a assurément que vous dans le royaume qui en puisse tirer de moi de semblable. Vous n'y verrez rien de commun, ni presque rien qui ait été pratiqué, et cependant rien qui ne soit fort aisé de l'être. Ce que je puis vous en dire, Monseigneur, est qu'après vous être donné la peine de le lire une fois ou deux, j'espère que vous saurez mieux les sièges et la tranchée qu'homme du monde. Après cela, je vous demande en grâce, Monseigneur, de ne point communiquer cet ouvrage à personne quand vous l'aurez; car, très assurément, je ne le donnerai point à d'autre qu'à vous. »

Nous voici à la veille de cette grande guerre de Hollande, écrite par Louis XIV lui-même dans un Mémoire inédit, conservé au dépôt de la guerre.

Avant les hostilités, Louvois remit à Louis XIV, le 4 février 1672, le contrôle de son armée, la situation de ses places et l'état de ses forces. Le roi, pour exprimer sa satisfaction, nomma son secrétaire d'État grand vicaire de l'ordre de Saint-Lazare. Louvois était donc, à l'âge de trente et un ans, secrétaire d'État de la guerre, surintendant des postes et chancelier de l'ordre du Saint-Esprit. Ce 4 février 1672, il eut l'honneur de devenir ministre d'État.

Louvois redoubla d'efforts pour bien servir son roi. Il réunit une armée formidable, assembla des approvisionnements sans nombre, obtint des soldats étrangers : vingt mille Suisses, douze mille aventuriers anglais, allemands, espagnols, italiens.

Pendant ce temps, Louvois écrit sans cesse à le Tellier, qui veille et voit tout.

Après quatre années d'immenses travaux, Louvois avait organisé une armée que Louis XIV pouvait mettre immédiatement en campagne : 1º le régiment des gardes-françaises; 2º le régiment des gardes-suisses : ensemble cinq mille hommes; 3º les gardes du corps; 4º les mousquetaires; 5º les compagnies de gens d'armes ; 6º les chevaux-légers de la maison du roi, formant un total de trois mille cavaliers.

Telle était l'élite. Quant à l'armée, elle se composait de quarante-six régiments d'infanterie française, formant cinquante-sept mille hommes; douze régiments d'infanteri étrangère, dont le total s'élevait à trente mille hommes; soixante-dix-huit régiments de cavalerie française et neuf de cavalerie étrangère, composant une force de vingt-cinq mille chevaux.

Le total de l'armée atteignait le chiffre de cent vingt mille hommes.

Le roi se réservait le commandement en chef, ayant sous ses ordres monsieur le prince de Condé, le vicomte de Turenne, et au-dessous les autres maréchaux.

Mais les maréchaux de Bellefonds, de Créqui et d'Humières refusèrent d'abord d'obéir à Turenne, quoiqu'il eût la dignité de maréchal général depuis 1667, et fût le plus ancien. Louis XIV coupa court à cette prétention qui portait atteinte à la discipline. Louvois écrivit, de la part du roi, au maréchal de Bellefonds, « qu'il eût à se retirer à Tours, le jour même, et d'y demeurer jusqu'à nouvel ordre, avec défense d'y faire fonction de maréchal de France. » On lit dans la lettre de Louvois : « ... Il faut que vous connaissiez la disposition où est Sa Majesté contre ceux qui ne voudront pas obéir. Il est question en ceci, Monsieur, non seulement de ne point servir cette campagne, de déplaire à Sa Majesté, et de s'en aller passer sa vie dans quelque province, mais encore de perdre tous ses établissements... Vous me permettrez de vous dire qu'il n'y a point d'autre parti à prendre que d'obéir à un maître qui dit qu'il veut l'être. »

Louis XIV ordonna que les maréchaux se rendissent à l'armée, et fissent au moins pendant quinze jours les fonctions de lieutenants généraux sous les ordres du maréchal de Turenne. Il est inutile d'ajouter que le roi fut obéi.

Le maréchal d'Humières, qui pensait que ce serait s'humilier que de servir sous Turenne, s'humiliait bien autrement en écrivant à Louvois pour cette affaire : « Je suis bien persuadé que vous me continuerez toujours votre *protection*, sur laquelle je compte *uniquement*. »

Ces maréchaux connaissaient les sentiments hostiles de Louvois contre Turenne, et croyaient ne pas lui déplaire en montrant au roi que l'ascendant du maréchal général n'était pas aussi grand qu'il le pensait. Mais Louvois ne se mêla pas directement de la difficulté et n'exprima nullement son opinion personnelle, comme il ne manquait jamais de le faire. Louis XIV se chargea seul de rétablir la discipline.

Le roi était donc à la tête de son armée, ayant Louvois près de lui.

Cette armée, en entrant en campagne contre la Hollande, fut divisée en deux corps, l'un commandé par Condé, l'autre par Turenne.

Les historiens et les poètes ont parlé du passage du Rhin, qui ne mérite ni les louanges outrées ni les critiques amères dont il est entouré. La grandeur de Louis XIV ne le retint pas au rivage, mais il demeura ferme et brave à sa place. Le roi a dit lui-même ce qu'auraient dû écrire les historiens et les poètes : « J'étais présent au passage, qui fut hardi, vigoureux, plein d'éclat et glorieux pour la nation. »

Nous n'avons pas à rappeler ce beau fait d'armes. On sait que les Hollandais furent surpris sur la rive opposée, et que le prince de Condé reçut de Louis XIV le témoignage d'une sincère réconciliation. C'était là ce que préparait depuis longtemps avec une persévérance inébranlable le ministre Louvois, pour pouvoir opposer Condé à Turenne et affaiblir l'influence de celui-ci sur l'esprit du roi. Si l'armée française réussit au début de cette guerre, Louis XIV fut convaincu que la gloire en revenait à Louvois et non à Turenne. En effet, le roi écrivait : « La postérité aura peine à croire que j'aie pu fournir de troupes, d'artillerie et de munitions assez abondamment pour des entreprises de la considération de celle-ci ; cependant j'avais si bien pourvu à toutes choses, et mes ordres furent exécutés avec tant de régularité et de justesse, *par les soins du marquis de Louvois,* que l'on ne manque de rien à tous les sièges. »

Mieux eût valu pour Louis XIV que Louvois ne fût pas auprès de lui en temps de guerre. Vauban suffisait aux sièges et Turenne à la stratégie. Louvois fit commettre des fautes irréparables. D'abord il imposa des conditions tellement cruelles, que les Hollandais ne purent espérer leur salut que du désespoir. Sans leur faire un pont d'or pour la retraite, il ne fallait pas fermer toutes les issues. A cette faute Louvois en joignit une autre, qui fut de renvoyer les prisonniers de guerre. Les contemporains et quelques historiens ont accusé Louvois de trahison. Henri Martin va jusqu'à dire : « Toutes les suppositions sont permises envers ce monstre d'égoïsme (tome XII, page 389).

L'armée française avait franchi le Rhin le 12 juin, les ambassadeurs hollandais se présentèrent le 22, et Louvois leur fit des conditions inacceptables. Le lendemain, les habitants d'Amsterdam rompirent leurs digues.

Les généraux conseillaient de traiter avec les ambassadeurs, tout en continuant les hostilités, et de s'emparer d'Amsterdam par surprise, ce qui était facile.

Louvois fit commettre d'autres fautes encore. On lit dans l'histoire de Turenne : « Le prince de Condé et le maréchal de Turenne avaient conseillé au roi, immédiatement après le passage du Rhin, de raser la plupart des places fortes que l'on prendrait et de ne garder que celles qui seraient nécessaires pour la conservation des conquêtes. Le roi paraissait goûter leurs conseils ; mais Louvois, qui était d'un autre sentiment, fit conserver toutes les places fortifiées. Ainsi l'armée française fut presque épuisée par plus de cinquante garnisons. »

Le mouvement d'invasion fut ralenti.

Le 20 juin, huit jours après le passage du Rhin, Louvois écrivait à le Tellier : « Sa Majesté sera dans huit jours en état de marcher à Utrecht, et de là envoyer *piller* la Haye et trois ou quatre villes de Hollande, qui, dans la sécheresse où nous sommes, ne sauraient s'inonder ; et on obligera les autres à se mettre sous l'eau, dont ils recevront un dommage qu'ils ne pourront pas réparer de dix ans. »

Ce n'était pas la guerre telle que l'entendait Turenne, mais le pillage et la ruine.

Quelques hommes étrangers au métier des armes ignorent que la guerre a sa moralité, son humanité, et que les peuples, c'est-à-dire les vieillards, les femmes et les enfants doivent être respectés. Une armée combat une armée, et ne doit pas ruiner un pays par le pillage. Tous les grands capitaines, Alexandre, César, Annibal, Turenne ont été fidèles à ces principes. Louvois ne les connaissait pas ; il confondait la guerre et la destruction, et semblait ignorer que le pillage est la ruine de la discipline.

Napoléon Ier a dit : « Achille est fils d'une déesse et d'un mortel, c'est l'image du génie de la guerre. La partie divine, c'est tout ce qui dérive des considérations morales et du caractère, du talent, de l'intérêt de votre adversaire, de l'opinion, de l'esprit du soldat qui est fort et vainqueur, faible et battu selon qu'il croit l'être. La partie terrestre, c'est les armes, les retranchements, les positions, les ordres de bataille, tout ce qui tient à la combinaison des choses matérielles. »

Louvois pouvait, jusqu'à un certain point, comprendre la partie terrestre de la guerre ; mais son esprit ne s'est pas élevé jusqu'à la partie divine.

CHAPITRE II

1672-1676

Louis XIV. — Luxembourg. — Turenne. — Préparatifs pour la campagne de 1673. — L'intendant Robert à Utrecht. — Le prince de Condé à Utrecht. — Louis XIV assiège Maëstricht. — D'Artagnan le mousquetaire. — Prise de Colmar. — Lettre de Turenne au roi. — Plan de la campagne de 1674. — Le maréchal de Bellefonds. — Senefe. — Opinion de Vauban sur les gazettes. — Naïveté du brave marquis de Chamilly. — Lettre de M. de Saint-Abre, lieutenant général, au roi. — Que sont les incendies du Palatinat? — L'arrière-ban. — Le chevalier de Rohan. — Désordres dans les provinces. — La démocratie à Besançon. — Un bourgeois de Dôle. — Louis XIV se rend à l'armée. — Louvois chez Turenne. — Turenne chez le cardinal de Retz. — Montecuculli. — Turenne et Montecuculli. — Opinion de Folard. — Guerre méthodique. — Dernier jour de Turenne. — Paroles de Montecuculli en apprenant la mort de Turenne. — Lettre de Mme de Sévigné. — Sentiments de Louvois pour Turenne. — Montecuculli attaque l'armée française sur la Schutter. — Promotion de huit maréchaux de France. — Ordonnance réglant le commandement à grade égal. — Le duc de Saint-Simon. — Lettres de Louvois au maréchal de Duras. — Lassitude du prince de Condé. — Lettre de Luxembourg. — Désordres à Bordeaux. — Répression.

I

Louvois, malgré ses correspondances, ses espions et l'étendue de ses relations, n'était pas toujours complètement renseigné. Un général commandant une armée en campagne l'eût été beaucoup mieux ; mais, les ordres venant de Louvois, les généraux attendaient.

Muiden était une petite ville peu éloignée d'Amsterdam et située sur le Zuyderzée. C'est là que se trouvaient les écluses. En s'emparant de ce point les inondations devenaient impossibles, et l'armée française s'emparait facilement de la Hollande. Comment s'expliquer que Louvois pût ignorer un fait de cette importance?

Dévoré par une fièvre ardente, Louvois se faisait lire les dépêches et dictait les réponses. (Ch. II.)

Nous ne répéterons pas les accusations qui s'élevèrent contre lui. Pourquoi aurait-il trahi? il avait tout, honneurs et richesses; pouvoir presque illimité, et un avenir sans bornes.

Louis XIV écrit à l'occasion des inondations une page admirable : « La résolution de mettre tout le pays sous l'eau fut un peu violente; mais que ne fait-on point pour se soustraire d'une domination étrangère! et je ne saurais m'empêcher d'estimer et de louer le zèle et la fermeté de ceux qui rompirent la négociation d'Amsterdam, quoique leur avis, si salutaire pour leur patrie, ait porté un grand préjudice à mon service. »

Voilà donc ce grand roi, qui à Versailles affectait le plus profond dédain pour ces marchands, et qui se prend à les admirer, lorsque de son camp il est témoin de leur patriotisme.

Louis XIV était jeune alors, et son cœur allait naturellement aux grandes choses. Quarante ans après, lorsque le roi eut atteint sa soixante-quatorzième année, à travers les plus cruelles épreuves, Louis demeura le même, et se révolta contre la pensée d'une domination étrangère.

Les désastres accablaient le vieux roi, et il allait tenter la fortune, peut-être pour la dernière fois. C'était en 1712, lorsque Villars partait pour l'armée de Flandre. En prévision d'un malheur suprême, Louis le Grand écrit à Villars : « Je sais, monsieur le maréchal, que des armées aussi considérables ne sont jamais assez défaites pour que la plus grande partie de la mienne ne pût se retirer sur la Somme... Il y a des places qu'on peut rendre bonnes; je compterais aller à Péronne ou à Saint-Quentin, y ramasser tout ce que j'aurais de troupes, faire un dernier effort avec vous, et périr ensemble ou sauver l'État; car je ne consentirai jamais à laisser approcher l'ennemi de ma capitale. »

Revenons à Louvois.

L'inondation arrêta les conquêtes, et le roi quitta l'armée pour se rendre à Saint-Germain. Avant son départ, le monarque, mal conseillé par son ministre, commit la faute de renvoyer vingt mille prisonniers de guerre, qui plus tard le combattirent. Mais Louvois pensait que nourrir une telle quantité d'hommes était contraire à une bonne administration.

Turenne eut le commandement de l'armée, et reçut l'ordre d'entrer en Allemagne pour protéger les alliés du roi;

Louvois fit donner le gouvernement d'Utrecht à M. de Luxembourg, qu'il connaissait comme peu scrupuleux, plein d'ambition, et se familiarisant sans peine avec le bien d'autrui.

Luxembourg mettait des impositions sur les villages, condamnait les riches marchands d'Amsterdam à de fortes amendes, et menaçait de brûler leurs propriétés. Il disait que l'argent était pour le roi, mais le reste pour ses amis. Ce reste se composait de meubles précieux, de livres, de curiosités, de tableaux, de chinoiseries et d'objets rares rapportés de loin par les vaisseaux hollandais. Louvois souffrait ce pillage, et Luxembourg osait lui écrire, le 24 juillet : « Il ne se fera rien avec aucun de ces messieurs que je n'aie quelque chose qui vienne des Indes; je vous le dis franchement. Mais, si j'en avais quelqu'une galante, croyez-vous que ce fût pour moi ? Non, je vous assure; ce serait pour mon roi, et vous pourriez bien en avoir quelque guenille. Voilà tous mes projets de volerie. »

Luxembourg, qui désirait la place de capitaine des gardes du corps devenue vacante par la disgrâce de Lauzun, terminait ainsi sa lettre au ministre de la guerre : « Je me donne l'honneur d'écrire au roi. J'ai pensé lui dire ce que le bon larron disait à Notre-Seigneur : « Souvenez-vous de moi « quand vous serez dans votre royaume. » Mais je n'ai osé, et c'est une chose, Monsieur, que vous devriez bien lui dire. Ce n'est pas pour qu'il me fasse tous les biens que pourraient désirer les autres; mais je voudrais bien qu'il m'eût répondu aussi, comme Notre-Seigneur au bon larron : « Vous « serez le jour auprès de moi. » Je lui ferai quartier pour le temps, pourvu qu'un jour j'eusse l'honneur d'être auprès de sa personne. »

Louvois savait donc à l'occasion se montrer peu rigoureux; cette correspondance avec Luxembourg, celle plus ancienne qu'il avait eue avec le marquis de la Vallière, le montrent presque léger, oubliant même la dignité ministérielle. Mais il reprenait son rôle de maître absolu avec une surprenante facilité.

Nous aurons à parler de Luxembourg; il n'est donc pas inutile de rappeler ce qu'était ce grand personnage, d'une moralité plus que douteuse, mais doué du génie de la guerre.

François-Henri de Montmorency-Bouteville, duc et plus tard maréchal de France, né en 1648, était fils de ce Bouteville décapité pour s'être battu en duel. A l'âge de vingt ans, Luxembourg, aide de camp de Condé, se distingua à la bataille de Lens et fut nommé maréchal de camp. Enfermé à Vincennes pour avoir combattu Mazarin, il recouvra sa liberté et se distingua dans les guerres qui suivirent.

Après avoir commandé en chef pendant la campagne de Hollande, il fut fait maréchal de France en 1675, à la suite d'une belle retraite. Nous verrons comment il se brouilla avec Louvois, et quelles furent, pour Luxembourg, les terribles conséquences de cette rupture.

Luxembourg appartenait à la maison de Montmorency; mais, ayant épousé une demoiselle de Luxembourg, il avait joint ce nom au sien.

Luxembourg insistait auprès de Louvois pour ne pas rester inactif à Utrecht. Louvois répondait : « ... Ne songez qu'à bien conserver les troupes qui sont sous votre commandement, pour livrer bataille, à la suédoise, à Noël et à la Chandeleur. » A force de prières, Luxembourg obtint de Louvois l'autorisation de s'emparer de Woerden, petite place qui pouvait inquiéter Amsterdam. Luxembourg réussit, mais paya cher cette conquête. Les Français éprouvèrent des pertes sérieuses. Le régiment de Navarre eut six capitaines, trois lieutenants, un sous-lieutenant, six sergents tués; le lieutenant-colonel, le major, six capitaines, cinq sous-lieutenants, un enseigne et vingt sergents blessés. — Le régiment de Piémont, deux capitaines et un lieutenant tués ; le colonel et six capitaines blessés. — Le régiment de Normandie, cinq capitaines et deux lieutenants tués; le colonel, le lieutenant-colonel, le major, l'aide-major, deux capitaines, trois lieutenants et deux enseignes blessés. — Le régiment de la marine, un capitaine tué, trois blessés. — Le régiment de Picardie, cinq capitaines tués...; le marquis de Boisdauphin, frère de Mme de Louvois, fut tué. Un autre frère avait péri, les armes à la main, dans l'expédition de Candie. Ainsi cinq régiments perdirent dix-neuf capitaines.

Nous ne rappelons ces pertes que pour montrer que les armées de l'ancienne monarchie savaient marcher à l'ennemi. La bravoure a toujours été la même. Les moyens matériels se sont perfectionnés; mais le moral était, au siècle de Louis XIV, ce qu'il est de nos jours.

A la suite de la prise de Woerden, Luxembourg fut nommé capitaine des gardes, et obtint en outre la charge de maître de la garde-robe. On devait supposer que ses dignités et surtout son nom engageraient le duc de Luxembourg à se défaire de cette charge, en la cédant à beaux deniers comptants; il n'en fut rien. Le courtisan voulut plaire au maître, et feignit de se trouver honoré de prendre place dans la domesticité. Il écrivait à cette occasion : « Je prierai M. de Marsillac de me faire place quelquefois pour que je puisse ôter le justaucorps du roi, et je me tiendrai honoré de le faire. »

L'ambition de Luxembourg ne se contentait pas d'ôter le justaucorps de Sa Majesté, il voulait encore, lui capitaine des gardes, avoir le commandement en chef des pays occupés par l'armée française. Il écrivit à ce sujet au ministre Louvois, qui répondit fort spirituellement, mais en termes ambigus. Alors Luxembourg, indigné, répondit : « Je vous l'ai dit autrefois, je ne suis point né pour être camarade de certaines gens, ni même de ceux qui croiraient avoir droit de me commander. J'en ai commandé aussi beaucoup d'autres avec qui je suis égal comme de cire, qui s'avancent et je ne bouge. J'avoue que je ne mérite rien de plus que ce que j'ai; mais je n'ai pas assez de mérite pour me trouver avec eux en même poste, et, quand je m'y verrai réduit, je supplierai le roi que je sois plutôt garde de chasse dans quelqu'une de ses plaines que confondu dans ses armées avec beaucoup d'autres; mais, pour un besoin pressant, je serais ravi d'être enseigne d'infanterie, pour faire connaître au roi l'excès de mon zèle... »

Afin de se consoler de ce qu'il nommait ses disgrâces, Luxembourg ravageait le pays, commettait des excès et laissait l'indiscipline se glisser dans son armée. Le 27 septembre 1672, il adresse ce rapport à Louvois : « Je vous ai mandé que nous avions brûlé la plus belle maison du plus haut huppé d'Amsterdam; elle coûtait à bâtir vingt-cinq mille écus... J'envoyai, il y a trois jours, M. Maqueline pour châtier des paysans qui avaient tiré sur un de nos partis; il ne les trouva pas assemblés, et ainsi il fut contraint de brûler seulement leur village; et comme ce fut la nuit qu'il y arriva, et que les maisons de ce pays sont fort combustibles, il est vrai que rien ne s'est sauvé de ce qui était dedans, chevaux, vaches, et, à ce qu'on dit, assez de paysans, femmes et petits enfants. La nuit passée, Mélac a été dans de petits bateaux au village de Verden, qui est un lieu où les paysans se tenaient en grande sûreté; il y a brûlé cinq génisses et plus de cinquante bestiaux, aussi bien que les gens du logis. »

Le rapport du 17 novembre se termine ainsi : « Jamais des

accès de fièvre n'ont été si réglés que notre coutume de brûler de deux jours l'un... »

II

Le prince d'Orange et les armées allemandes marchaient contre nos troupes. En arrivant sur la Meuse, les coalisés espéraient couper notre ligne d'opérations, nous séparer de la France et nous rejeter vers le Nord. Turenne devina leurs projets et prit ses mesures en conséquence. Louvois désapprouva Turenne et lui prescrivit, au nom du roi, d'envoyer des renforts à Condé.

Turenne, qui voyait l'ennemi et pénétrait ses projets, ne se conforma pas aux ordres de Louvois, ce qui mécontenta le roi. Turenne ne répondit même pas, tant il se sentait au-dessus des intrigues de cour. Ce fut alors que Louvois écrivit : « Je crois être obligé de vous dire qu'il sera bien à propos que, quand vous ne croirez pas pouvoir exécuter ce que Sa Majesté vous mandera, vous lui expliquiez fort au long les raisons qui vous en empêchent, ayant trouvé fort à redire que vous ne l'ayez pas fait jusqu'à présent. »

Turenne répondit : « Je ne manquerai plus une autre fois de rendre un compte bien exact de ce qui m'empêchera de faire ponctuellement ce que le roi commande ; car il vrai que je fais cette faute-là, qui est que, quand je crois qu'une chose ne se peut ou ne se doit pas faire, et que je suis persuadé que le roi, qui me la commande, changerait de pensée s'il voyait la chose, je n'en dis pas les raisons. J'y aurai plus de précautions à l'avenir. »

Ce grand homme devait cruellement souffrir. Lui, capitaine consommé ; lui, en présence de l'ennemi, dont il suivait les mouvements heure par heure ; lui, qui étudiait le terrain, calculant les chances, pesant les raisons pour ou contre, il était arraché à ses méditations par l'arrivée d'un courrier de la cour. Un ministre étranger à la guerre avait fait signer par le roi des ordres contraires à son service et aux règles de l'art : désobéir était peut-être la défaveur ; obéir, le déshonneur et la défaite.

Turenne avait le cœur assez haut placé pour ne pas obéir, tout en sachant que Louis XIV pardonnerait, mais que Louvois ne pardonnerait pas.

Il fallait une grande vertu, un noble caractère, une certitude du succès, pour oser se conduire comme le fit Turenne. De son côté, le roi, que séduisaient les discours de Louvois, pensait connaître la guerre; il étudiait les cartes, mais son regard n'embrassait pas toujours l'ensemble. Nous devons croire que le ministre agissait de bonne foi, sans parti pris contre Turenne; mais il y allait du salut de la France, de l'honneur des armes et de la gloire de Louis XIV.

Louvois a fait école. Le xixe siècle a vu des généraux d'armée dirigés de loin, par des conseils, des comités, des réunions d'hommes étrangers à l'art de la guerre. Plus d'une victoire de Napoléon Ier n'est due qu'à ce déplorable système, adopté par les étrangers à l'exemple de la France.

La campagne de 1672 allait se terminer non sans de grandes fatigues. Nous trouvons dans une lettre de Turenne un détail qui vaut un long rapport : « ... Le chirurgien de l'hôpital me disait ces jours passés qu'il a coupé dans l'hiver deux mille doigts de pied à des soldats, et que cela ne les incommode guère pour marcher. »

Pour commencer la campagne de 1673, Louvois espérait donner au roi une armée de quatre-vingt-seize mille hommes d'infanterie et de vingt-cinq mille cavaliers. Il fallait tenir tête à la Hollande, à l'Allemagne et aux Pays-Bas espagnols. On devait, en outre, occuper le Roussillon, augmenter la garnison de Pignerol, et placer quelques milliers d'hommes en Lorraine.

Louvois consulta Turenne, Condé et Vauban; car, malgré son orgueil, il avait trop d'esprit pour se croire infaillible. Avant de donner des ordres, il voulait connaître la pensée de ceux qui les exécuteraient. Enfin il craignait que de son côté le roi ne s'avisât de demander en secret l'opinion de ses généraux.

Nous allons voir Louvois mêlé jusqu'à la fin de sa vie à tous les traités, à toutes les guerres, à toutes les institutions. Il n'est pas une question politique dont il ne se préoccupe. Il est en relation avec les diplomates de tous les pays. Sa correspondance est immense. Il écrit le même jour à un ambassadeur, au chef d'une armée, à l'intendant qui administre, au commis qui exécute. Il blâme, il loue, il corrige un détail, et, après s'être élevé aux grandes considérations, il descend jusqu'aux minuties.

Pour écrire d'une façon complète la vie de Louvois,

l'historien devrait rappeler le règne de Louis XIV jusqu'en 1691; mais ce serait en quelque sorte l'histoire même du roi. Afin de ne pas sortir du cadre, nous admettrons que le lecteur connaît les actes diplomatiques et les guerres. Dès lors nous nous bornerons à ne mettre en relief que les choses qui portent l'empreinte bien marquée du grand ministre. Nous citerons de nombreuses lettres qui sont des témoignages irrécusables, et peignent les physionomies et les passions qui les animent. L'historien doit l'entière vérité. Cette vérité serait difficile à faire ressortir à l'égard de Louvois, si sa correspondance n'était mise sous les yeux du lecteur.

A côté de Louvois, au-dessus de lui, on verra la superbe figure de Louis XIV. Voilà donc le roi que l'on représente trop souvent dans les splendeurs de Versailles, entouré de sa cour, allant majestueusement à Saint-Germain ou à Marly, et se comparant au soleil. Nous le verrons, sans cesse préoccupé des intérêts de la France et de sa grandeur; nous le verrons travailler à son bureau, lire de longs rapports, écrire, dicter, s'informer de tout et connaître ce qui se disait et se passait en Europe.

Il se trompa souvent et plus souvent encore fut trompé; mais il n'en personnifia pas moins la France et fut digne de gouverner un grand peuple. Il fut activement servi par Louvois, qui put l'égarer parfois, mais ne le domina jamais.

III

Nous voici à la guerre de 1673. Louvois a tout préparé, et son attention se porte au dernier moment sur l'administration militaire. Son parent, l'intendant Robert, dont nous avons parlé, est à Utrecht. Voici ce qu'il y fait; lui-même nous l'apprend par une lettre à Louvois, du 14 février 1673 :
« ... Bien loin de discontinuer en aucune façon mes poursuites, j'y ai tous les jours augmenté de nouvelles rigueurs. Il est impossible que l'on crie davantage que l'on fait. Pour vous faire concevoir la misère qui est dans le peuple de cette ville, et l'effet qu'y produit la violence avec laquelle nous levons la taxe, je vous dirai que l'on est accablé, aux portes de la ville, de gens qui veulent s'en aller. Je poursuis les confiscations dans cette ville avec toute l'application

possible; mais je ne trouve aucun meuble de valeur dans toutes les maisons des personnes absentes et sujettes à confiscation. Je ne trouve que de méchants sièges... Je fais enlever tout cela... et fais transporter dans une grande maison déserte que j'ai choisie. Je cherche à vendre lesdits meubles, mais inutilement.

« ... Je suis présentement à pousser un peu violemment, et peut-être pas trop justement, deux des plus notables et des plus riches de cette ville.

« ... L'autre personne que j'ai condamnée à une amende un peu violente est M. OEuft... Je lui ai fait une querelle... J'ai envoyé quatre soldats chez lui; et comme il dit toujours qu'il n'a pas de quoi payer, je lui ai envoyé une augmentation de dix soldats. Il persiste à dire qu'il n'a ni argent ni crédit; et moi je persiste à dire qu'il payera ou que j'abattrai la maison qu'il a en cette ville, qui est très belle... Je sais bien que si l'on approfondissait beaucoup ses raisons et les miennes, les siennes vaudraient peut-être mieux que les miennes... »

Cette façon d'administrer obtenait les éloges de Louvois, tandis que le nom français était maudit à l'étranger.

Un peu plus tard, le 6 mars, le même intendant Robert écrit à Louvois : « ... Je vous puis assurer que je suis si bien votre intention de ne point ménager le pays, que je suis très certain que vous ne souffririez jamais toutes les cruautés que je fais pour en tirer le peu d'argent que j'en tire, si vous étiez présent. »

La réponse de Louvois est claire. 27 avril : « J'ai reçu l'état des contributions. La somme totale a dépassé mes espérances. Je vous prie de ne vous point lasser d'être méchant, et de pousser les choses à cet égard avec toute la vigueur imaginable. »

Voilà ce qui révoltait Turenne. Quant à Luxembourg, il en riait, et se permettait d'écrire à Louvois, le 28 avril : « ... Il est mort une furieuse quantité de peuple, et les eaux ont apporté des millions de bestiaux morts et noyés. J'ai pensé ne vous point mander cela, pitoyable comme je vous connais, de peur de vous faire de la peine; mais je n'ai pu m'en dispenser... » Louvois, qui goûte fort ce ton léger, répond à Luxembourg, le 6 mai 1673 : « Je vous sais le plus méchant gré du monde de m'avoir si bien instruit de toutes les misères de la Hollande, parce que j'en ai été touché au dernier point; et si j'avais ici des casuistes, je les consulterais pour savoir si je puis, en conscience, continuer à faire une charge dont l'unique objet est la désolation de mon prochain; et s'ils me conseillaient de la quitter, je m'en retournerais à Paris. Par bonheur pour moi, il n'y en a point à la suite de l'armée... »

Condé fut placé à la tête de l'armée de Hollande, ce qui déplut à Luxembourg. Mais le roi avait lui-même ordonné à Louvois cette importante mesure, et celui-ci écrivit à Luxembourg une lettre pour se jouer de lui, lettre qui se termine par cette sanglante moquerie : « Monsieur le Prince étant présentement à Utrecht, c'est à lui que je dois écrire dorénavant, et ne plus avoir commerce avec un petit subalterne comme vous. »

Louvois était cruel avec ses amis, et les historiens n'avaient pas montré ce côté piquant de son caractère. Pendant le mois de mai, il y eut entre Luxembourg, la Vallière et Louvois une correspondance plus que familière.

Le prince de Condé, en arrivant à Utrecht, fut indigné des rapines commises par l'administration française. Il écrivait à Louvois, le 25 avril : « Je ne saurais m'empêcher de vous dire que je trouve les esprits de ces peuples ici tout autres que l'année passée; ils sont tous au désespoir, à cause des taxes insupportables qu'on leur fait tous les jours. Il me semble que le profit qu'on en a tiré, au delà de ce qu'on aurait pu en tirer par la douceur, est bien médiocre, et qu'il ne valait pas l'aversion cruelle qu'on s'en est attirée. Je ne sais s'il est de l'intérêt du roi de continuer. »

A cette lettre pleine d'humanité, dictée par un cœur militaire, Louvois répondait, les 5 et 8 mai : « Le roi sait fort bien que les taxes qu'il a commandées à M. Robert, par des ordres réitérés, de faire sur les peuples de la Hollande, ne peuvent les avoir mis de bonne humeur, ni leur faire souhaiter de rester sous sa domination; mais Sa Majesté a trouvé que de l'argent valait mieux que leurs bonnes grâces, et qu'outre cela il serait fort utile de faire crier, en Hollande, tous les particuliers qui perdraient leurs biens. C'est pourquoi elle désire qu'on continue à tenir la même conduite qu'on a tenue jusqu'à présent à cet égard, et que Votre Altesse paraisse aussi méchant et aussi impitoyable à ceux qui lui viennent faire des représentations, que vous le seriez peu si vous suiviez votre naturel. Sa Majesté juge à propos que vous continuiez à faire brûler tout, le plus que vous pourrez, afin que les Hollandais ne reçoivent aucun soulagement. Quand Votre Altesse ne ferait, dans toute la campagne, qu'obliger les Hollandais à couper leurs digues et à faire entrer la mer dans leur pays, ce serait toujours un grand avantage, puisque deux mois après ils seraient infailliblement réduits à faire la paix aux conditions que l'on voudrait. »

Le prince de Condé dut se soumettre et fit cette réponse, le 19 mai : « ... Je vais pourtant prendre mon front d'airain, *puisque vous le voulez* ainsi, et être le plus impitoyable du monde. »

Mais, ne se fiant pas entièrement à la sévérité de Condé, Louvois écrivit à l'intendant Robert : « Il ne faut omettre aucun soin ni sévérité pour tâcher de tirer du pays tout le plus d'argent que faire se pourra, à quoi vous n'aurez pas grande difficulté, puisque monsieur le Prince m'a assuré, par sa dernière lettre, qu'il allait prendre son front d'airain et qu'il serait impitoyable. »

Louvois donnait directement ses ordres à l'intendant sans même en prévenir Condé, qui finit par se plaindre de ce manque d'égard et de cet oubli de la hiérarchie. Mais Louvois voulait prouver que l'administration était indépendante du commandement. Il allait plus loin en faisant intervenir l'intendance dans la discipline. Nous trouvons dans une lettre, écrite le 3 juillet par Louvois à l'intendant Robert : « ... Empêcher que les troupes ne fassent des désordres dont Sa Majesté reçoit fort souvent des plaintes, à quoi je vous prie de tenir toujours la main. »

Maëstricht n'était pas envahi par les eaux, et Louis XIV résolut de s'en emparer. Écartant Turenne et Condé, le roi se réserva cette conquête. Il quitta Saint-Germain le 1er mai, suivi de la reine et de la cour. Le voyage se fit lentement, les carrosses marchant à petites journées.

En arrivant le 10 juin devant Maëstricht, le roi reconnut la place, qui était forte et défendue par sept mille hommes. Le commandant de la place, officier de grand mérite, se nommait Fariaux et se vantait de son origine française.

Le roi avait auprès de lui Vauban et Louvois. Dans les sièges précédents, les généraux dirigeaient les attaques et donnaient leurs ordres aux ingénieurs qui n'avaient qu'à exécuter. Malgré son instruction assez complète sur la guerre des sièges, Louis XIV éprouva quelque embarras, et ne voulut pas courir le risque de compromettre sa dignité en commettant quelque erreur. Il décida donc que l'ingénieur dirigerait le siège et commanderait. Heureusement l'ingénieur était Vauban.

Mais la décision de Louis XIV n'en est pas moins contraire aux vrais principes.

Ce siège mémorable est raconté dans ses moindres détails par le roi (Œuvres de Louis XIV, tome III, page 349). Il méritait l'honneur d'être cité comme un exemple. Vauban s'y surpassa et fut admirablement secondé par l'armée française, que la présence de son roi exaltait jusqu'à l'héroïsme. La garnison fit aussi des prodiges de résistance. Les assiégeants mettaient en ligne vingt-six mille hommes d'infanterie, dix-neuf mille cavaliers et cinquante-huit pièces de canon. L'approvisionnement en vivres et munitions suffisait pour six semaines.

Le siège commença le 18 juin, et la place capitula le 30. Il y eut, dans la nuit du 24 au 25, une sérieuse attaque par trois colonnes d'assaut. Les Français ne furent pas repoussés, mais n'obtinrent pas le succès qu'ils pouvaient espérer. Le régiment du roi perdit à lui seul cinquante-trois officiers tués ou blessés, deux cents soldats tués, trois cent trente blessés; le régiment Dauphin, quarante officiers et trois cents soldats tués ou blessés. Louvois, qui prévoyait de grandes pertes, avait fait préparer un hôpital admirablement installé. Pendant cette horrible mêlée dans l'obscurité de la nuit, Louis XIV était à cheval, sa cuirasse couverte par un manteau, tandis que Vauban, calme et presque silencieux, embrassait du regard toute la scène, allant d'un point à un autre, donnant des ordres et réparant les fautes.

Il y eut un moment solennel : ce fut celui où le capitaine des mousquetaires, d'Artagnan, vint demander au roi, au nom des mousquetaires, l'honneur de monter à l'assaut. Louis XIV répondit, en saluant : « Allez, messieurs les mousquetaires. » Moins d'une heure après d'Artagnan était mort, et près de son corps sanglant se trouvaient couchés, sur les débris des remparts, cent vingt officiers, quatre-vingts mousquetaires et sept cents soldats.

Après ce siège, Louvois reçut de toutes parts des félicitations plus ou moins sincères. Colbert lui écrivit : « Il n'appartient qu'à vous de si bien exécuter les ordres du roi, qu'il ne lui manque rien pour une si grande entreprise. »

La philosophie de Louvois prit en cette circonstance une teinte presque sombre. Tant d'éloges lui semblaient outrés. A côté de tant de bonheurs il aurait désiré quelque petit malheur : « Ceux qui font courir des bruits sur les charges que le roi m'a données n'ont pas de bonnes intentions pour moi. Je suis plus que content de celles que j'ai et n'en désire aucune... » Puis il écrit à le Tellier, qui est de moitié dans sa vie : « A l'égard de notre réputation, bien loin de chercher à faire des choses qui l'établissent, j'en voudrais trouver qui la déprimassent, rien ne pouvant être meilleur dans la situation présente des affaires. »

La prise de Maëstricht produisit une vive émotion dans les cours de Londres et de Madrid. Louvois ne tarda pas à savoir que l'Espagne se préparait secrètement à la guerre. Alors il prit les devants, et fit rassembler en Flandre une armée dont le roi conféra le commandement au prince de Condé. Luxembourg fut placé à la tête des troupes cantonnées en Hollande, et Louvois se réserva l'Alsace et la Lorraine. Il releva les fortifications de Nancy, de Philippsbourg et de Brisach, appela Vauban auprès de lui, et fit si bien que le roi lui-même fixa sa résidence à Nancy.

Les historiens s'étonnent d'une telle résolution, qu'ils ne s'expliquent pas. Les uns vont jusqu'à penser que la faveur de Louvois était complète. Il s'agissait d'une pensée bien autrement élevée, et qui protégera éternellement la mémoire de Louvois.

Il voulait donner Strasbourg à la France, et Louis XIV se rapprochait de cette ville si importante pour être prêt à tout événement.

Strasbourg était alors ville impériale. Colmar, Schelestadt et d'autres places de l'Alsace, réfugiées derrière leurs privilèges, n'obéissaient pas au roi de France. Dans l'un de ses petits voyages non loin de Nancy, Louis XIV fit dire aux bourgeois de Colmar qu'il voulait honorer leur ville de sa présence; les bourgeois ouvrirent leurs portes, et lorsque les gardes-françaises et les gardes-suisses eurent pris position sur les places, le roi fit saisir l'artillerie municipale et les armes des habitants, et commencer la destruction des murailles. Neuf autres places de l'Alsace furent également démantelées.

Louvois avait les yeux sur Strasbourg; il voyait bien que cette guerre de Hollande soulevait toute l'Europe contre la France, et qu'une guerre générale allait succéder à la guerre particulière. Il s'y préparait et voulait prendre une forte position sur le Rhin, et affaiblir le corps germanique.

Les Impériaux voulaient rejoindre sur le Rhin les Hollandais et les Espagnols. Turenne s'était porté sur le Mein afin de rejeter Montecuculli en Bohême. Il reçut, le 9 septembre, un plan de campagne fort détaillé que lui envoyait Louvois, et qui se terminait ainsi : « Voilà ce que Sa Majesté pense sur l'action de son armée que vous commandez, et que, à tout autre qu'à vous, elle enverrait ordre positif d'exécuter. Mais vu la confiance qu'elle prend en vous, et que souvent ce qui paraît de loin difficile et ruineux pour une armée, paraît tout contraire à ceux qui sont sur les lieux, Sa Majesté vous laisse une entière liberté de faire ce que vous jugerez plus à propos. »

Turenne, toujours mécontent de recevoir ainsi des ordres du ministère ou de la cour, répondit : « Je vois bien les intentions du roi et ferai tout ce que je pourrai pour m'y conformer; mais vous me permettrez de vous dire que je ne crois pas qu'il fût du service de Sa Majesté de donner ordres précis de si loin au plus incapable homme de France. »

Après cette explication, Turenne agit suivant ses propres calculs, et fit si bien que Montecuculli battit en retraite si précipitamment qu'il abandonna ses bagages.

De son côté, Montecuculli se plaignait de recevoir de sa cour des ordres pour ses manœuvres et dispositions stratégiques. Aussi, après la prise de Bonn, Montecuculli, moins patient que Turenne, avait-il abandonné son armée pour se retirer à Vienne.

Lorsque la campagne de 1673 fut terminée, on comprit en France qu'elle avait été peu glorieuse et sans profit. L'opinion publique, habituée à considérer Louvois comme le directeur de la politique et de la guerre, l'accusa hautement d'être la cause de nos disgrâces. On plaignit Turenne, aimé et respecté de tous.

Il y avait dans les accusations dirigées contre Louvois plus d'injustice que de raison; mais ses cruautés envers les Hollandais, son arrogance vis-à-vis de tous, sa puissance même, avaient soulevé de fortes haines, très souvent aveugles et d'autant plus implacables.

Les ministres, collègues de Louvois, se joignaient secrètement à ses ennemis. Colbert, contrôleur général des finances, se plaignait des dépenses excessives provoquées par Louvois, et peut-être aussi se laissait-il aller à la jalousie que provoquait une fortune extraordinaire.

Pomponne, qui avait les affaires étrangères, ne pouvait pardonner à Louvois ses empiètements de chaque jour, car

Pomponne était réduit à l'état de commis, Louvois se réservant la diplomatie, qu'il traitait directement avec le roi.

De tous ses ennemis, quelque puissants qu'ils fussent, Louvois savait que le plus redoutable était Turenne. Condé lui-même s'unit aux accusateurs de Louvois.

Appuyés par les ministres, Turenne et Condé résolurent de se plaindre à Louis XIV lui-même des abus d'autorité dont Louvois, disaient-ils, se rendait coupable. L'opinion publique soutenait les deux plus grands capitaines de nos armées, et la disgrâce prochaine de Louvois semblait probable. Seul il eût succombé; mais le Tellier accourut près de Condé, lui rappela les services rendus et fit appel à d'intimes relations. Il réveilla dans le cœur du prince les mauvais sentiments de jalousie contre Turenne, et finit par promettre les plus magnifiques commandements pour les prochaines campagnes.

Condé ne sut résister, et abandonna Turenne pour se rapprocher de Louvois, que l'habileté de le Tellier sauvait d'une perte presque certaine.

Plus résolu, et aussi plus cruellement blessé des façons d'agir de Louvois, Turenne porta ses plaintes à Louis XIV. Mais il était seul. Cependant le roi autorisa Turenne à correspondre directement avec lui, tout en rendant compte au ministre. Turenne voulut aussi que Louvois reconnût ses torts vis-à-vis de lui. Cette démarche blessait l'orgueil du ministre, mais le roi l'ordonnait, et le Tellier, plus souple que jamais, conseillait l'humilité, tout en songeant aux vengeances du lendemain.

Voici comment Turenne fait savoir à Louis XIV la démarche de Louvois : « Sire, afin de faire connaître à Votre Majesté que ce n'est pas à Paris, où je vais aujourd'hui faire mes dévotions et où je demeurerai peu, que l'on m'a donné des impressions, je lui dirai que M. le marquis de Louvois vint me voir hier, que j'irai chez lui dès que je serai de retour, et que j'en userai fort civilement avec lui. Il m'a avoué que l'on a eu beaucoup de temps pour sauver Bonn avec quatre ou cinq mille hommes, et par là toutes les affaires. Nous sommes entrés dans de grands détails avec beaucoup d'honnêteté et de dissimulation de son côté. Je savais parfaitement, il y a deux jours, comme s'était passé l'accommodement de monsieur le prince avec M. le Tellier, et comme M. le marquis de Louvois y est entré, et les raisons que l'on lui a dites pour cela. Comme j'aurai l'honneur de pouvoir parler à Votre Majesté ici, et de lui écrire quand elle sera éloignée, je lui dirai ou lui ferai savoir les pas que M. de Louvois continuera à faire pour entrer dans les sentiments de son père, lequel n'a jamais pardonné ; et cela joint avec la hauteur et l'ambition du fils, Votre Majesté peut bien juger du danger où est un homme éloigné, et quel est le précipice qu'il voit à chaque pas devant soi, puisque, étant près, il a remarqué quantité de petits endroits qui ne l'assurent que trop de cette vérité-là. »

Cette lettre de Turenne, écrite au roi en janvier 1674, put obscurcir comme un nuage passager la faveur de Louvois. Celui-ci, loin de se décourager, redoubla d'efforts pour rendre de nouveaux services, sans modifier son caractère.

IV

Le plan de la campagne de 1674 était d'achever l'évacuation de la Hollande en conservant Grave comme dépôt général, de renoncer à la ligne du Rhin en se maintenant sur la Meuse, et de protéger l'Alsace, la Lorraine, le Roussillon, en prenant l'offensive en Flandre et en Franche-Comté.

Le maréchal de Bellefonds fut chargé de l'évacuation de la Hollande, et reçut de Louvois des instructions formelles et précises.

Ce maréchal ne craignit cependant pas d'écrire au ministre et même au roi deux lettres qui méritent d'être rappelées, parce qu'elles sont un témoignage de l'indépendance d'esprit de quelques gens de guerre à cette époque. Le maréchal de Bellefonds écrit à Louvois, le 10 février 1674 : « Je vous remettrai devant les yeux combien déjà l'on nous reproche d'avoir, en abandonnant Utrecht, sacrifié les intérêts de la religion. Il serait bien dangereux ensuite d'abandonner les alliés ; rien ne pourrait justifier cette conduite que le méchant état des affaires ; et vous m'assurez que l'on en est bien éloigné. De tout temps les Français ont fait des conquêtes, et quasi jamais ils ne les ont soutenues. Je suis convaincu que le roi ne s'accommoderait point du tout des éloges que l'on a données à Charles Huitième, et qu'il ne lui suffirait pas d'avoir acquis la réputation de bien faire un siège ; ce qui ferait la gloire d'un de ses sujets n'est pas assez pour la sienne. Il est entré dans de grandes affaires ; si elles ne finissent pas bien, l'on n'examinera qui en est la cause ; et, jusqu'à présent, il ne se peut pas plaindre d'aucun de ses généraux ; il en a de si renommés que ce lui serait un reproche s'il ne les faisait pas agir. La première partie du maître est celle de tirer des particuliers tous les services qu'ils sont capables de rendre, et de leur donner lieu de faire valoir leurs talents. »

Le maréchal de Bellefonds écrivait au roi lui-même, le 2 mars : « Je crois, Sire, que Votre Majesté n'aura pas oublié les reproches respectueux que j'ai souvent pris la liberté de lui faire du peu de soin qu'elle prend de faire connaître sa bonté. C'est une chose étrange que ceux qui ont l'honneur d'être dans sa familiarité en soient les seuls persuadés, et qu'elle ne veuille pas faire éclater cette qualité si nécessaire à un grand roi, et qu'elle a reçue du Seigneur à un degré si éminent. Votre Majesté pardonnera, s'il lui plaît, à mon zèle, si j'ose réveiller son attention sur un sujet si important. Je la supplie très humblement de me permettre de donner toute mon application et tous mes soins pour ouvrir les yeux des peuples qui lui sont nouvellement soumis, et de trouver bon que, n'ayant pas été assez heureux pour lui aider à les conquérir par la force des armes, je tâche de gagner leurs cœurs en leur donnant des marques de cette bonté. Quelque peu de soulagement que l'on donnera, joint à une conduite uniforme et des manières douces, fera sans doute plus d'effet que tous les moyens dont l'on s'est servi jusqu'à présent. J'espère que Votre Majesté voudra bien prendre quelque confiance en moi, et ne résoudre point les affaires du pays où je vais sans m'avoir fait la grâce de m'entendre. Il me semble qu'elle doit croire que la conservation de ce qui lui reste est assez importante pour ne rien négliger de ce qui lui sera proposé. J'espère que je ne lui serai point à charge, et que je ne mettrai point d'obstacles aux conquêtes qu'elle va entreprendre. J'espère aussi qu'elles ne lui feront pas oublier celles qui lui ont acquis tant de gloire ; et qu'elle verra bien que cette gloire souffrirait si elle ne pouvait gagner d'un côté sans reperdre de l'autre. Je me trouverai fort heureux si je puis désabuser toute l'Europe de l'opinion que l'on a conçue de la suite de la campagne dernière, et si je puis faire voir que Votre Majesté est en état de soutenir ses amis les plus éloignés aussi bien que d'accabler ses ennemis les plus proches. »

Malgré sa longueur nous avons reproduit cette lettre de la plus haute importance. On voit d'abord un général chargé d'une mission, celle de l'évacuation de la Hollande, critiquer cette mission, non dans le secret du cabinet, mais sous les yeux mêmes du roi. Il faut observer aussi que ce général désapprouve les rigueurs, les cruautés, commises envers les Hollandais, et conseille les moyens de douceur. En cela, le maréchal de Bellefonds pensa comme Turenne, comme Condé, comme les principaux chefs de l'armée.

Louvois, qui est pour les rigueurs et les châtiments, se voit en quelque sorte accusé près du roi.

Le ministre se charge de la réponse. Il écrit à Bellefonds qu'il doit suivre ses instructions, qui sont contraires à ses vues, il est vrai, mais que le devoir passe avant l'opinion personnelle.

De son côté, Louis XIV adresse ce billet au maréchal de Bellefonds : « 12 avril. Mon cousin, je ne répondis pas par moi-même à votre lettre, parce que je ne le pouvais faire en la manière que vous désiriez et que j'eusse bien souhaitée : c'est l'unique raison qui me porta à charger de cette réponse le marquis de Louvois ; et comme je n'ai rien à ajouter à ce qu'il vous a mandé par mon ordre, je ne puis que vous assurer de la continuation de ma bienveillance. » (Œuvres de Louis XIV, tome III, page 186.)

Le roi n'était donc pas très mécontent de la franchise du maréchal de Bellefonds.

Celui-ci persista dans son opinion de ne pas abandonner les Hollandais, de les traiter avec douceur et de conserver les conquêtes de la campagne précédente. Il écrivit à Louvois, le 10 mars : « Je prétends vous servir, et je ne serai point embarrassé quand ce ne sera pas à votre mode. Avec plus de temps, vous me donnerez plus de part en votre confiance, et je présume assez de moi pour croire que vous n'aurez pas sujet de vous en repentir. »

Très mécontent de l'attitude prise par le maréchal de Bellefonds, craignant qu'il ne désobéît ouvertement, Louvois s'adressa à l'intendant Robert, le 24 mars, et lui prescrivit de faire exécuter les ordres adressés à Bellefonds, si celui-ci résistait encore.

Robert avait appris de le Tellier et de Louvois à dissimuler, tout en marchant droit au but. Il agit avec prudence, mais avec fermeté, et confia au maréchal les instructions qu'il avait reçues. Louvois eût pu remplacer Bellefonds ;

4

mais charger l'administration des attributions du commandement était une mesure irrégulière, pour ne pas dire plus.

Le maréchal de Bellefonds écrivit à Louvois : « Ayez de la confiance aux gens qui ont vu de grandes guerres, et ne vous jetez pas dans le précipice de peur d'y tomber. »

C'est toujours la querelle de « ceux qui ont vu de grandes guerres » contre les ministres étrangers à la guerre.

Force fut au maréchal de céder à l'intendant Robert ou plutôt à Louvois. L'évacuation terminée, le maréchal de Bellefonds se retira dans sa terre de Bourgueil, en Touraine, comme dans une sorte d'exil. Il écrivit à Louvois : « Je sors d'intrigue, à mon ordinaire. Je me remets en souliers et en carrosse pour suivre la chaise de monsieur le prince jusqu'à Charleroy ; de là, je prendrai le chemin de Bourgueil. »

Louis XIV allait conquérir la Franche-Comté. Il partit de Versailles le 19 avril, pendant que Louvois le précédait pour s'assurer si rien ne manquait à l'entreprise. Le duc d'Enghien et Vauban entourèrent Besançon. De toutes parts les paysans couvraient les routes pour enlever les convois, arrêter les courriers, harceler les détachements : non pas que les Francs-Comtois eussent le moindre attachement pour les Espagnols ; mais ils redoutaient encore plus le gouvernement français, qui passait pour sévère et peu partisan des libertés locales.

Le duc de Lorraine voulait secourir la Franche-Comté ; un habile mouvement de Turenne l'en empêcha. Besançon fut pris, et Dôle ne résista pas longtemps, pas plus que Pontarlier et Salins. Le duc de Duras fut nommé gouverneur de la Franche-Comté, conquise en si peu de temps et sans difficultés.

Pendant cette conquête, Turenne n'obtint qu'un commandement sans importance, car Louvois se souvenait de ses plaintes au roi ; monsieur le prince, au contraire, était à la tête d'une belle armée, comme le Tellier le lui avait promis.

Mais le prince semblait fatigué, et n'agissait pas avec cette vigueur qu'on lui avait connue. Il était indécis entre Mons, Valenciennes, Condé, Ypres, Courtray, ne sachant laquelle de ces places il fallait attaquer. Sa correspondance avec Louvois n'a pas cette fermeté qui était dans le caractère de Turenne.

Condé écrit à Louvois : « Je vous avoue que j'aurais bien

souhaité qu'il eût plu à Sa Majesté de me témoigner à quoi elle aurait le plus d'inclination, et que vous voulussiez bien me mander ce que vous croyez qu'il vaudrait mieux que l'on fît en l'état où je vous représente les choses. »

Une autre lettre renferme ce passage : « Je suis bien honteux que le roi attende avec tant d'impatience des nouvelles de la place que nous aurons attaquée, et que nous n'en ayons encore attaqué aucune. »

Pendant ces indécisions les jours s'écoulaient, et Condé n'attaqua aucune place. La cour lui laissait cependant la plus entière liberté d'action.

Louvois éprouvait de sérieuses difficultés pour le commandement. Les généraux, jaloux les uns des autres, ne voulaient pas obéir, et la moindre opération pouvait être compromise par de puériles vanités. A la tête des mécontents se trouvait Luxembourg, alors lieutenant général. Louvois, en ces affaires, fut d'une extrême habileté sans cesser d'être fidèle aux vrais principes de la hiérarchie militaire. Dans cette querelle il se montra galant homme, tandis que Luxembourg s'abaissait jusqu'au mensonge.

V

La plus grande agitation régnait en Europe. Les Allemands voulaient reconquérir l'Alsace et la Lorraine ; les Hollandais songeaient à reprendre Maëstricht et Grave ; et les Espagnols se proposaient de combattre pour rentrer en possession de leurs provinces des Pays-Bas. Chacun était trop faible pour se mesurer avec la France, et la diplomatie cherchait des alliances.

Louvois n'ignorait pas que le prince d'Orange avait dit publiquement : « J'irai rendre visite aux dames de Versailles et passer l'hiver en France. »

Ce propos ne causa nulle colère à Louvois, mais il pensa qu'il était sage de prendre l'offensive dans les Pays-Bas. « Le Français, disait-il, aime les entrées en campagne ; donnons-lui ce plaisir. » Les lenteurs, les indécisions de Condé renversaient tous ses projets ; peut-être eut-il à regretter de n'avoir pas confié cette armée à Turenne.

Louvois avait les yeux sur ces deux armées : celle de Flandre commandée par Condé, armée très forte ; et celle d'Allemagne sous les ordres de Turenne, petite et dont on attendait peu de succès. Les prévisions du ministre furent trompées; car, pendant que le prince demeurait inactif, Turenne remportait l'importante victoire de Sintzheim. En cette circonstance Louvois eut la générosité d'oublier ses griefs contre Turenne et lui envoya des secours, en disant qu'il ne fallait pas laisser M. de Turenne en état d'être battu.

Les fonds manquaient pour réparer la place de Douai, et Louvois écrivit à Vauban : « ... Il ne faut point perdre de temps à y faire tous les ouvrages qui y sont nécessaires. Mandez-moi ce qu'il faudrait de fonds extraordinaires pour parachever cette place, que j'emprunterais plutôt *en mon nom* que de la laisser manquer de quelque chose... »

De tels sentiments font oublier plus d'un défaut. Cet homme si orgueilleux, si cruel, avait l'amour de son pays et cherchait la gloire de son maître. La vie de Louvois est pleine de contradictions; quelquefois il touche à la grandeur, et souvent aussi on ne voit en lui que petitesses et mesquines passions.

Le prince de Condé avait une armée de quarante mille hommes; son adversaire, le prince d'Orange, commandait cinquante mille hommes.

Condé s'était établi près de Charleroi, dans une excellente position défensive. Le 11 août 1674, le prince d'Orange leva son camp et se dirigea vers la vallée de la Haisne, longeant à peu de distance la position occupée par Condé. Cette marche imprudente prouvait que le prince d'Orange oubliait les règles les plus élémentaires de la guerre, ou qu'il cherchait à se jouer de Condé.

Qu'on se représente une longue colonne, encombrée de bagages, traversant des villages et suivant de mauvais chemins, sans s'éclairer, comme si les Français eussent été à deux journées de marche.

Condé tomba sur l'arrière-garde, composée d'Espagnols et embarrassée d'une nombreuse cavalerie qui escortait des centaines de charrettes.

Après une brillante charge des Français, les escadrons espagnols prirent la fuite. Pendant ce temps, le comte du Montal s'emparait de Seneffe après une assez vigoureuse résistance. Ce fut moins une bataille rangée qu'une suite de combats, mais la victoire des Français fut complète. Le corps d'armée était dispersé; il laissait entre les mains de

Condé trois mille prisonniers, plus de cent drapeaux, cinquante pontons, tous les équipages, même ceux du prince d'Orange, quinze cents voitures, la caisse militaire et les approvisionnements de toutes sortes.

Le prince de Condé devait se contenter de cet immense succès. Il n'en fit rien. Lui si timide la veille, il se laissa aller aux imprudences.

Il n'était sorti de son camp que pour un coup de main, à la tête des gardes du corps, des gendarmes, des chevau-légers de la garde, du régiment de cuirassiers et de quelques bataillons d'infanterie. Le reste de son armée attendait.

Pendant les combats qui se livraient vers son arrière-garde, le prince d'Orange, averti par le bruit de l'artillerie, arrêta sa tête de colonne, et fit prendre des dispositions défensives. Le village de Fay ne tarda pas à offrir la plus sérieuse résistance.

Condé devait alors revenir vers son camp; mais il eut l'imprudence d'attaquer avec le faible détachement, épuisé de fatigues, qu'il avait fait sortir quelques heures auparavant et qui ne cessait de combattre. En même temps il ordonna à toute son armée de le rejoindre.

En attendant l'arrivée de ses troupes, Condé éprouva de grandes pertes. Une véritable bataille s'engagea, l'une des plus sanglantes du règne de Louis XIV. Les combattants, véritablement acharnés, durent cesser la lutte lorsque la nuit fut venue, mais avec l'intention de la reprendre au point du jour. Les nuits étant courtes en cette saison, chacun demeura sous les armes.

Les armées les plus vaillantes éprouvent la nuit une sorte de vague inquiétude, qui peut facilement donner naissance aux paniques. A une heure du matin, les deux armées furent épouvantées d'un bruit terrible. Était-ce l'explosion de caissons? la décharge d'un bataillon? On ne le sut jamais.

Ce qui arriva semble incroyable. Les deux armées, saisies d'épouvante, prirent la fuite chacune de leur côté.

Lorsque Condé fut parvenu à rallier quelques régiments, il aperçut dans le lointain l'ennemi qui prenait la route de Mons, laissant près de douze mille hommes sur le champ de bataille.

Condé perdit un peu moins de monde; mais un seul régiment, celui du roi, eut cinq cents morts, six cents blessés et trente-quatre capitaines hors de combat. Les régiments de Navarre, de Picardie, des vaisseaux, étaient aussi maltraités. Le prince de Condé s'était fait admirer par sa bravoure et avait eu trois chevaux tués sous lui.

Ce n'était cependant pas une victoire. Aussi, en présence des pertes énormes, l'opinion publique se montra-t-elle hostile à Louvois, qui n'y pouvait rien et déplorait même cette bataille sans profit.

En ce temps-là les nouvelles n'étaient connues que par les lettres particulières ou par *la Gazette*. On pourrait supposer que cette gazette prenait le mot d'ordre de Louvois, mais ce ministre méprisait trop l'opinion publique pour la ménager. Vauban lui écrivait : « Je ne puis plus souffrir la stupidité de notre gazetier; il faut ou que vous y mettiez ordre, ou que vous trouviez bon que je présente un placet au roi tendant à ce qu'il plaise à Sa Majesté de supprimer *la Gazette* et toutes les ridicules relations qu'on nous imprime tous les jours, ou de donner cet emploi à quelque plume hardie et enjouée; je veux bien qu'elle soit sincère, mais il n'est pas défendu en matière de gazette d'orner une bonne nouvelle non plus que d'en adoucir une mauvaise; enfin j'en voudrais une qui fût capable de tourner en ridicule (mais bien à propos) celles de Hollande et de Bruxelles sur l'infinité d'hyperboles qu'ils nous débitent; car il est fort honteux à nous qu'il paraisse à toute l'Europe qu'on parle mieux français dans les pays étrangers que chez nous. Je sais que vous traitez *la Gazette* de bagatelle, mais ils n'en font pas de même, et je crois qu'ils ont raison; car, après tout, elle a pouvoir sur la réputation; et ceux qui ne voient pas ce qui se passe sur les lieux ne peuvent guère juger de nos actions que par là. Vous-même, Monseigneur, la lisez avec application. Pour conclure, l'emploi en est assez bon pour mériter l'occupation d'une plume très délicate; le royaume en foisonne, faites-en essayer de toutes façons sans faire semblant de rien, et servez-vous après de celle qui vous accommodera le mieux. Les relations que l'on a faites du combat de M. de Turenne, à Sintzheim, qui en soi est une très belle chose, sont bien les plus pitoyables du monde. J'ai aussi à demander par le même placet qu'il plaise à Sa Majesté d'ordonner les étrivières aux mandeurs de nouvelles, qui commencent toujours par rendre nos pertes publiques. Nous avons su la bataille de Sintzheim par la liste des morts et des blessés que nous y avons eus, et huit jours devant le reste. » Cette lettre, écrite le 14 juillet, était antérieure d'un mois à la bataille de Seneffe. Mais après cette sanglante journée, l'intendant Robert écrivait à Louvois : « ... Je prendrai la liberté de vous dire, à propos de la liste des blessés, qu'il me souvient que l'on a fait imprimer celle des blessés de l'armée de M. de Turenne; ce qui ne serait pas, je pense, à propos que l'on fît de celle-ci; sur quoi vous donnerez tels ordres que vous estimerez à propos, mille gens ayant envoyé de pareilles listes, ou même de plus amples. »

Ainsi, déjà à cette époque, le gouvernement se préoccupait du danger de la publicité donnée aux opérations de la guerre.

A côté des choses les plus sérieuses, il se rencontre souvent une part qui prête au comique. En voici un exemple.

Avant la guerre, Louvois avait fait acheter en Hollande une énorme quantité de munitions, qui devinrent embarrassantes. On songea à les revendre en 1674. Louvois écrivit alors au marquis de Chamilly, gouverneur de Grave, excellent officier, mais peut-être trop naïf : « C'est un méchant meuble dans une place que la quantité de poudre que vous avez, parce qu'étant la plus grande partie en un seul endroit, si, par une bombe ou quelque autre accident, il venait à en mésarriver, il ne resterait ni maisons, ni fortifications, ni hommes, dans toute l'étendue de la place. Voyez si vous ne pourriez pas, *faisant semblant que vous la volez au roi*, la vendre un peu cher aux ennemis, c'est-à-dire aux Hollandais; vous pourriez leur en vendre la moitié de ce que vous avez; il vous en restera toujours suffisamment. »

La réponse de M. le marquis de Chamilly n'est pas un cri d'indignation. Il consent à passer pour un voleur : « Il faut compter que nous avons ici huit cents milliers de poudre; j'ai mis du monde en campagne pour en vendre aux Hollandais seulement la moitié, *comme si je la volais au roi*, et conformément à vos intentions. »

Nous avons parlé de la bataille de Sintzheim donnée par Turenne, le 16 juin. Il n'entre pas dans notre plan de décrire les faits de la guerre qui ne touchent pas directement à Louvois, et Seneffe nous semble dans ce cas. Mais nous cherchons à peindre les mœurs militaires du temps et le caractère des généraux. On voit ainsi quels hommes Louvois avait à diriger.

En parlant de Sintzheim, Turenne a dit : « Je n'ai jamais

vu de bataille plus opiniâtre ; ces vieux régiments de l'Empereur faisaient fort bien. »

Parmi les officiers principaux de l'armée française se trouvait M. de Saint-Abre, lieutenant général de l'aile droite. Il fut mortellement blessé, et son fils, jeune officier, tomba mort. Le père, transporté à Philippsbourg, dicta d'une voix presque éteinte cette lettre à Louis XIV : « Sire, mon fils et moi perdons la vie dans le même combat. C'est finir dans les formes, et je crois que Votre Majesté sera contente de l'un et de l'autre. Ma mémoire attend de recevoir la récompense que ceux qui servent depuis moi ont déjà obtenue. J'ai toute ma vie vécu comme une personne de grands biens, mais cela n'a été qu'aux dépens de la bourse de mes amis. Il me reste six enfants, qui ont les mêmes sentiments que l'autre ; j'espère que Votre Majesté aura la bonté de ne les pas abandonner au méchant état de mes affaires. Je puis assurer Votre Majesté que jusqu'au dernier moment de la vie, qui sera apparemment demain, je mourrai de Votre Majesté le très humble et... »

Louis XIV a lui-même reproduit cette lettre dans ses œuvres.

VI

Turenne reçut plusieurs dépêches du roi pendant le mois de juillet, qui l'invitaient à démanteler les places d'Alsace, excepté Brisach et Philippsbourg, et à prendre position en Lorraine. Ce n'était pas un ordre précis, car Louis XIV autorisait Turenne à lui adresser ses observations. Cependant le général obéit, vint s'établir près de Landau, et écrivit au roi : « 8 août. Comme Votre Majesté me fait l'honneur de me demander mes sentiments, et que c'est sur des choses où consiste le bon ou le mauvais état de ses affaires pendant l'hiver, ce qui attire de grandes suites, il faudrait faire un livre au lieu d'une lettre pour en dire toutes les raisons. Je dirai à Votre Majesté que je suis persuadé qu'il vaudrait mieux pour son service que j'eusse perdu une bataille que si je repassais les montagnes et quittais l'Alsace. Elle sait le nombre qu'elle a de troupes ; je la supplie, dans ces trois mois qui feront le bon ou le mauvais état de ses affaires, de ne les envoyer qu'aux lieux où elles pourront servir à quelque chose de capital. »

Nous rappelons cette lettre pour prouver que Turenne ne désobéissait aux ordres reçus que dans les circonstances exceptionnelles, lorsqu'il y allait du salut de son armée et de la gloire de la France.

Cette année 1674 est l'une des plus importantes de la vie de Louvois et aussi de celle de Turenne. Les historiens modernes ont dit que le ministre et le général, d'accord cette fois, avaient incendié le Palatinat et commis des cruautés inutiles, honteuses pour notre pays.

Maître du Palatinat, Turenne y fit vivre son armée, en vertu de ce vieux principe que la guerre doit nourrir la guerre. On leva donc des contributions, qui souvent furent refusées avec insolence. Turenne, qui avait chassé les Allemands au delà du Mein, devait les empêcher de reprendre leurs anciennes positions, et surtout préserver Philippsbourg d'une attaque. Alors il fit enlever les fourrages et les approvisionnements en grains et bestiaux sur les bords du Neckar.

Turenne écrivait à Louvois, le 25 juillet : « Comme j'ai extrêmement mangé le pays entre Manheim et Heidelberg, deçà et delà le Neckar, je crois, Monsieur, que vous jugez bien de quelle conséquence cela est pour empêcher de venir à Philippsbourg. »

Ces destructions sont déplorables sans doute ; mais le Palatinat n'eut pas plus à souffrir sous Louis XIV que la Provence sous François Ier, lorsque le connétable de Montmorency ravageait nos provinces pour arrêter Charles-Quint.

Si les habitants du Palatinat avaient payé régulièrement les contributions et compris les dures conditions du vaincu, les incendies eussent été épargnés. Mais, par un sentiment de patriotisme qui les honore, les paysans se révoltèrent et s'éloignèrent de leurs villages. Le gouverneur de Philippsbourg écrivait, le 9 septembre : « J'ai fait brûler depuis quinze jours treize petites villes, bourgs ou villages, mais il n'y avait pas une âme dans aucun. »

Désespérés de la ruine de leurs terres et de leurs habitations, les habitants se réunirent pour surprendre les soldats isolés ou en petit nombre, et commirent des cruautés inouïes. Ils en pendirent par les pieds, en firent brûler d'autres à petit feu ; on en trouva dont le cœur était arraché.

Les soldats anglais surtout, voyant les corps de leurs

camarades ainsi mutilés, se vengèrent en massacrant et en brûlant. Nous disons les Anglais parce qu'il y avait deux régiments au service de la France, Douglas et Hamilton, qui, malgré les ordres de Charles II, étaient restés par amour pour Turenne.

Croit-on que ce général pouvait encourager le désordre? Laissons parler un historien fort ancien : « Tout ce désordre se fit avec une telle rapidité que les officiers n'eurent pas le temps de retenir les soldats, et que, sans les ordres et les menaces de Turenne, tout le Palatinat aurait été entièrement saccagé. Ce général, qui chérissait ses soldats comme ses enfants, se vit alors dans la dure nécessité de faire une punition exemplaire des plus coupables; malheureusement c'étaient encore pour la plupart les plus braves de ses troupes; mais la sévérité l'emporta sur sa clémence naturelle, et il leur fit expier par le dernier supplice l'atrocité de leurs crimes. »

Ce que l'on nomme l'incendie du Palatinat dura peu de temps et fut l'un de ces accès violents que toute guerre peut produire. Louvois, dont la correspondance est si étendue, et que chaque affaire préoccupait, garde le silence pendant ce drame terrible. Il n'a donc pas ordonné ce pillage, ces dévastations, ces incendies dont les historiens le rendent responsable. Turenne, toujours si humain, aurait-il pu commander de tels massacres?

Turenne venait de remporter la victoire d'Ensisheim lorsque Louvois, accablé par un travail incessant, tomba sérieusement malade. Le Tellier le remplaça, tout en écrivant plusieurs fois par jour à son fils pour que rien ne pût lui échapper. Obligé de garder le lit, ne pouvant se soutenir, dévoré par une fièvre ardente, Louvois se faisait lire les dépêches et dictait les réponses; on trouve dans cette correspondance d'un malade cette lettre à le Tellier, qui montre combien Louvois se préoccupait des moindres détails : « Je ne pus faire réponse hier à votre lettre, n'ayant pas même été en état de la lire; présentement qu'il y a plus de douze heures que je suis sans fièvre, je me suis fait donner votre paquet, et ai vu avec plaisir, par ce qu'il contient, que le roi ait bien voulu approuver ce que je lui ai proposé pour l'envoi des vingt bataillons et des trente escadrons de cavalerie. Je prendrai seulement la liberté de dire, sur les troupes que le roi se propose d'y envoyer, que, comme elles ne serviront que pour soutenir une affaire qui n'irait pas bien, il est de la prudence du roi d'y envoyer toutes les meilleures, et que les troupes qui iront là seront beaucoup mieux et dépériront moins que si elles demeuraient en campagne jusqu'à la Toussaint. Et puisque le roi veut bien que je prenne la liberté de lui dire ce que je pense, je crois qu'il faut envoyer la petite gendarmerie, et pour le surplus choisir tous les meilleurs régiments de cavalerie, se remettant à monseigneur le prince de prendre ceux qui ont le moins souffert, lui marquant que le roi ne veut pas qu'il ait aucun égard pour personne. A l'égard de l'infanterie, si le roi veut bien faire, il se remettrait encore du choix à monseigneur le prince, pour choisir les régiments qui sont en meilleur état ; à quoi Sa Majesté doit avoir d'autant moins de répugnance, que si l'armée de l'Empereur hiverne dans le pays de Liège, le projet (à venir) de Sa Majesté ne se peut exécuter. »

Louis XIV se faisait lire les dépêches de Louvois malade et se conformait à ses avis.

Turenne, en répondant à le Tellier, terminait ainsi l'une de ses lettres : « Sachant, Monsieur, que la maladie de monsieur votre fils ne diminue pas, je vous assure que je lui souhaite de tout mon cœur une entière guérison, et que je prends beaucoup de part au déplaisir que cela vous donne. »

Le recrutement régulier n'existant pas encore, il arrivait qu'à la suite de plusieurs campagnes sérieuses les soldats manquaient.

Cette question du recrutement préoccupait Louvois, qui aimait à résoudre les problèmes difficiles ; mais celui-ci lui sembla insoluble. Au lieu de créer une institution nouvelle, il voulut appliquer une ancienne législation, celle de l'arrière-ban.

C'est une idée séduisante que celle de posséder une certaine quantité de combattants qui vivent dans la société civile, et n'en sortent que pour un temps très limité, mêlant ainsi le service militaire passager à la carrière permanente du marchand, du cultivateur, de l'artiste ou du savant. Ce problème préoccupe encore tous les États de l'Europe.

Qu'était-ce que cet arrière-ban ?

En cherchant à résoudre cette question, Louvois pensait qu'il y avait là une réunion de la noblesse de France, et que tant de gentilshommes rassemblés devaient présenter tous les beaux sentiments dont s'honorent les aristocraties. Il se trompait.

Cet arrière-ban était d'antique origine, et remontait aux armées féodales. Joinville dit qu'en 1249 « le comte de Poitiers arrivait à Damiette avec l'arrière-ban de France ». Velly nous montre, à la date de 1270, « toutes personnes, sans distinction, soumises à l'arrière-ban, pourvu qu'elles pussent porter les armes. »

Le ban se composait de nobles seulement; l'arrière-ban admettait les roturiers avec les nobles. L'arrière-ban était rétribué, et non le premier ban. Cependant Villaret dit qu'en 1384 « Charles VI convoqua l'arrière-ban, ce qui obligeait tous les possesseurs de fiefs nobles à prendre les armes ».

Ceux qui composaient le ban servaient à cheval sous les ordres des baillis et des sénéchaux, l'arrière-ban était à pied ou à cheval. Sous François Ier, on chansonnait le ban et l'arrière-ban; les citadins aussi bien que les gens de guerre les tournaient en ridicule. Ce manque de respect pour une institution nationale venait de ce que le ban et l'arrière-ban s'étaient déshonorés, sous le règne de Henri II, en prenant la fuite, en Picardie, sans même oser combattre.

Louvois se trompa lorsqu'il crut que la noblesse se réunirait sous les étendards de l'arrière-ban. La noblesse véritable était toute dans l'armée du roi. Ceux qui dans les provinces avaient des prétentions à la noblesse, étaient quelques anoblis par des charges qui s'achetaient, ou des roturiers de la veille, sortis à prix d'argent de leur obscurité.

Ce fut le 17 août que les lettres patentes du roi appelèrent au service, pour deux mois, la moitié de la noblesse des provinces de l'Ile-de-France, Normandie, Anjou, Touraine, Berry, Orléanais, Blaisois et pays Chartrain, Bourbonnais, Nivernais, Maine, Limousin, haute et basse Marche, Auvergne, Lyonnais, Forez et Beaujolais, Bourgogne et Bresse, Champagne et Brie.

Les lettres patentes n'ordonnaient la réunion que pour le milieu de septembre. Ce mois devait être employé à s'équiper. Mais la plupart durent prier les intendants de leur venir en aide, se disant trop pauvres pour acheter des bottes.

Vauban, qui connaissait mieux que Louvois ces personnages, écrivait au ministre : « L'arrière-ban, ne pouvant être formé que de noblesse fort gueuse et incommodée, ne pourra être que très mal équipé; et qui va sans équipages à l'armée est bientôt accablé de misère et de maladie. Ne serait-ce pas bien fait de mettre tous les mal équipés dans des places où on pourrait avoir lieu de craindre, et en tirer autant de garnisons pour aller servir à l'armée? »

Malheureusement Louvois ne suivit pas l'excellent conseil de Vauban, et mit à la tête de l'arrière-ban le maréchal de Créqui.

Dans les premiers jours d'octobre, les hobereaux qui avaient la prétention de représenter la noblesse française, se réunirent à Nancy au nombre de six mille, tous à cheval. Mais ces vieux carrossiers, ces chevaux de labour, prêtaient fort à rire aux Lorrains. Les cavaliers, pour la plupart, faisaient triste mine, et le marquis de Créqui ne se montra pas fier de son commandement. Il écrivit à Louvois : « Je vous rends compte par toutes mes lettres de plusieurs détails touchant la noblesse; mais je retranche bien des choses qui seraient ennuyeuses à lire, comme elles me sont très désagréables à écouter. Malgré toutes les misères dont ceci est environné, si Sa Majesté veut employer le corps de noblesse à quelque chose, je le mettrai en œuvre le mieux qu'il me sera possible; et ils seraient présentement plus capables d'agir que quand ils auront essuyé les fatigues d'une arrière-saison...; quoique parmi des gens mal disciplinés il soit difficile de passer sans désordre, néanmoins les plaintes n'ont pas été grandes ni considérables. »

Après avoir lu cette lettre du maréchal de Créqui, Louvois lui envoya l'ordre de conduire son monde à l'armée de Turenne.

Une semaine ne s'était pas écoulée que, fatigué des plaintes, des actes d'indiscipline, de la mauvaise volonté de la noblesse, Turenne la renvoya à Metz, à Verdun et à Toul.

Mais le roi donna l'ordre au maréchal de Créqui de ramener cette troupe en Lorraine. Alors s'effectua cette marche dont les Mémoires du temps ont conservé le souvenir. Tout fut pillé sur le passage de ces cavaliers improvisés, qui ignoraient les règles les plus élémentaires de la délicatesse. L'intendant Morangis écrivait à Louvois : « Il n'y a point de désordre qui n'ait été fait partout où elle a passé. »

Le duc de Lorraine envoyait des partis courir le pays et chercher à enlever les convois. L'un de ces partis surprit près de Lunéville la noblesse d'Anjou, qui était au repos, et l'enleva tout entière, excepté quelques jeunes gens qui se sauvèrent à pied jusqu'à Toul.

Le maréchal de Créqui possédait une riche vaisselle d'argent, qu'il faisait escorter par deux escadrons de la noblesse de Bourgogne. Les équipages du maréchal furent attaqués aux portes de Metz, les deux escadrons se sauvèrent, et la vaisselle disparut. Le commandant de la troupe chargea seul pour sauver l'honneur du corps.

Le marquis de Créqui, fort mécontent, écrivit à le Tellier, qui remplaçait Louvois, toujours malade; il demandait le licenciement d'un corps plus nuisible qu'utile.

Après les plaintes, ces nobles en vinrent à la révolte. L'un de leurs chefs, le chevalier de Vandy, en fit monter trois cents à cheval, et partit de Metz malgré la défense de Créqui.

Le Tellier dut enfin se résoudre à renvoyer tout ce monde. Après en avoir reçu l'ordre, le maréchal répondit : « Rien n'est arrivé plus à propos que votre dépêche, car il était fâcheux de voir débander toute la noblesse, sans congé, et plus encore d'être nécessité de châtier leur désertion. Je n'ai pas hésité de prendre le parti de délivrer aux escadrons de l'arrière-ban leurs routes, qu'ils commenceront à suivre demain et après, en sorte qu'il n'y aura plus de nobles sur cette frontière. Je souhaite ardemment que le roi n'ait jamais besoin de rassembler sa noblesse; car c'est un corps incapable d'action, et plus propre à susciter des désordres qu'à remédier à des accidents. »

Deux siècles se sont écoulés depuis le dernier appel de l'arrière-ban, et le législateur n'est pas encore convaincu que pour le métier de soldat il faut un long apprentissage.

Un grand nombre d'anciens officiers se trouvaient dans les rangs de cette noblesse, de véritables gentilshommes de race s'y distinguaient par leur bravoure et leur dévouement; on pouvait donc espérer qu'ils serviraient d'exemple et entraîneraient la masse. Il n'en fut rien, parce que l'esprit militaire n'existait que dans l'armée régulière. Vauban et Turenne le savaient, tandis que Louvois l'ignorait. Il croyait, à tort, que la quantité pouvait tenir lieu de la qualité. Il agissait de bonne foi, et son unique tort fut de ne pas tenir compte des observations des capitaines habitués à la guerre.

Des duels très nombreux entre les officiers de l'armée et la noblesse de l'arrière-ban prouvèrent que la bravoure était égale, mais que l'ordre et la discipline, l'instruction et l'esprit militaire, sont plus nécessaires aux armées que le courage personnel.

VII

La campagne de 1674 était d'une grande importance. La Hollande évacuée, la Franche-Comté conquise, les magnifiques opérations militaires dans les Pays-Bas et sur le Rhin, prouvaient la supériorité de la France.

Dans le Roussillon, le comte de Schomberg arrêtait les Espagnols, tandis que les Hollandais tentaient un débarquement sur les côtes de la Guyenne et cherchaient à s'emparer de l'île de Ré.

Les provinces étaient mécontentes, comme le prouve une lettre écrite par Courtin à Louvois : « La disposition du dedans du royaume, qui n'est point comme des personnes qui sont dans votre poste, à qui on ne veut jamais dire que des choses agréables, est si dangereuse que vous ne devez pas vous imaginer que le roi puisse à l'avenir en tirer tous les secours qui lui sont nécessaires pour soutenir les grandes dépenses auxquelles il se trouvera engagé. Au moindre revers qui arrivera, les provinces étant aussi épuisées d'argent qu'elles le sont, ne doit-on pas craindre qu'elles ne se révoltent contre ceux qui achèveront de les ruiner par leurs exactions ? Et, comme le roi sera puissamment attaqué au dehors, il ne pourra exercer son autorité que faiblement au dedans. »

Une autre lettre, celle-ci de l'intendant Talon, prouve que la question religieuse n'était pas sans influence : « Il se parle fortement ici (en Hollande) de faire des descentes sur les côtes de France. Il faut bien prendre garde que les gens de la religion ne soient gagnés sur les côtes de la Normandie, dont il se parle ouvertement ; et il serait bon que le roi leur donnât quelque douceur, afin qu'ils fussent bien intentionnés pour la patrie. »

Les Hollandais se trompaient en supposant que les protestants favoriseraient leur débarquement. Partout, sur les côtes de Normandie et de Bretagne, ils trouvèrent des miliciens prêts à les repousser.

Louvois était trop habile pour se montrer rigoureux envers les protestants, dans un moment aussi critique. Il écrivit au duc de la Vieuville, gouverneur du Poitou, d'autoriser les gentilshommes protestants à se réunir le dimanche, pour l'exercice de leur culte, « en observant de faire en sorte que cela se fasse sans scandale, et que l'endroit où ils s'assembleront soit éloigné de l'église du lieu, et que la grâce que Sa Majesté leur fait ne doit point tirer à conséquence après la séparation des milices. »

Des affaires aussi nombreuses et aussi importantes étaient menées de front par Louvois. La guerre, l'intérieur des provinces, les cours étrangères, les intrigues politiques, donnaient lieu à une correspondance que nul autre que lui n'eût pu soutenir.

Louvois avait montré peu de souci lorsque l'amiral hollandais Tromp avait croisé sur les côtes de Normandie. Mais, un jour, il crut découvrir une conspiration et s'inquiéta. Un grand seigneur, le chevalier de Rohan, était à la tête de quelques personnages plus ou moins obscurs, qui devaient soulever la Normandie.

Louvois ne se laissa pas intimider par la haute position du coupable. Le chevalier de Rohan était Louis, prince de Rohan, fils de Rohan-Guémené, duc de Montbazon. Spirituel et brave, d'un extérieur séduisant, le chevalier de Rohan occupait la charge de grand-veneur, dont il dut se démettre à la suite d'une aventure scandaleuse que Louis XIV ne pardonna pas. Perdu de dettes, méprisé à la cour, le prince eut l'infamie de former un complot pour livrer Quillebœuf à la Hollande. C'était ouvrir la porte de la Normandie aux implacables ennemis de la France.

Les grandes relations de Rohan, protégé par Condé, n'empêcheront pas Louvois de prendre la part la plus active à l'instruction de ce procès. Le prince de Rohan fut condamné et exécuté devant la Bastille le 27 novembre 1674.

Louis XIV régnait depuis plus d'un quart de siècle; il faisait trembler l'Europe, sa puissance semblait immense; et cependant on conspirait, on trahissait, on vendait les provinces aux ennemis. Louvois éprouva un profond chagrin et tomba dangereusement malade, pendant que le prince de Rohan paraissait devant ses juges.

Il était impossible d'entreprendre la campagne de 1675 avec une armée aussi affaiblie par les combats, les maladies et la désertion que l'était l'armée française. Louvois s'occupa très activement de la réorganisation de l'armée, et punit sévèrement les officiers dont les compagnies n'étaient pas au complet.

On apprit tout à coup, non sans surprise, que l'arrière-ban était appelé, malgré l'expérience de l'année précédente. Les provinces exemptées en 1674 devaient fournir leur noblesse l'année suivante.

L'ordonnance qui appelait cet arrière-ban fut immédiatement suivie d'une autre, qui exemptait le noble appelé sous les drapeaux, moyennant une taxe fixée d'après la fortune de chacun. Pour un revenu de 300 livres, on payait 40 livres ; de 300 à 600 livres, 80 livres ; de 600 à 900, on payait 100 livres, de 900 à 1,500, 150 livres ; de 1,500 à 2,000 et au-dessus, 300 livres.

L'ordonnance royale renfermait cette phrase : « Ne doutant pas que notre noblesse ne soit bien aise, pour une somme aussi modique, de se dispenser de marcher en personne. »

Louvois, auteur de l'ordonnance, ne comprenait-il pas que cette seule phrase était contraire à tout esprit militaire, à toute pensée chevaleresque, et qu'une noblesse qui donne son or pour conserver son sang, est indigne de porter l'épée ?

La noblesse de Normandie fut la seule à refuser l'argent. Une nouvelle ordonnance royale leur répondit : « Il ne serait pas convenable, ni de la dignité de l'arrière-ban de mon royaume, qu'il parût dans mes armées en si petit nombre.

Louvois avait transformé une question de dignité et d'honneur en mesure fiscale. Ses vues si étendues et si profondes ne pénétraient pas dans certains réduits du cœur humain. Telle chose qui froissait les sentiments de Vauban, de Turenne, de Condé, lui semblait naturelle. Il parvint même souvent à troubler les idées de Louis XIV, dont les instincts se révoltaient devant certains procédés minces et misérables.

L'inimitié, ou, pour parler plus vrai, l'antipathie qui séparait Louvois de Turenne ne prit jamais un caractère bas. Louvois accorda toujours à Turenne les secours qui lui étaient nécessaires pour le bien du service du roi.

Mais ces deux grands hommes étaient séparés par des sentiments bien autrement puissants que les intérêts. Ils ne se comprenaient pas. Turenne planait, pour ainsi dire, dans la région des idées, et Louvois dirigeait à son gré le monde des choses. Chacun d'eux servit le roi à sa façon.

Nous avons rapporté une lettre de Courtin à Louvois, dans laquelle l'intendant faisait pressentir que des troubles pourraient éclater dans les provinces.

Cette prévision ne tarda pas à s'accomplir. Le 28 mars 1675, la populace de Bordeaux se souleva aux cris de : « Vive le roi, sans gabelles ! — Vive le roi, sans maltôte ! »

Malgré les avis de Louvois, Louis XIV accorda aux séditieux un pardon général. Louvois avait écrit, le 1ᵉʳ avril, au maréchal d'Albret : « J'appréhende que l'amnistie accordée aux séditieux de Bordeaux ne donne lieu au reste de la province de croire qu'on peut tout entreprendre impunément. »

Louvois disait vrai. L'amnistie eut pour conséquence d'encourager à la révolte les gens de la Guyenne et de la Bretagne. Rennes et Nantes tombèrent aux mains de la populace, et la Franche-Comté fut livrée à l'anarchie. Qu'on juge de la surprise et de la colère de Louvois, lorsqu'il lut ces lettres, sous le règne de ce roi, auquel semblait appartenir le pouvoir absolu ; ces lettres sont écrites par des hommes de confiance, dévoués à Louvois : « La ville de Besançon, depuis des siècles, a été un petit État purement démocratique, où la populace élit tous les ans le magistrat, continuant fort souvent ceux qui le composent, ou les changeant à sa volonté. Cela rend cette populace insolente, qui par ce moyen se soumet les principaux, qui n'osent la désobliger, crainte d'être éloignés des charges publiques ; d'où vient que le génie des habitants de cette ville est fort propre à l'intrigue, parce que, dès le berceau, l'on n'y entend parler d'autre chose...; le magistrat est composé de quatorze juges, la plus grande partie sans lettres, qui se nomment *gouverneurs*. Chacun d'eux préside à son tour ; ils ont seuls la justice civile ; et ils sont créés par vingt-huit notables de la lie du peuple, qui les élit chaque année à la Saint-Jean. Ces vingt-huit ont la justice criminelle, la police, les finances et les matières d'État, avec les quatorze gouverneurs qui sans eux ne peuvent rien déterminer. »

A Dôle, quoiqu'il y eût un parlement, le despotisme de la populace était à peu près le même. Un bourgeois avait été condamné à mort par le maire de Dôle, pour avoir mangé de la viande un jour défendu. Or, en matière criminelle, quand il s'agissait d'un bourgeois, il n'y avait point d'appel. Cependant l'intendant de la province, M. Chauvelin, justement révolté de l'atrocité de ce jugement, avait fait saisir les pièces du procès et les avait envoyées à Louvois. Le peuple s'émut et le parlement lui-même protesta. On fit observer à Louvois qu'il y allait d'un privilège de la province. Louvois, défenseur de l'autorité, n'eut pas la force de résister dans l'intérêt de la justice et de la monarchie. Il répondit, le 5 avril 1675, que « l'intention du roi était de laisser le parlement dans la liberté de juger suivant les ordonnances du pays ».

Le bourgeois de Dôle fut donc pendu, pour avoir mangé de la viande un vendredi.

La populace, maîtresse de la ville, se réjouit en pensant que Louvois tremblait devant elle. Il prouva le contraire, peu de jours après.

La ville de Besançon et la province s'étaient dispensées de payer l'impôt à l'Espagne. Louvois voulut qu'il n'en fût pas ainsi envers le roi de France, et donna l'ordre de lever une contribution. Les notables se réunirent pour examiner la demande du ministre, et la discussion fut peu respectueuse pour Louvois et pour Louis XIV. L'un des notables, nommé Noidan, homme très populaire à cause de ses violences, de son origine plus qu'obscure, de son ignorance grossière et de son audace, prononça un discours qu'applaudit la populace. Il déclara que la ville était trop pauvre pour payer les fantaisies du roi, et que d'ailleurs il existait des privilèges que l'on saurait faire respecter. « Le roi Louis respecte les privilèges, même de la ville de Bordeaux, qui a coutume de se révolter. »

Quelques jours après, l'orateur populaire était enfermé dans la prison de Dijon, et les notables de Besançon, pas plus que la populace, ne songeaient à se révolter : tant il est vrai que le moindre acte de fermeté fait tout rentrer dans le devoir !

VIII

Pendant le mois d'avril 1675, Louvois terminait les préparatifs pour la prochaine campagne dans les Pays-Bas. Le roi se proposait d'y commander, ayant le maréchal de Créqui sous ses ordres. Le choix de ce maréchal indisposa d'Humières, qui servait activement sur la frontière de Flandre. Le maréchal d'Humières écrivit à cette occasion au marquis de Louvois une lettre qu'il faut rappeler, pour prouver à quel point les personnages les plus importants de l'armée s'inclinaient devant le ministre. Une telle humilité est pénible à constater, et la dignité humaine en souffre. Voici la lettre du maréchal d'Humières à Louvois : « Quoique ce me soit une mortelle douleur de me voir ainsi négligé, je vous avoue que ce n'est pas encore ce qui m'est le plus sensible, tous les dégoûts ne pouvant m'arriver, sans que j'aie lieu de croire que j'ai entièrement perdu la part que vous m'aviez promise dans vos bonnes grâces; il n'y a rien que je n'aie fait pour les mériter et pour me les conserver, quand j'ai cru y être parvenu, ayant renoncé à toutes sortes de liaisons et d'attachement pour suivre aveuglément celui que j'avais pour vous. Ce me serait une cruelle chose d'être forcé de changer de sentiments, après la profession publique que j'ai faite toute ma vie d'être votre serviteur, et de vous honorer plus que personne au monde. »

Louvois présenta, le 3 mai, à Louis XIV l'état de l'armée, telle qu'il l'avait organisée. Le roi approuva l'ordre suivant : Quarante-sept bataillons d'infanterie, en sept brigades, plus deux bataillons de fusiliers pour la garde et le service de l'artillerie; vingt-cinq escadrons en trois brigades (maison du roi); cent escadrons en dix brigades, quinze escadrons de dragons : le tout formant une armée de soixante mille hommes.

Le 11 mai, Louis XIV quitta sa cour et vint prendre le commandement de ses troupes, entre Ham et Cateau-Cambrésis. Louvois accompagnait le roi, et prenait parfois les devants pour s'entendre avec les généraux sur les opérations à exécuter. Il eut ainsi une entrevue avec le maréchal de Créqui au sujet de la ville de Limbourg, et une autre avec le comte d'Estrades pour la citadelle de Liège.

Le temps était aux compliments, et Turenne lui-même ne put échapper entièrement à cette faiblesse. Il écrivit à Louvois : « On ne saurait dire combien a éclaté partout la marche que le roi a faite, et la résolution qu'il a prise de s'avancer en personne plus avant que Dalem, après avoir passé la Meuse, pour couvrir le siège de Limbourg, dans le temps qu'une armée si considérable des ennemis s'approche pour secourir la place. J'en ai eu une extrême inquiétude, quoiqu'il n'y ait rien eu de si beau et de si glorieux pour Sa Majesté. »

Lorsque la campagne de 1674 était terminée, Louis XIV

ne se contenta pas d'en témoigner par écrit sa reconnaissance à Turenne, il voulut le voir à sa cour. Turenne obéit. Le roi lui fit un accueil des plus flatteurs.

Louvois sut dissimuler son embarras, et se montra courtois envers le vicomte de Turenne. Celui-ci, dans une conversation avec son souverain, fit l'éloge des talents et des services de Louvois, mais représenta à Sa Majesté que, malgré le génie administratif du ministre et son incomparable capacité, « il ne pouvait pas néanmoins juger de l'à-propos de telles opérations de guerre aussi bien qu'un général qui était sur les lieux, et qui connaissait le terrain par lui-même. »

Turenne, en tenant ce langage, ne songeait nullement à son intérêt, car il était résolu à quitter le service. Mais ce grand capitaine voulait préserver ses successeurs du péril que peut faire courir aux opérations militaires l'intervention directe des bureaux.

Lorsque Turenne fit connaître à Louis XIV sa résolution de se retirer dans une modeste retraite, résolution prise déjà deux fois, le roi s'opposa à son dessein, en faisant au maréchal des reproches obligeants. Turenne ne put résister aux prières du roi. Il consentit donc à prendre tel commandement que Sa Majesté daignerait lui confier, à la condition qu'elle lui permettrait d'écrire directement au roi, et de lui faire remettre ses dépêches par son neveu, le cardinal de Bouillon.

Louis XIV accorda cette demande, et voulut en même temps faire cesser une mésintelligence qui pouvait être nuisible à son service. Il ordonna donc à Louvois de se rendre chez le vicomte, de le prier d'oublier le passé et de lui demander son amitié.

Louvois dut se soumettre, et il en coûta sans doute à son orgueil. Le ministre, habitué à voir les maréchaux le saluer humblement, se rendit chez Turenne et lui adressa son compliment. Le vicomte, poli comme toujours, répondit : « Monsieur, j'ai fait beaucoup pour gagner votre amitié, parce que le service du roi le demandait, et cependant je n'ai pu jusqu'ici l'obtenir. Vous me demandez maintenant la mienne, parce que Sa Majesté vous l'ordonne; je ne vous la refuse pas, mais vous trouverez bon que je ne vous en assure qu'après que vous m'aurez fait connaître par votre conduite que vous la souhaitez de bon cœur. »

Avant de quitter la cour pour retourner à l'armée, Turenne

donna des soins particuliers au règlement de ses propres affaires, il prit congé de ses amis plus intimement que de coutume, et parut avoir le pressentiment de sa fin prochaine.

Ce n'est pas chose rare chez les gens de guerre. Le maréchal Bessières, sous l'empire, en donna un exemple fort remarquable. Le général Desaix, en montant à cheval pour la journée de Marengo, dit à ses aides de camp : « Les balles européennes ne nous connaissent plus. » Le général Abbatucci, pendant le siège d'Huningue, où il fut tué, récitait, le jour même de sa mort, des vers latins qui étaient les adieux d'un guerrier romain à ses compagnons d'armes.

La veille de son départ, Turenne alla prendre congé du cardinal de Retz, pour lequel il avait un vif attachement. Le cardinal n'était plus cet esprit inquiet, ambitieux, toujours prêt aux aventures. Sincèrement converti, le cardinal vivait dans la retraite, loin du monde, étranger aux affaires de la terre. Le maréchal se plaignit des obstacles qu'il trouvait à suivre son exemple. En quittant le cardinal, Turenne prononça ces paroles : « Monsieur, je ne suis point un diseur, mais je vous supplie de croire sérieusement que sans ces affaires d'Alsace où peut-être on a besoin de moi je me retirerais comme vous, et je vous donne ma parole que, si j'en reviens, je ne mourrai pas sur le coffre, et mettrai, à votre exemple, quelque temps entre la vie et la mort. » Mme de Sévigné rapporte cette conversation d'après d'Acqueville, qui, lié d'amitié avec le maréchal et le cardinal, en avait été le témoin.

Depuis plusieurs années, Turenne avait formé le projet de se retirer dans la maison des prêtres de l'Oratoire. Les ordres du roi s'étaient opposés à la réalisation de son dessein, mais il voulut avoir auprès de lui des personnes avec lesquelles il pût s'entretenir de la religion. Il engagea donc les P. Castel et de Saint-Denis à venir alternativement à l'armée, comme ses amis. Ces deux prêtres firent, l'un après l'autre, les dernières campagnes auprès de Turenne.

Nous ne dirons pas que Louvois avait, par ses exigences, ses prétentions et son autorité peu régulière, froissé jusqu'à la briser cette nature si délicate, si honnête et d'une incontestable supériorité ; mais on ne saurait disconvenir que Louvois eut le malheur de porter le trouble dans cette âme ferme, dans cet esprit loyal et droit. Turenne, l'un des plus grands capitaines qui aient jamais paru à la tête des armées, ne put admettre qu'un ministre étranger à la science militaire et à l'art sublime de la guerre pût diriger un général à la tête de ses troupes, en présence de l'ennemi. Ce n'était ni l'intérêt personnel, ni l'orgueil, qui rendaient parfois Turenne désobéissant, mais bien le sentiment du devoir. Il prévoyait que Louvois allait créer un précédent, et qu'après lui d'autres ministres, moins intelligents et moins dévoués à la chose publique, étoufferaient en germe le véritable commandement militaire pour le soumettre à l'administration.

Turenne avait raison de s'effrayer; ce qu'il prévoyait n'arriva que trop tôt, et ne dura que trop longtemps.

Il partit le 11 mai 1675 et se rendit à Schelestadt, où les troupes qu'il avait laissées en Alsace avaient l'ordre de se réunir. L'ennemi était déjà rassemblé. L'électeur de Brandebourg, le prince de Brunswick, le prince de Lunebourg et les troupes de l'évêque de Munster s'étaient éloignés du Rhin, pour aller défendre le pays de Brême, où les Suédois venaient d'entrer avec une armée considérable, sous les ordres du général Wrangel, connétable de Suède. L'Empereur donna le commandement de ses troupes à Montecuculli, qui, l'année précédente, avait refusé de servir, à cause de l'électeur de Brandebourg auquel il ne voulait point obéir, et dont il aurait fallu recevoir les ordres à cause de son rang de prince.

Turenne et Montecuculli allaient donc se trouver en présence. Ces deux grands capitaines étaient à peu près du même âge, et appartenaient à la noblesse d'épée. Chacun d'eux avait parcouru tous les grades et servi sous les meilleurs généraux de son pays. Leur éducation et leur instruction étaient semblables, et, chose singulière, tous deux ont laissé leurs Mémoires, où se retrouvent les mêmes principes. Ils étaient aussi prudents, aussi calculateurs, aussi manœuvriers l'un que l'autre; mais Turenne s'élevait plus haut dans ses combinaisons et se montrait, à l'occasion, plus entreprenant.

Adorés de leurs soldats, ils inspiraient à leurs troupes une confiance sans bornes. Chacun d'eux aimait, honorait et estimait son adversaire.

Parlant de cette campagne de 1675, qui devait être la dernière de Turenne et la dernière de Montecuculli, Folard a dit : « Ce fut le chef-d'œuvre du vicomte de Turenne et du comte de Montecuculli. Il n'y en a point de si belles dans l'antiquité : il n'y a que les experts dans le métier qui puissent en bien juger. Combien d'obstacles réciproques à surmonter! combien de chicanes, de marches, de contremarches, de manœuvres profondes et rusées! C'est par là qu'on reconnaît les grands hommes, et nullement par la facilité de vaincre et par le prodigieux nombre de troupes. »

L'armée de Turenne était de vingt-six mille hommes, et celle de Montecuculli de trente mille. Par cette supériorité, Montecuculli avait l'offensive. Il cherchait à passer le Rhin et à pénétrer en Alsace. Strasbourg, alors ville impériale, lui était favorable. C'était un débouché facile. Tout autre que Turenne eût cherché à défendre le passage du fleuve en déployant son armée sur la rive opposée.

Turenne prend une autre résolution, et traverse lui-même le Rhin; placé entre Strasbourg, qu'il laisse à quatre lieues sur sa gauche, et les ponts, qu'il fait remonter à Altenheim, et qui sont rétablis à quatre lieues de sa droite, le général détache seulement un corps pour les couvrir.

Entre le Rhin et Montecuculli coule la Schutter, petite rivière très encaissée, très profonde et soumise, presque toujours, à des hauteurs qui sont du côté de l'Alsace. Turenne fait de cette petite rivière sa ligne de défense. Il a observé que cette rivière coule toujours circulairement, en sorte que l'arc est du côté de Montecuculli, et qu'il en occupe la corde. Ainsi, soit que Montecuculli veuille se porter sur Strasbourg, soit qu'il veuille marcher sur ses ponts, il faut qu'il la passe.

Les ennemis, pas plus que la cour de France et les ministres de Louis XIV, ne pouvaient comprendre comment Turenne avec vingt mille hommes avait tellement garni l'espace des trois grandes lieues, depuis Wilstedt jusqu'à Altenheim, qu'il se trouvait toujours à portée de défendre son pont et celui de Strasbourg, dès que Montecuculli paraissait vouloir aller vers l'un ou vers l'autre.

La surprise était grande, et Louvois, étonné de ne pas recevoir la nouvelle de quelque grande bataille sur les rives du Rhin, attendait impatiemment un rapport de Turenne.

C'est sur la connaissance approfondie du pays, sur les cours d'eau surtout, qu'un génie comme celui de Turenne pouvait seul saisir tous les avantages. Sa défensive fut donc basée sur les conditions topographiques. Il avait le Rhin derrière lui; mais que lui importait le Rhin, si, au moyen de l'obstacle invincible qu'il avait devant son front, il n'était pas exposé à combattre dans cette position?

Montecuculli tentera-t-il de passer le Rhin au-dessus ou au-dessous de lui? Alors Turenne marche à lui et l'attaque au passage, ou bien il prend sa défensive dans un autre sens, appuyant sa droite ou sa gauche au Rhin, et sans autre aile à cette même Schutter qu'il a devant lui.

C'est donc sur cet étroit théâtre, qui embrasse au plus huit à dix lieues de long sur quatre à cinq de large, que ces deux grands hommes déploient pendant cinq semaines toutes les ressources de l'art.

Voilà la véritable guerre savante, avec ses calculs, ses méditations et ses règles : la guerre méthodique, qui est une lutte et non pas une boucherie; la guerre accomplie par de petites armées, et non par des masses tumultueuses et désordonnées; la guerre où l'homme a le rôle principal, qu'il ne cède pas aux machines, plus meurtrières que son bras.

Ce qui semble le progrès est plutôt la décadence. Nous revenons aux invasions des barbares, alors qu'une nation se précipitait sur une autre, que les moissons étaient foulées sous les roues des chariots innombrables, que l'incendie dévorait les hameaux et les villes, et que derrière les haies du chemin s'amoncelaient les cadavres abandonnés.

Au spectacle de ces deux petites armées, que commandent Turenne et Montecuculli, on est saisi d'admiration et de respect. En vérité, ils rendaient hommage à l'humanité. Le sort des nations n'était pas livré par eux aux hasards du nombre et au mécanisme plus ou moins ingénieux des instruments de destruction.

Poursuivons le récit de la campagne. Plusieurs fois Montecuculli essaya de surprendre le passage de la Schutter. Turenne, ayant toujours le plus court chemin, ne fait que se prolonger sur sa ligne de défense, et, se présentant devant lui, l'empêche d'exécuter le passage. Une fois, la tête de colonne du corps de M. de Lorges qui, détaché sur la droite de Turenne, couvrait les ponts d'Altenheim, est poussée par Montecuculli, et il se dispose à forcer le passage de la Schutter. Turenne accourt, et Montecuculli est obligé de se retirer. Las d'avoir devant lui cette éternelle barrière, Montecuculli abandonne la partie et descend le Rhin. Turenne le suit, le côtoie, se mettant toujours entre le Rhin et lui.

La Renchen, autre petite rivière, devient sa nouvelle ligne de défense; les deux armées passent encore quinze jours dans cette position, à manœuvrer en s'observant. Enfin

Turenne prend à son tour l'offensive; il en a trouvé l'occasion et le moment. Montecuculli est fatigué de marches et de contremarches; il a partout tenté sans succès, et la supériorité d'opérations a passé par là du côté de son ennemi.

Turenne découvre un gué sur la Renchen, qui est à deux lieues de sa droite; il fait partir sa seconde ligne à l'entrée de la nuit, et demeure dans son camp avec la première. La seconde ligne, après avoir passé la Renchen, prend une position reconnue par Turenne sur le flanc de Montecuculli.

Celui-ci croit que cette seconde ligne est un gros détachement de l'armée française, dont il voyait encore les tentes tendues. Mais, comme Turenne jugeait bien que l'incertitude où le mouvement jetterait d'abord Montecuculli ne durerait que quelques heures, il marcha lui-même avec sa première ligne, dès que l'approche de la nuit put ôter à l'ennemi la connaissance du décampement de toute la première ligne, qu'il joignit à la seconde avec tant de justesse, pour le temps de la marche, que ce mouvement fut encore ignoré de l'ennemi.

Cette belle manœuvre de Turenne est semblable à celle que Claudius Nero imagina pour tromper Annibal.

Les mouvements de Turenne avaient été combinés avec tant de précision, que son armée entière était formée dans sa nouvelle position, avant que Montecuculli fût en mesure de l'attaquer

Enfin les deux armées étaient en présence, près du village de Saltzbach, lorsqu'un boulet de canon vint frapper Turenne.

Ces manœuvres étaient entremêlées de nombreux combats. Il y en eut un le 25 juillet, où fut tué le chevalier d'Hocquincourt, colonel de dragons. Turenne en rendit compte à Louvois, et ce fut sa dernière lettre au ministre.

IX

Nous n'aurons plus l'occasion de parler de Turenne, rendons hommage à ce grand homme en rappelant son dernier jour. C'était un samedi, 27 juillet. Turenne, qui avait passé la nuit à Gamshurst, se leva de bonne heure, entendit la messe et communia. Au moment où il sortait de l'église, le comte de Lorges vint le saluer. Turenne monta à cheval, arriva vers midi à Nieder-Akren, et s'arrêta quelques instants dans ce village. Il déploya une grande carte du pays, et fit avancer quelques habitants pour les interroger.

Les deux armées se rangeaient en bataille, et Turenne remonta à cheval pour visiter les postes; après avoir pris de nombreuses dispositions, Turenne dit aux officiers qui l'entouraient : « C'en est fait, je les tiens, ils ne pourront plus m'échapper, et je vais recueillir le fruit d'une pénible campagne. »

On voyait Montecuculli ranger ses troupes en bataille à mesure qu'elles arrivaient. Déjà deux petites pièces de campagne, mises en batterie, commençaient à tirer. Turenne était parti au petit galop pour aller à la gauche de l'armée, près de Saltzbach, où se plaçait l'infanterie ; il descendit de cheval et s'assit au pied d'un arbre. Le maréchal fit monter un vieux soldat sur cet arbre, pour que cet homme rendît compte des mouvements qu'il apercevait.

Des officiers venaient à chaque instant chercher des ordres ; les deux frères Saint-Hilaire et le duc d'Elbeuf le prièrent, de la part du comte de Roye, de venir à la droite ; mais Turenne demeura appuyé contre l'arbre jusqu'à ce que le comte d'Hamilton lui remit un billet tracé au crayon. Turenne monta lentement à cheval et partit au galop, mais sans se presser. Le comte d'Hamilton lui fit observer qu'il était imprudent de suivre la route que balayait le canon. Turenne en prit une autre, et dit en souriant : « Je ne veux pas être tué aujourd'hui. »

Il suivait un chemin au fond d'une petite vallée, où l'on était à couvert du feu des deux petites pièces de campagne, qui tiraient toujours. Turenne était près d'arriver, lorsqu'il aperçut le marquis de Saint-Hilaire sur une éminence. Il voulut s'entendre avec lui pour quelque opération, et s'avança vers la hauteur. Dans ce moment, quelques officiers se placèrent près du maréchal. Le fils du marquis de Saint-Hilaire rend compte de ce qui suivit : « Les bataillons de la vieille marine se trouvèrent dans cette direction, mais plus avant. Les deux petites pièces des ennemis tirèrent dessus ; un des coups échappa, et, passant premièrement sur la croupe de mon cheval, emporta le bras gauche de mon père, le haut du col du cheval de mon frère, et frappa au côté gauche M. de Turenne, qui fit encore une vingtaine de pas sur son cheval et tomba mort. Le boulet ne pénétra pas, il en reçut seulement une terrible contusion qui l'étouffa dans l'instant. »

Il était trois heures de l'après-midi. Couvert d'un manteau, le corps du maréchal fut emporté dans sa tente.

Un chirurgien français et un dragon partirent au galop et sans ordres pour annoncer la nouvelle à Montecuculli. Celui-ci, après un instant de silence, prononça ces magnifiques paroles que l'on ne saurait trop répéter : « Il est mort aujourd'hui un homme qui faisait honneur à l'homme. »

L'armée française fut au désespoir, et les soldats ne cessaient de répéter : « Nous avons perdu notre père! Qui maintenant nous conduira? »

Dans les campagnes, la désolation fut grande. Mme de Sévigné écrivit à sa fille : « Le premier président de la cour des aides a une terre en Champagne; son fermier lui vint signifier, l'autre jour, ou de la rabaisser considérablement, ou de rompre le bail qui en fut fait il y a deux ans. On lui demande pourquoi, et que ce n'est pas la coutume : il répond que, du temps de M. de Turenne, on pouvait recueillir avec sûreté et compter sur les terres de ce pays-là, mais que, depuis sa mort, tout le monde quittait, croyant que les ennemis y vont entrer. Voilà des choses simples et naturelles, qui font son éloge aussi magnifiquement que les Fléchier et les Mascaron. »

Le roi ordonna que Turenne fût enterré à Saint-Denis, dans la sépulture des souverains.

« Il y a déjà quatre capitaines aux pieds de leurs maîtres, » dit Mme de Sévigné.

Ces quatre capitaines étaient : Bertrand du Guesclin, connétable de France, sous Charles V, mort le 13 juillet 1380; Bureau de la Rivière, chambellan et favori de Charles V, ensuite premier chambellan et principal ministre de Charles VI, mort en 1400; Louis de Sancerre, connétable de France sous Charles VI, mort le 6 février 1402; Arnault de Guellen, seigneur de Barbazan, chambellan de Charles VII, et général des armées de ce prince, mort en 1431.

Ainsi, depuis le xve siècle, aucun sujet n'avait eu la sépulture à Saint-Denis.

Les sentiments de Louis XIV sont donc connus; le grand roi sent la perte qu'il vient de faire, il exprime hautement ses regrets, et veut en donner un éclatant témoignage.

Mais Louvois demeure dans l'ombre. Lui qui écrit en

toutes circonstances, garde le silence, lorsque la France exprime hautement son désespoir.

C'est ce qui a fait dire à Voltaire : « Turenne fut pleuré des soldats et des peuples, Louvois fut le seul qui se réjouit de sa mort. »

Ce jugement nous semble trop sévère. Que Louvois n'ait pas éprouvé de profonds regrets, qu'il ait même ressenti un vague contentement de se voir désormais aveuglément obéi par les chefs de l'armée, cela n'est pas impossible; mais Turenne, malgré ses résistances, lui avait été utile en accomplissant ses desseins, c'est-à-dire en augmentant la puissance de la France et la gloire de Louis XIV.

Entre Turenne et Louvois il ne faut pas voir des difficultés passagères, inspirées par l'amour-propre ou l'ambition. Ce n'étaient même pas deux grands hommes en présence, mais deux principes. Turenne pensait que la guerre était d'une telle importance pour le salut des empires que le général, sur le terrain, en présence de l'ennemi, était le seul juge de sa conduite, dont il répondait au souverain. Louvois, qui savait l'importance de l'administration, plaçait celle-ci au niveau de la stratégie, et parfois même soumettait les opérations militaires aux approvisionnements.

Avant Louvois, des ministres tels que Richelieu et Mazarin avaient souvent dominé le commandement militaire; mais, en même temps, ces ministres dominaient la royauté; ils gouvernaient la France au nom du souverain. Cet état de choses avait donné naissance au *ministérialisme,* inconnu avant Louis XIII, et qui depuis n'a cessé de grandir.

Quelque laborieux qu'il fût, et malgré son pouvoir absolu, Louis XIV ne pouvait gouverner seul; il eut donc des ministres, mais non pas un premier ministre.

Louvois voulut jouer le rôle de premier ministre, rarement avec le roi, toujours avec les généraux. Turenne fut choqué de cette prétention, qu'il considérait comme désastreuse pour le bien du service, et contraire à la dignité du commandement.

Louis XIV, quoiqu'il ne pût se passer de Louvois, était loin de désapprouver Turenne, puisqu'il lui accorda le droit de lui écrire directement. Turenne ne jugea pas utile d'user constamment de cette faculté, et, pendant cette guerre de 1675, rendit compte à Louvois. Il se réservait sans doute de s'adresser directement à Sa Majesté dans les circonstances importantes.

Malheureusement pour Turenne, ou plutôt pour le principe qu'il représentait, les généraux en chef et les maréchaux de France acceptaient trop souvent la suprématie de l'administration représentée par Louvois. Celui-ci, qui suivait les armées en campagne, visitait les places fortes, accompagnait le roi, passait des revues, gourmandait les gouverneurs et les colonels, punissait et récompensait; celui-ci, disons-nous, prenait aux yeux des chefs de l'armée une sorte de caractère militaire.

Le courage et les talents de la guerre ne donnent pas toujours à l'homme cette indépendance de cœur et d'esprit nécessaire pour la défense d'une cause, quelque juste qu'elle soit. Trouvant presque partout une faiblesse extrême, Louvois pensa que Turenne résistait à sa personne, à ses actes, et non pas à ses idées. Mais nous n'oserons penser que Louvois se réjouit de la mort de Turenne; s'il en fut ainsi pendant une heure ou un jour, le temps ne tarda pas à venir où Louvois, dans le secret de sa conscience, évoqua, les larmes aux yeux, la grande ombre de Turenne.

X

Si Montecuculli avait attaqué l'armée française au moment où Turenne venait de tomber, il aurait remporté une grande victoire; mais, sans le boulet qui frappa Turenne, Montecuculli subissait une défaite éclatante.

Pendant deux jours, les armées demeurèrent dans leurs positions respectives, se bornant à un feu nourri d'artillerie.

Le comte de Lorges reçut, après quelques difficultés, le commandement de l'armée, qu'il ramena le 30 juillet à Wilstedt, où l'on réunit les approvisionnements afin de battre en retraite. Le 1er août, l'armée française passa la Schutter et fut attaquée par Montecuculli, pendant cette opération. Le général ennemi envoya un fort détachement pour enlever la tête du pont d'Altenheim, gardée par quatre régiments : Champagne, la Ferté, Turenne et le régiment anglais Hamilton.

La résistance de ces corps fut admirable; ils voulaient venger la mort de *leur père*. Le régiment de la Ferté perdit quinze capitaines sur seize; le marquis de Vaubrun, qui était à sa tête, fut tué. Ce marquis de Vaubrun avait été blessé au pied la semaine précédente, et s'était fait placer sur un cheval, la jambe malade attachée aux fontes. C'est lui qui annonça à Louvois la mort de Turenne, par une lettre écrite le 27, et qui ne parvint au ministre que le 29, tant étaient difficiles les moyens de communication.

Turenne avait été tué le 27 juillet, et le 30 Louis XIV nomma huit maréchaux de France : le duc de Navailles, le comte d'Estrades, le comte de Schomberg, le duc de Duras, le duc de Vivonne, le duc de la Feuillade, le duc de Luxembourg et le marquis de Rochefort.

Il y eut plus d'un sourire pour saluer cette promotion. Louvois l'avait conseillée, sans se dissimuler que ce grand nombre de maréchaux allait donner naissance aux froissements et à de sérieuses difficultés dans le commandement.

Le jour même de la promotion, le ministre annonçait à Condé que le lendemain, 1er août, paraîtrait une ordonnance donnant le commandement au plus ancien, à égalité de grade. Ces huit nouveaux maréchaux, nommés le même jour, compteraient leur ancienneté d'après leur nomination de lieutenants généraux. Depuis deux siècles, cette ordonnance régit l'armée française.

Cet immense progrès est-il dû à Louvois seul ? Turenne n'avait-il pas écrit pour le conseiller et ne l'avait-il pas mis en pratique ? Turenne voulait perfectionner l'art en perfectionnant ses instruments. Il avait attaqué les privilèges, les préséances de corps, donné aux masses une valeur uniforme, et à chaque individu toute l'importance dont la nature l'avait doué.

Louvois n'en mérite pas moins des éloges pour avoir consacré, par une ordonnance royale, les principes appliqués par Turenne. L'ordre du roi fut exécuté, tandis que Turenne avait éprouvé de vives résistances. Il alla même jusqu'à faire quitter l'armée à un officier d'ailleurs très capable, Puységur, père du maréchal, qui s'était constitué le défenseur et l'arbitre de toutes les prétentions et de tous les droits incompatibles avec la discipline militaire.

On ne saurait porter un jugement vrai sur Louvois, si l'on ne place à côté de sa vaste correspondance les Mémoires de Turenne, commencés en 1643, lorsqu'il fut envoyé sur le haut Rhin pour prendre le commandement de l'armée de M. de Rantzau, qui avait été battu.

Ceux qui ont fait une étude approfondie de l'histoire militaire du règne de Louis XIV reconnaissent que Turenne fut le créateur de l'armée, et le restaurateur de l'art.

Après lui vint la décadence, quoique Louvois fût à la tête des affaires.

Loin de nous la pensée d'amoindrir les immenses services rendus à Louis XIV par son ministre, et de méconnaître les facultés administratives de Louvois, ni son zèle, ni les résultats de ses constants efforts; mais il serait injuste de ne pas rendre à Turenne ce qui lui appartient.

Les accusations de Saint-Simon ne sont pas fondées; malheureusement pour la mémoire de Louvois, la postérité semble avoir adopté les opinions haineuses du duc, plus écrivain que militaire. Saint-Simon, né l'année même de la mort de Turenne, lorsque Louvois était déjà un grand ministre, ne connaissait que par le bruit des salons les faits qu'il raconte d'une façon si piquante.

Saint-Simon embrassa de bonne heure la carrière des armes, et fit sa première campagne en 1691, dans les mousquetaires, sous le maréchal de Luxembourg. Gouverneur de Blaye par la mort de son père en 1693, duc et pair, il ne tarda pas à quitter le service pour entrer dans la diplomatie. La cour de Louis XIV était sombre et triste, et Saint-Simon n'y vit que des petitesses et des intrigues.

Il accuse Louvois de ne donner de l'avancement qu'à l'ancienneté, et offre précisément sa démission à la suite d'une promotion où lui, le plus ancien, se voit préférer trois colonels ses cadets. Au reste, Saint-Simon n'a pas servi sous Louvois, et pouvait ignorer cette lettre du ministre au maréchal de Duras : « 30 juillet 1689. Sa Majesté m'a commandé de vous renouveler ce qu'elle vous a expliqué elle-même de ses intentions, avant votre départ, à l'égard des détachements que vous auriez à faire, pour le commandement desquels elle vous défend de nommer les officiers généraux par leur rang, mais bien de choisir ceux que vous croirez les plus capables de bien exécuter les ordres que vous leur donnerez; c'est-à-dire, par exemple, quand vous aurez un détachement à faire de cavalerie ou de dragons, elle désire que vous le fassiez commander par ceux des officiers généraux qui auront le plus servi dans la cavalerie; et de même, quand vous vous aurez à faire un détachement d'infanterie, par ceux des officiers généraux qui auront le plus servi dans l'infanterie. »

C'est ainsi qu'agissait Turenne. Seulement, pour ne pas

soustraire une troupe au commandement de son chef ordinaire, il composait les détachements de fractions de troupes empruntées momentanément à des corps différents, et donnait pour chef, à cette réunion provisoire, l'officier le plus propre à l'exécution d'une mission déterminée. Il sauvegardait ainsi le principe d'autorité, et pouvait en même temps utiliser les capacités spéciales placées souvent au second rang.

Nous ne connaissons qu'une lettre de Louvois à l'occasion de la mort de Turenne. Cette lettre est adressée au comte de Lorges, neveu du maréchal, le 31 juillet. « Quand *l'accident* qui est arrivé à M. de Turenne ne serait pas aussi fâcheux qu'il est pour le service du roi, je ne pourrais pas m'empêcher d'en avoir en mon particulier un très grand déplaisir ; et, comme je sais que sa perte vous est très sensible, et que j'ai toujours pris plus de part que personne à vos intérêts, je vous assure que cette considération augmente encore ma douleur, et que, si quelque chose peut la soulager, c'est d'avoir l'occasion de vous rendre mes très humbles services, vous assurant que je n'en perdrai aucune de faire valoir les vôtres et de vous témoigner que je suis toujours tout à vous. »

Condé a moins de froideur dans l'expression de ses regrets ; il écrit à Louvois : « J'ai appris, avec la plus grande douleur du monde, la mort de M. de Turenne. C'est une perte très considérable pour le service du roi, et particulièrement dans une rencontre aussi capital (*sic*) que celui où elle est arrivée... »

A peine Turenne était-il mort, que le maréchal de Créqui se faisait battre à Saarbruck, et que la garnison de Trèves capitulait honteusement. Déjà la discipline se perdait, et l'on vit un capitaine du régiment de Navarre, nommé Boisjourdan, mettre l'épée à la main contre un maréchal de France, déserter son poste, et passer à l'ennemi. Ce misérable fut repris, condamné à mort et exécuté. Mais le conseil de guerre qui jugea ce capitaine se montra tellement faible que Louis XIV et Louvois en éprouvèrent de vives inquiétudes pour l'avenir et le plus profond chagrin. La lettre écrite par Louvois à cette occasion mérite d'être citée. On ne saurait mieux établir les règles de la discipline militaire : « A M. l'intendant Barillon de Morangis, 27 septembre. Il faut faire faire le procès, non seulement aux officiers qui sont notés d'avoir désobéi à M. le maréchal de Créqui, ou cabalé, mais encore aux commandants des corps qui ne pourront point justifier d'avoir fait quelque chose de fort rigoureux contre ceux qui se sont révoltés; et établir pour principe qu'un commandant qui ne se commet pas pour arrêter un désordre, doit être traité comme s'il l'avait suscité, parce qu'il donne, par sa faiblesse, la hardiesse aux gens d'exécuter des choses qu'ils ne feraient pas s'ils le voyaient ferme dans son devoir. Le roi ne veut point entendre parler des informations que par le jugement et la sévère punition des coupables, ni ayant ni parents, ni alliance, ni services passés qui puissent porter qui que ce soit à sauver ou épargner des gens qui ont mal fait leur devoir dans une occasion comme celle-là... »

Louvois, effrayé de l'indiscipline qui se montrait tout à coup, audacieuse et lâche, des défaites qui se succédaient avec une effrayante rapidité, dut comprendre enfin quelle était l'influence de Turenne sur l'armée, et peut-être entrevit-il, dans un avenir prochain, la décadence fatale de cet esprit militaire, noble et généreux, qu'avait éveillé et entretenu le grand homme.

Naturellement il jeta les yeux sur Condé, et lui confia le commandement de l'armée d'Allemagne. Condé répondit le jour même à Louvois : « Je vous avoue que je me crois fort mal propre à bien servir le roi dans l'emploi où Sa Majesté me destine ; c'est un pays d'un travail extrême, et ma santé est si peu affermie que j'appréhende bien de succomber, particulièrement si le froid vient avant la fin de la campagne. Vous savez que je vous le dis auparavant de partir ; j'obéis pourtant, et je ne ferai jamais de difficulté d'exposer ma vie et le peu qui me reste de santé pour la satisfaction et le service du roi ; mais j'appréhende bien que je ne lui puisse pas être si utile en ce lieu-là qu'il le croit et que je souhaite... »

Condé disait publiquement qu'il regrettait « de ne pouvoir causer seulement deux heures avec l'ombre de M. de Turenne ». Le prince de Condé alla prendre le commandement de son armée, sans illusions et même sans cette confiance qui se communique si facilement. Silencieux et sombre jusqu'à la tristesse, il ne cessait de se plaindre, voyait partout le mal, jugeait les places comme incapables de défense, et ne prenait aucun parti. Découragés eux-mêmes, ou voulant plaire au prince, les principaux officiers se plaignaient hautement.

Ce n'était plus ce feu sacré qu'entretenait Turenne, ce n'était plus cette activité dont il donnait l'exemple, et cette ardeur qu'il savait si bien communiquer.

Heureusement pour Condé, l'armée impériale battit en retraite, abandonnant l'Alsace pour se retirer dans le Palatinat. Montecuculli était épuisé de fatigue. Indifférent à la gloire, il semblait s'apercevoir pour la première fois que la vieillesse le conviait au repos. Après avoir lutté contre Turenne, il dédaignait peut-être d'autres adversaires.

On a reproché à Louvois son orgueil. Comment n'eût-il pas été orgueilleux en présence de la bassesse dont il était entouré? Les plus grands seigneurs du royaume, les chefs suprêmes de l'armée se faisaient ses courtisans; les maréchaux de France imploraient sa protection, et ne rougissaient pas de lui demander ses ordres pour la bataille prochaine.

Puis, quand les portes étaient closes, on le traitait de commis.

Citons une lettre de Luxembourg, qui venait d'être élevé à la dignité de maréchal de France et d'obtenir le commandement de l'armée, que le départ de Condé rendait vacant :
« J'apprends, Monsieur, la grâce que le roi vient de me faire; je suis si obligé à Sa Majesté, et j'ai une si grande envie de la bien servir, que tous les emplois me sont bons, depuis ceux qui conviennent à un sergent d'infanterie jusqu'à ceux du poste où le roi m'a élevé. Je sais bien que je ne l'ai jamais mérité, mais je voudrais bien aussi ne m'en rendre pas indigne. Cependant l'importance de l'emploi que Sa Majesté me confie, me paraît bien au-dessus de mes forces; il faisait faire des réflexions à Monseigneur le prince; jugez de l'état où il doit me mettre; il n'avait pas besoin de conseils, et je serai peu assisté, quoique ce soit une chose qui me soit fort nécessaire... S'il manque quelque chose à cette armée, ce n'est qu'une seule, dont je n'oserais dire mon avis, par la bonne opinion et le respect que j'ai pour le choix du roi, que je tiens pour plus infaillible que le pape, et parce que j'ai lieu de croire que vous ne lui avez rien représenté contre ses sentiments; vous voyez bien que cela ne peut regarder que celui qui la commande. A cela près, j'ai très bonne opinion du reste. L'armée ennemie est pourtant forte; il y est venu quelque canaille de Hollande, et l'on dit qu'on y en attend encore. Tout cela ne me fera pas tourner ma méchante cervelle. *Je vous conjure*

de me prescrire positivement ce que j'aurai à faire, afin que je ne fasse point de faute; car j'ai toujours peur de manquer. Est-ce m'abandonner à mon peu de mérite, ou me traiter comme un homme qui en aurait, de ne me pas envoyer une tablature *de tout ce qu'il faut que je fasse?* Je ne distingue pas bien lequel des deux, et je pencherais assez du côté du premier; mais le bien du service vous oblige à me mander, et bien promptement, la conduite que j'aurai à tenir pour soutenir comme il faut l'emploi dont le roi m'a honoré. »

Les réponses de Louvois ne se firent pas attendre. Il ne cessait de reprocher au maréchal de Luxembourg que l'indiscipline la plus affreuse régnait dans ses troupes, que les passe-volants redevenaient à la mode, que les officiers se livraient exclusivement au jeu et à la débauche, et qu'il fallait réprimer les abus.

Mais Luxembourg goûtait, dans son camp, le repos le plus complet, laissant aller l'indiscipline. Cependant il écrivait à Louvois que les désertions augmentaient, qu'il y avait des fraudes sur les vivres, et que le meilleur moyen serait de saisir les appointements des officiers : « ... Car, disait le maréchal, il me semble qu'il se faut prendre directement à eux de la hardiesse qu'ils ont de montrer leurs compagnies si fortes pour le payement et si faibles dans le service. Je voudrais bien aussi qu'on leur pût trouver une punition de leur négligence, dont, pour parler comme Molière, il y en a tant entichés de ce défaut qu'il faudrait que l'exemple fût général, si l'on en voulait faire; car, s'il n'y avait eu qu'à châtier quelques-uns, cela aura déjà été fait; mais parmi tous c'est une nonchalance que je n'ai jamais vue, et avec cela un grand nombre de subalternes forts jeunes, ignorants et incapables sur le tout. Les troupes sont plus libertines que je ne voudrais; contre mon naturel, j'ai fait pendre, depuis le départ de monsieur le prince, une douzaine de soldats ou de cavaliers; cela n'a servi de rien, et j'ai vu que tous les officiers négligents étaient ravis de dire qu'il n'y avait qu'à pendre. »

Louvois donna des ordres formels pour le rétablissement de la discipline, et Luxembourg, qui écrivait le 8 octobre pour réclamer des châtiments exemplaires, annonçait, le 29 du même mois, que jamais il n'avait vu une armée aussi parfaitement belle et bonne. Le ministre ne lui fit même pas l'honneur d'une réponse, mais il lui adressa un billet fort spirituel. Le maréchal avait annoncé au ministre quelque événement passé sur le *front de bannière* : « Je vous dirai que les paroisses marchent en *front de bannière,* et que les troupes campent en *front de bandière,* afin que, quand vous aurez à mander que vous les aurez fait camper en *front de bannière,* vous vouliez bien le mettre en chiffres, et que *les étrangers, ne connaissant pas l'ignorance de nos généraux,* n'en deviennent pas plus difficiles dans les traités dont ils nous menacent cet hiver. »

La gaieté de Louvois était cruelle, mais, en vérité, tout ce qu'il voyait et entendait devait lui inspirer bien peu d'estime pour les chefs de l'armée.

Il y eut, à cette époque, des troubles sérieux dans les provinces, à cause des impôts. Bordeaux devint le centre, non d'une révolte ouverte, mais de quelque chose d'approchant. Déjà la Bretagne s'était mutinée, et de rudes châtiments avaient rétabli l'ordre.

Jusqu'à ce jour, nous n'avons vu Louvois qu'en présence des gens de guerre. Comment se comportera-t-il vis-à-vis d'une sédition très sérieuse, celle de la Guyenne?

Il conseille au roi d'envoyer à Bordeaux une puissante garnison. Les magistrats et les principaux habitants supplient de leur épargner ce qu'ils considèrent comme un malheur. L'intendant de la province se joint aux magistrats; mais Louvois demeure inflexible, et, le 17 novembre, sept mille hommes de troupes entrent dans Bordeaux, et le désarmement commence. Les murs de la ville sont abattus, et Louvois fait construire un bastion. « Sa Majesté, dit-il, ne prétend point faire de ce bastion retranché une forteresse capable de soutenir un siège contre des troupes réglées, mais seulement un réduit où quatre-vingts ou cent hommes puissent être en sûreté contre la folie du peuple, et de là, à coups de canon, disperser ceux qui voudraient s'assembler dans les quartiers qui en sont voisins; et si la sédition se faisait dans les autres endroits de la ville, pour que les troupes que Sa Majesté pourrait y envoyer pussent avoir une entrée libre, outre celle du château Trompette, et faire en sorte que le canon que l'on tirerait du château Trompette, du château du Ha, et de ce bastion retranché, pût réduire à l'obéissance ceux qui se seraient soulevés. »

Les troupes envoyées à Bordeaux, sous le commandement du maréchal d'Albret, commirent tous les excès. L'indiscipline fut à son comble. Les soldats du régiment de Sault insultèrent les officiers du régiment de Navailles, et le maréchal lui-même vit son carrosse arrêté par la soldatesque, son cocher renversé et battu, et lui-même bafoué et presque frappé.

Quant aux habitants, ils purent croire leur ville prise d'assaut par l'ennemi.

Force fut à Louvois de faire sortir de Bordeaux cette garnison révoltée.

Louis XIV tient conseil devant Valenciennes.
Louvois, à cheval, l'épée au côté prend la parole le premier. (Ch. III.)
(*Louvois.*)

CHAPITRE III

1676-1684

Le courage de Louvois. — Belle occasion manquée par Louis XIV. — Confiance du roi. — Campagne de 1676. — Campagne de 1677. — Assaut de Valenciennes. — Le comte d'Aligny. — Prudence de Louvois. — Son désintéressement. — Louvois dans les détails. — Le Tellier est nommé chancelier. — La marine. — Préparations pour le siège de Gand. — Campagne de 1678. — Le voyage de la cour. — Surprise de Gand. — Siège d'Ypres. — Lettre du maréchal de Navailles à Louvois. — Villacerf surveille la reine. — Le jeu de la cour et M. de Langlé. — Cruauté de Louvois. — Paix de Nimègue. — Le journal officiel créé par Louvois. — Mariage de Mlle de Louvois. — Les empoisonnements. — Le maréchal de Luxembourg compromis avec les empoisonneurs. — M. de Feuquières accusé. — La comtesse de Soissons et la duchesse de Bouillon. — Lauzun et Mlle de Montpensier. — Les chambres de Metz et de Brisach. — Strasbourg réuni à la France. — Bonnes œuvres de la marquise de Chamilly. — Compagnie de cadets. — Louvois est nommé surintendant des bâtiments à la mort de Colbert. — Louvois, la noblesse et les parlements. — Travail de Louis XIV. — Déclaration de guerre de l'Espagne à la France. — Bombardement de Luxembourg. — La ville est entourée de troupes. — Vauban sollicite une faveur, conduite de Louvois.

I

Quoiqu'il fût âgé de soixante-treize ans, et qu'il eût été remplacé au ministère par son fils depuis dix ans, le Tellier travaillait constamment avec Louvois. Il étudiait les affaires, s'occupait de la correspondance, recherchait les solutions anciennes aux difficultés qui se présentaient, et s'occupait surtout du personnel. Le caractère ombrageux de Louvois lui créait de nombreuses difficultés, toujours adoucies par le Tellier, plus souple que son fils. Pendant les voyages ou les maladies du ministre en titre, son père expédiait les affaires et travaillait même avec le roi, quoiqu'il n'eût aucun titre officiel.

Lorsque Louvois était absent pour le service, soit en campagne, soit pour la visite des places fortes, soit pour toute autre cause, une correspondance active s'établissait entre le père et le fils. Le roi consultait souvent le Tellier, même après avoir pris les avis de Louvois.

Le roi résolut de commencer de bonne heure la campagne de 1676, et distribua les commandements le 21 février. Il se réserva l'armée de Flandre, ayant sous ses ordres : monsieur le duc d'Orléans, son frère, les cinq maréchaux Créqui, Schomberg, d'Humières, la Feuillade et de Lorges ; trois lieutenants généraux, sept maréchaux de camp et dix-neuf brigadiers.

L'infanterie était de cinquante-trois bataillons de quinze compagnies chacun, et la cavalerie de cent vingt-deux escadrons de quatre compagnies. L'artillerie comptait cinquante bouches à feu.

L'armée de la Meuse était sous les ordres du maréchal de Rochefort, qui n'avait que quatorze bataillons et cinquante escadrons. Son major général était Catinat, encore inconnu de tous, excepté de Louvois, qui avait deviné les mérites du capitaine aux gardes.

Le maréchal de Luxembourg commandait l'armée d'Allemagne, de vingt bataillons et cent escadrons.

L'armée de Catalogne était confiée au maréchal de Navailles.

Louvois ne se dissimulait pas la perte qu'avait faite la France dans la personne de Turenne ; aussi redoubla-t-il de zèle pour la préparation à la guerre. Il accomplit des prodiges. On ne saurait sans injustice refuser à Louvois des connaissances militaires. Il savait organiser une armée dans de bonnes conditions, combinant les diverses armes, comme peu de généraux l'eussent pu faire ; il entendait même souvent la stratégie, mais ignorait la tactique, science toute spéciale aux gens de guerre, habitués aux mouvements d'un champ de bataille.

Si l'on se rend un compte exact de ce que savait cet homme, on ne doit pas être surpris de la façon quelque peu cavalière dont il traitait les généraux et les maréchaux. Parmi eux il en était un bien petit nombre en état de discuter avec Louvois des choses de la guerre. Nous regrettons que le Tellier n'ait point, au début, placé son fils dans les troupes. Après quelques campagnes, sa carrière se fût faite promptement, et il eût, à l'âge de trente ans, fait un ministre de la guerre accompli, et peut-être un très grand capitaine.

Le courage ne lui manquait pas complètement, puisqu'il allait volontairement aux combats qui se livraient autour d'une place assiégée. Cependant une lettre adressée à Louvois lui-même par le maréchal de Luxembourg semblerait élever des doutes sur sa bravoure : « ... 1er mai 1676. Ce que j'ai encore parfaitement connu par votre lettre, c'est que vous n'étiez point prisonnier, comme le bruit en courait ici sur une lettre de M. de Mazarin à M. de Gondreville, auquel il écrivait que vous aviez été pris par un parti des ennemis, et qu'un autre des troupes de Sa Majesté vous avait tiré d'affaire. J'ai ajouté peu de foi à cette nouvelle, parce que j'ai bien compris que si votre intrépidité pouvait vous porter à marcher avec une très petite escorte, le bon sens vous indiquerait aussi à ne pas exposer une personne autant nécessaire au service du roi que vous êtes; et cette réflexion a fait que j'ai plus compté sur votre raison que sur votre courage, sachant que vous le tenez si bien en réserve pour les grandes actions que vous ne le trouvez pas toujours dans les petites ; par exemple, il me souvient qu'à Gray vous ne vouliez pas venir dîner chez moi à cause du canon, et que vous eûtes à Versailles quelque légère appréhension de faire naufrage, un jour que vous trouvâtes le roi fort méchant pilote, parce que sur le canal il fit trop brusquement aborder son vaisseau. »

Luxembourg était loin de prévoir que ses impertinences seraient un jour chèrement châtiées.

Voici encore une lettre du maréchal de Luxembourg, qui blâme Louvois de n'avoir pas fait attaquer la ville de Condé, ouvertement et sans détours : « ... Cela a été suivi d'une infinité de ruses entassées les unes sur les autres, et enfin les ennemis disent fort bien en ce pays que votre voyage en Flandre n'a pas été celui d'un homme d'honneur, et que vous n'y avez fait que des trahisons pour les surprendre. Ma consolation est que le roi n'a point paru dans tout cela, qu'il vous a laissé faire toutes vos menées, et que Sa Majesté en personne n'a voulu avoir part aux choses que quand il y a eu du péril à essuyer, et qu'elle a pu y acquérir de la gloire. »

Tout cela est dur, surtout de la part d'un maréchal de France placé à la tête d'une armée. Nous avons ainsi la mesure des sentiments qu'inspirait Louvois. On le craignait, on le flattait; mais, si l'occasion se présentait, on lui faisait cruellement sentir que son autorité n'obtenait pas le respect.

De telles injustices aigrissaient l'esprit de Louvois et fermaient son cœur à la générosité. Son mépris pour les hommes se comprend à merveille; il suivait le plan qu'il s'était tracé sans se laisser détourner par les considérations personnelles, sans pitié comme sans remords.

Parfois, mais rarement, il pardonnait les injures sans les oublier, non par bonté, mais par dédain. La nature avait mis en lui une force invincible, et ce ne fut pas sans peine et de constants efforts qu'il plia devant Louis XIV; encore fallut-il que le Tellier ne le perdît pas un instant de vue. Celui-ci le maintenait, étouffait ses révoltes, lui enseignait la dissimulation, et veillait sans cesse pour lui enseigner le grand art de tourner les obstacles, au lieu de chercher à les rompre, en se blessant.

Il y a une charmante lettre de le Tellier à Louvois, jeune encore et sans expérience. Le père raconte à son fils qu'un vizir devenu vieux, dans quelque palais d'Orient, disait : « Il y a un demi-siècle, j'avais dans la bouche des dents fort dures, et près de ces dents une langue souple et délicate; toutes les dents ont disparu, tandis que la langue est demeurée. »

Louvois eût volontiers oublié la leçon, si le Tellier, toujours présent, toujours veillant, n'avait dirigé les pas de son fils sur le terrain glissant de la cour.

Lorsque se préparait cette campagne de 1676, Louvois adressa au roi un long mémoire, et à chaque officier général des instructions particulières. Puis il partit pour la Flandre, visitant la Picardie et l'Artois, examinant l'état des places fortes, contrôlant les services administratifs, interrogeant les chefs de l'armée, s'assurant des effectifs, portant une attention particulière sur l'artillerie.

La ville de Condé fut prise par Louis XIV, qui dirigeait le siège; ce qui fit dire au maréchal de Luxembourg « qu'il ne comprenait pas qu'un roi aille se mettre dans un lieu comme celui-là pour son seul plaisir ».

Une question se présente souvent à l'esprit de tout homme qui veut connaître les secrets de l'histoire : Louis XIV obéissait-il à Louvois? en d'autres termes, Louvois jugeait-il définitivement les questions concernant l'armée?

Voici qui prouverait l'omnipotence de Louvois. Le maré-

CHAPITRE III

chal de Navailles, qui était en Roussillon, voulait assiéger Puycerda, mais ne prévenait pas la cour. Louvois fut informé du projet du maréchal par l'intendant Camus de Beaulieu. Celui-ci se conformait à l'ordre donné par Louvois à tous les intendants : « Votre premier devoir est de mander tout ce qui se dit, ce qui se projette et ce qui se fait dans l'armée. » Louvois, qui désapprouvait l'attaque de Puycerda, répondit dans ce sens. Mais Navailles, qui avait écrit au roi, fut autorisé à attaquer la place.

Louvois était absent pour le service, et fut prévenu par le Tellier que Navailles recevait deux ordres contraires. On eût pu redouter un conflit, mais Louis XIV céda.

Le 10 mai 1676, le roi perdit une superbe occasion de remporter sa première victoire en bataille rangée et d'acquérir la réputation d'un grand capitaine.

L'ennemi se réunissait du côté de Valenciennes. Le roi rassembla son armée et la rangea lui-même en bataille.

Des deux côtés les soldats n'attendaient que le signal. On espérait que l'attaque viendrait des Français. Louis XIV réunit les maréchaux et les lieutenants généraux, qui tous à cheval formèrent un vaste cercle autour de Sa Majesté.

Ce n'était cependant pas pour donner ses derniers ordres, mais pour consulter, que Louis XIV était ainsi entouré.

Le premier qui prit la parole fut Louvois; car il était là, à cheval, l'épée au côté, les plumes au chapeau. Il parla d'une voix ferme, et dit que la mission de l'armée était de couvrir le siège de Bouchain, et non de livrer une grande bataille. Les maréchaux de Créqui, Schomberg et la Feuillade appuyèrent l'avis de Louvois. Louis XIV gardait le silence. Le maréchal de Lorges conseilla seul de livrer bataille.

Le roi, après avoir recueilli les voix, dit avec une sorte de tristesse : « Comme vous avez tous plus d'expérience que moi, je cède, mais à regret. »

Napoléon 1er dit, dans ses Mémoires, « qu'on trouve rarement des généraux empressés à donner bataille. Ils prenaient bien leur position, s'établissaient, méditaient leurs combinaisons, mais là commençait leur indécision; et rien de plus difficile et pourtant de plus précieux que de savoir se décider. »

Le duc de Saint-Simon, gendre du maréchal de Lorges, dit que la personne du roi embarrassait les maréchaux.

Louis XIV n'oublia jamais cette occasion perdue. Il ne

pardonna pas à Louvois un avis qui n'avait rien de flatteur ni pour son courage, ni pour sa science de la guerre.

Vingt-trois années après, lorsque Louvois était mort depuis huit ans, Louis XIV se promenait à Marly, le 16 avril 1699. Dangeau, qui n'était pas loin de lui, raconte ceci : « Durant la promenade du roi, on vint à parler du jour où il campa près de Valenciennes ; il nous dit tout bas que c'était le jour de sa vie où il avait fait le plus de fautes ; qu'il n'y pensait jamais sans une extrême douleur ; qu'il y rêvait quelquefois la nuit et se réveillait toujours en colère, parce qu'il avait manqué une occasion sûre de défaire les ennemis. Il en rejeta la principale faute sur un homme qu'il nous nomma, et ajouta même que c'était un homme insupportable en ces occasions-là, comme partout ailleurs. »

Dangeau, par habitude de courtisan, n'ose nommer Louvois.

C'était un parti pris ; Vauban lui-même écrivait à Louvois : « ... Surtout empêchez que le roi ne combatte... »

Après la prise de Bouchain, Louis XIV vint s'établir au camp de Nider-Asselt, à quatre lieues de Bruxelles, d'où il écrivit à Colbert, le 2 juin : « ... Je suis ici dans un lieu où j'ai besoin de patience. Je veux avoir ce mérite de plus à la guerre, et faire voir que je sais embarrasser mes ennemis par ma seule présence ; car je sais qu'ils ne souhaitent rien avec tant d'ardeur que mon retour en France. »

Le marquis de Rochefort, ami intime de Louvois, mourut à Nancy le 23 mai. Il était, à l'âge de quarante ans, maréchal de France, capitaine des gardes et commandant en chef de l'armée de la Meuse. Il laissait vacante l'une des plus grandes charges du royaume, celle de capitaine des gardes. Le roi donna cette charge tant demandée au maréchal de Lorges, le seul qui lui avait donné le conseil de livrer bataille le 10 mai. Cette promotion, deux semaines après l'événement, fit comprendre à Louvois que, tout en suivant son avis, le roi le désapprouvait.

Cependant l'influence du ministre ne diminuait pas. Ainsi Louis XIV étant retourné à Versailles, le 4 juillet, confia une mission importante à Louvois. Il lui donna l'ordre de retourner en Flandre « pour diriger les opérations militaires et maintenir l'intelligence entre les maréchaux ».

Pendant que Louvois remplit sa mission, le Tellier demeure auprès du roi, et reçoit chaque jour des lettres de son fils. Le roi en reçoit aussi, pleines de détails qui vont jusqu'à la minutie. Mais il faut se maintenir en faveur, se rendre indispensable, flatter les faiblesses du monarque, qui veut connaître le nombre de sacs de farine qui se consomment en une semaine, et ne pas ignorer combien de plomb, combien de mèches sont encore en magasin. Louvois parle au roi des outils, des grenades, des boulets, des bombes, des sacs à terre et de mille autres choses encore.

Le nuage qui aurait pu devenir sombre se dissipe peu à peu, grâce à le Tellier qui veille et à Louvois qui écrit. Louis XIV lui adresse cette dépêche flatteuse : « ... Votre père me lut une lettre par laquelle vous lui dites de me demander ce que vous ferez après la prise d'Aire, et si je ne trouve pas bon que vous veniez, assurant que vous n'avez aucune impatience que celle d'être auprès de moi ; je le crois, et que vous ferez avec plaisir ce que je jugerai utile pour le bien de mon service. C'est pourquoi, quoique je fusse très aise de vous voir et que vous pussiez être utile ici en beaucoup de choses importantes, je ne saurais vous rien dire de positif sur votre retour, que je ne voie tous les partis qu'on pourra prendre. Il y a tant de grandes choses entreprises de tous côtés, que je regarde avec attention et beaucoup d'inquiétude dans le fond, quoique je paraisse fort tranquille... J'attends des nouvelles du siège avec quelque impatience, mais avec quelque tranquillité, ayant bonne opinion de votre conseil et du courage du maréchal d'Humières et de mes troupes... Faites que tout contribue à faire finir heureusement ce siège. Je vous avoue que si vous n'y étiez pas, j'aurais une grande inquiétude, connaissant comme je fais toutes les têtes qui sont avec vous. »

La tête de Vauban était cependant assez respectable pour un siège, et le maréchal d'Humières, ami particulier de Louvois, semblait mériter plus de confiance.

Lorsque le siège d'Aire fut terminé à la satisfaction de Louis XIV, il songea à d'autres sièges moins importants, et fit connaître ses intentions à Louvois : « Je ne nomme pas les officiers généraux ni les régiments. Vous séparerez les troupes selon que vous croirez pour le mieux, et les officiers généraux aussi. Quand vous verrez toutes choses en train, vous pourrez revenir, et je vous assure que je serai très aise de vous revoir... »

Louvois partit donc pour Versailles, où son arrivée fut le grand événement. Mme de Sévigné l'annonce ainsi le 7 août : « M. de Louvois est revenu; il n'est embarrassé que des louanges, des lauriers et des approbations qu'on lui donne. »

Il trouve en arrivant une lettre du maréchal de Luxembourg : « ... J'aime votre santé et je m'y intéresse, et après cela je veux vous parler, non comme à un ministre, *mais comme à un officier de guerre* qui vient de donner des ordres pour celle de Flandre, et qui est fort capable de m'en donner pour faire ici celle qui sera la plus avantageuse. »

Comment veut-on que Louvois fût modeste?

II

La campagne de 1796 s'ouvrit au mois d'avril. Luxembourg concentra ses troupes près de Schelestadt, tandis que le duc de Lorraine pénétrait dans la basse Alsace et venait près de Strasbourg.

Le siège de Philippsbourg commença le 10 mai. Au lieu de voler au secours de cette place, le maréchal de Luxembourg ne cessait d'écrire à Louvois pour lui demander ses ordres ou solliciter ses conseils. Mme de Sévigné dit à cette occasion : « M. de Luxembourg accable de courriers. Hélas! ce pauvre M. de Turenne n'en envoyait jamais; il gagnait une bataille, et on l'apprenait par la poste. » Non content de s'adresser à Louvois, M. de Luxembourg écrit à le Tellier, pour se plaindre de l'indiscipline qui dévore son armée. Le 29 mai, il adresse à Louvois cette dépêche : « ... La désertion continue. L'on nous ramène beaucoup de déserteurs français; ils comptent tous de mourir, et je ne vois point que ces exemples les corrigent; je m'en vais essayer d'un qu'on croit qui fera plus d'effet; c'est de faire couper le nez à quelqu'un et leur faire mettre la fleur de lys à la joue; cela fera peut-être mieux; je le souhaite, car nous en avons besoin. »

Louvois faisait les inspections dans les places, le Tellier le remplaçait et prenait connaissance des lettres de Luxembourg avant de se rendre chez le roi. Ces lettres du maréchal lui causaient les plus vives surprises, tant elles montraient de faiblesse et d'irrésolution. Il devait protéger

Philippsbourg, que défendaient avec héroïsme une poignée de Français, et les abandonna.

Louis XIV, que la perte du moindre village désolait ordinairement, semblait prendre son parti à l'égard de Philippsbourg, ville française depuis trente-deux ans, et qui allait redevenir allemande. Mme de Sévigné raconte à cette occasion une anecdote qui mérite d'être conservée. « Le roi disait un de ces matins : « En vérité, je crois que nous « ne pourrons pas secourir Philippsbourg ; mais enfin je « n'en serai pas moins roi de France. » M. de Montausier lui dit : « Il est vrai, Sire, que vous seriez encore fort bien « roi de France, quand on vous aurait repris Metz, Toul et « Verdun, et la Comté, et plusieurs autres provinces dont « vos prédécesseurs se sont bien passés. » Chacun se mit à serrer les lèvres... »

Le maréchal de Luxembourg ne fit rien pendant la campagne de 1676, non plus que le maréchal de Créqui. On en peut dire autant du maréchal de Navailles.

La campagne de 1677 était la continuation de celle de 1676. Louvois n'attendit pas le printemps pour commencer les hostilités. Pendant que la cour était en fêtes, le ministre fit investir la place de Valenciennes et poussa vivement les travaux. Le 17 septembre, contrairement aux habitudes de l'époque, les batteries de brèche attaquèrent les ouvrages extérieurs de l'Escaut, divisés en plusieurs bras, et séparés du corps de la place.

Le 1er mars, Louvois assistait aux dernières dispositions d'attaque, et écrivait au roi : « Il fait le plus effroyable temps qu'on puisse voir, et je crains bien que Votre Majesté ne puisse faire les journées qu'elle s'est proposées. » Malgré ce mauvais temps, Louis XIV partait de Saint-Germain et arrivait au camp. Le 4, le mauvais état des routes avait retenu en arrière les courtisans et les bagages, et le roi était presque seul ; mais il voulait être présent à l'heure de l'assaut. Nous trouvons ces détails dans une lettre de Saint-Pouange à Louvois : « Le roi est arrivé avec assez de peine et sans aucun bagage. La plupart des carrosses des courtisans sont demeurés par les chemins, et surtout ceux de M. de Créqui ; pour le mien, il n'est pas demeuré, mais nous avons versé dans un penchant fort rudement, et M. le chevalier de Nogent, qui était du côté que le carrosse est tombé, se plaint un peu de l'épaule, et moi de la tête, d'un coup que je me suis donné contre l'impériale. »

Ces détails qui, au premier coup d'œil, semblent peu importants, méritent cependant quelque attention, parce qu'ils peignent les mœurs du temps et nous montrent le petit côté de l'histoire.

Le roi dormit la première nuit tout habillé dans son carrosse, chauffé par des feux allumés aux portières et entretenus par les soldats. Les maréchaux d'Humières, de la Feuillade, de Schomberg, de Lorges et de Luxembourg, ainsi que Monsieur, accompagnaient Sa Majesté.

Le roi tint conseil pour donner l'assaut. Ces attaques se faisaient ordinairement lorsque la nuit était venue. Vauban, malgré l'avis de tous les maréchaux, demanda que l'assaut eût lieu en plein jour. Le roi se laissa persuader.

Le 17 mars 1677, à neuf heures du matin, les mousquetaires, deux bataillons d'infanterie et cent grenadiers, s'élancent, entrent par toutes ses faces dans un vaste ouvrage qui commande les positions, tuent huit cents hommes des deux mille qui défendent la brèche, et poursuivent les survivants qui fuient sans se donner le temps de lever les ponts-levis ni de fermer les poternes. Les mousquetaires poursuivent leur course tête baissée, traversent sur les pas des fuyards quatre fossés et le grand cours de l'Escaut. Ils escaladent autant de murailles, franchissent le souterrain creusé sous le rempart principal, et débouchent enfin pêle-mêle dans la ville. S'emparant de charrettes, ils forment à la hâte des barricades, enlèvent les premières maisons et font feu sur les bourgeois et sur la troupe. Répandant la terreur, ils tiennent vigoureusement jusqu'à l'arrivée des renforts. Les quatre mille hommes de garnison déposent les armes. Louis XIV, qui s'était placé sur une hauteur pour voir les trois attaques successives à faire aux trois enceintes, entend tout à coup un grand cri s'élever dans la ville ; ce sont les mousquetaires saluant Sa Majesté par un *Vive le Roi!* qui domine la fusillade ; au même instant tous les remparts se couvrent de soldats aux habits écarlates, qui agitent leurs chapeaux. Louis XIV s'élève sur ses étriers, et, découvrant son front, il agite en l'air son feutre aux plumes blanches.

Ce fut l'une des plus belles journées de Louis XIV. Il reconnaissait là son peuple de France, si brave et si spirituel.

Le comte d'Aligny était alors maréchal des logis dans la première compagnie des mousquetaires. Il a laissé des Mémoires inédits, où se trouve la part de Louvois, qui accourait pour empêcher le pillage : « M. de Louvois étant entré pour régler toutes choses, la cavalerie espagnole étant sur la grande place, à cheval, il leur dit fort brusquement : *Messieurs, mettez pied à terre;* et comme notre compagnie était en bataille devant eux, M. de Louvois nous dit : « Messieurs les mousquetaires, le roi vous donne ces che- « vaux pour ne pas vous en retourner à pied au camp. » Le colonel des dragons, nommé Vieu, s'étant approché de M. de Louvois pour le prier que les officiers ne fussent pas mis pied à terre, ce ministre, avec menaces, le fit descendre au plus vite; et comme il vit que je tenais le drapeau, il me dit : « Monsieur d'Aligny, voulez-vous retourner à pied « au camp? » Sur quoi je lui répondis que j'avais envoyé chercher mes chevaux. A quoi il me dit : « Je veux que vous ayez le cheval de ce colonel; » qui assurément était le plus beau et le mieux harnaché de la garnison. Je crus ne pouvoir le refuser. »

Quoiqu'il y eût auprès du roi son frère et cinq maréchaux de France, c'est Louvois qui entra le premier dans la ville pour rétablir l'ordre, prendre possession de la place, présider au désarmement, établir les postes français et démonter les cavaliers espagnols pour faire présent de leurs chevaux à messieurs les mousquetaires. C'est le commandement tel que l'exercerait un prince, et non plus l'administrateur. Louvois a toute l'autorité qu'avait connue Richelieu, il a la puissance d'un premier ministre. Quelle habileté ne fallait-il pas pour ne pas éveiller les susceptibilités si délicates de Louis XIV !

Le jour même de la prise de Valenciennes, Louvois écrit en Artois et en Picardie pour donner l'ordre d'assiéger Cambrai et Saint-Omer. Il désigne le nombre des troupes pour chaque place, et il entre dans les détails les plus minutieux. C'est ainsi qu'il augmente le prix du travail à cause de la rigueur de la saison. Les six mille pionniers qui touchent ordinairement dix sous par jour et vingt sous par nuit, auront pour ces deux sièges quinze sous par jour et trente par nuit. Chaque chariot à quatre chevaux sera payé cent sous par jour. Ces sommes, très considérables pour l'époque, « devront être payées exactement. »

Une lettre écrite par Louvois, qui était devant Cambrai avec le roi, pourrait faire supposer que son courage n'était pas à la hauteur de son génie administratif. Cette lettre, adressée à Courtin, donne la mesure de la prudence du ministre : « ... Dimanche 28 mars, ayant à parler à Sa Majesté dans la soirée, je l'allai chercher à l'endroit où les troupes qui devaient monter la tranchée avaient leur rendez-vous; et comme il y a assez loin du quartier du roi, je n'y arrivai qu'à nuit fermée. On me dit que le roi était sur la contrevallation, qui est un endroit fort proche de la place; à la barrière, je trouvai le guet des gardes du corps, dont les officiers me dirent que le roi était allé à la garde de la cavalerie; j'allai jusque-là, où j'appris que Sa Majesté était avec Vauban à cheval, à la tête des travailleurs, où je ne jugeai pas à propos de l'aller trouver, et m'en revins à la barrière, où, après l'avoir attendu une heure, je le vis revenir. Je vous dis ceci en passant, afin que vous partagiez un peu l'inquiétude que me donnent de pareilles curiosités. »

Ces curiosités semblent n'être pas dans les goûts de Louvois, qui d'ailleurs n'en fait pas un mystère. Cette lettre, rapprochée de celle du maréchal de Luxembourg que nous avons rappelée, prouve qu'il manquait à ce grand ministre une qualité fort nécessaire à la guerre.

Remarquons que Louis XIV allait, en compagnie de Vauban, aux endroits périlleux, à cheval, comme un simple mousquetaire.

Après la prise de Valenciennes, la place de Condé devait subir le même sort. Mais les communications étaient interrompues entre les Pays-Bas et Cambrai. L'armée française put donc se diviser pour assiéger ces places en même temps. La garnison de Cambrai se retira dans la citadelle, abandonnant la ville. Le 4 août, le stathouder envahit la Flandre française à la tête de trente mille hommes. Son but n'était pas de porter secours aux places assiégées, mais d'attirer à lui les armées. Louis XIV, sans lever les sièges, envoya des lignes de Cambrai le maréchal de Luxembourg, à la tête d'une troupe nombreuse, tandis que le duc d'Orléans partait de Saint-Omer avec la plus grande partie de ses forces. Guillaume hésitait entre deux partis, attaquer les Français ou se mettre sur la défensive. L'arrivée de Luxembourg rendit les forces à peu près égales, et les Français attaquèrent vigoureusement. Le stathouder fut complètement battu, perdit son artillerie, ses bagages et sept mille hommes. Les deux places assiégées furent réduites. Louis XIV put voir alors de la Meuse à l'Océan une triple ceinture de forteresses qui fermaient tous les passages conduisant depuis un siècle aux portes de Paris.

La victoire de Cassel avait été remportée par Monsieur, frère du roi, secondé par deux maréchaux. Louvois écrivit à Luxembourg : « Vous avez pillé le bagage de M. le prince d'Orange ; je ne vous demande point son argent ni sa vaisselle, mais je vous demande ses cartes, que je vous supplie de bien cacher, afin que vous ne soyez pas obligé d'en faire présent à personne. »

Louvois était donc désintéressé ; il abandonnait à Luxembourg l'argent et la vaisselle pillés, et ne demandait que les cartes, si utiles pour les guerres futures. Il tenait le journal du siège de Cambrai, que Vauban rédigeait de son côté pendant que les maréchaux avaient table ouverte et jeux pour se distraire en compagnie des courtisans qui accompagnaient Louis XIV et ne cessaient de se plaindre de la boue et de la pluie.

Le roi repartit pour Versailles le 31 mai, heureux et fier de ses succès. Louvois écrivait nuit et jour aux ambassadeurs et aux généraux. Il avait fait raser les fortifications de Haguenau, de Saverne et de Montbéliard, places inutiles depuis la prise de Philippsbourg. La citadelle de Saverne fut conservée, comme protégeant le passage entre l'Alsace et la Lorraine.

Philippsbourg au pouvoir de l'ennemi, et Strasbourg hostile à la France, plaçaient nos frontières non plus au Rhin, mais aux Vosges. La Lorraine devenait base d'opérations d'une armée destinée à lutter contre l'Allemagne. L'Alsace ne nous offrait plus de point d'appui, et le maréchal de Créqui avait son quartier général à Nancy. Ce maréchal, il faut le reconnaître, entendait parfaitement la stratégie, et sa correspondance avec Louvois prouve combien chacun d'eux étudiait tous les éléments de la prochaine campagne.

Louvois écrivait : « ... Il faut trouver des gens qui se chargent de fournir de la viande à l'armée pendant six vingts jours au meilleur prix que faire se pourra, et d'en faire délivrer à chaque fantassin un tiers de livre par jour, et à chaque cavalier ou dragon un quarteron, retenant sur leur solde ce à quoi elle reviendra à Sa Majesté, en sorte qu'il n'y ait que la distribution qui se fera à l'infanterie qui lui soit à charge. Je mande à M. Charuel (intendant) de ne plus fournir de vaches et d'imposer 80,000 livres sur la Lorraine pour cette dépense... »

Le 14 juin, Louvois écrivait à Bassin (intendant) : « Je

vous ai mandé que le roi ne voulait pas payer la viande à quatre sols six deniers la livre, et qu'il fallait rompre le marché; et en cas que l'on ne la veuille pas donner pour trois sols, il vaut mieux fournir des vaches aux troupes, en les payant au plus juste prix, que d'en payer de la livre un prix excessif. Informez-vous vous-même des cavaliers, dragons et soldats, si la solde de campagne leur est fournie ponctuellement... »

Quelques jours après, Louvois écrivait encore au même intendant : « ... Pour ce qui est des vaches, il suffit d'en donner une par jour à chaque bataillon; et quand vous les ferez acheter par des gens fidèles, bien loin d'en payer trente-six livres de chacune, comme il est porté par le mémoire que vous m'avez envoyé, vous en auriez pour vingt ou vingt-deux livres. Je crois qu'il est inutile de vous dire que, dès que les pois et les fèves seront bons, il faudra cesser de donner de la viande... »

Après avoir écrit de telles lettres touchant les moindres détails, Louvois envoyait des instructions aux maréchaux de Schomberg, de Créqui, de Luxembourg; il déployait sous les yeux du roi des cartes et des plans, expliquant à Sa Majesté les projets qu'il avait combinés dans le silence du cabinet. Puis il rentrait dans ses bureaux pour écrire à Luxembourg... « M. d'Estrades me mande de Nimègue qu'il est déjà passé deux mille déserteurs français avec plusieurs sergents, et même dix-sept officiers, lieutenants ou sous-lieutenants, lesquels assuraient tous que le roi payait fort bien, mais que les officiers retenaient l'argent et les rouaient de coups de bâton quand ils en demandaient. »

Après de longues nuits passées au travail, Louvois partait pour l'armée, et, avant même que son absence fût connue, visitait les fortifications de Charleroi.

Le roi lui écrivait : « Vous pouvez revenir et être assuré que je serai très aise de vous voir... Vous êtes instruit de mes intentions sur tout; c'est pourquoi il ne me reste qu'à vous assurer de mon amitié et de la confiance entière que j'ai en vous. » Cette lettre du 17 août détermina Louvois à se rendre auprès du roi, qui habitait à Fontainebleau.

Louis XIV était tellement satisfait des services de Louvois, qu'il voulut le récompenser en la personne de son père. Le Tellier fut élevé à la dignité de chancelier de France, le 27 octobre, après la mort d'Étienne d'Aligre. Le roi ne pouvait se dissimuler que le Tellier partageait avec

CHAPITRE III

Louvois des fonctions au-dessus des forces d'un seul homme.

La campagne de 1677 se terminait glorieusement du côté de Valenciennes, Cambrai et Saint-Omer. Le prince d'Orange était battu.

Du côté de l'Espagne, aux Pyrénées, le maréchal de Navailles s'emparait de Figuières et gagnait la victoire d'Espouilles.

Les armes de Louis XIV jetaient un vif éclat dans les eaux de la Sicile.

L'expédition de Vivonne fit soulever la moitié de l'île, et l'Espagne eut recours à la marine des Provinces-Unies. Ruyter pénétra dans la Méditerranée avec quarante-trois vaisseaux, dont la moitié appartenait à la Hollande. Duquesne déploie trente-cinq voiles et se dirige vers le détroit de Messine. Les alliés se trouvent devant lui. L'illustre marin s'éloigne, contourne la Sicile et gagne l'entrée orientale du détroit. Messine est dès lors à l'abri d'une attaque. Ruyter reprend le large, et les alliés tentent d'enlever la forteresse d'Agosta. Duquesne les suit, leur livre bataille et les disperse. Ruyter, mortellement blessé, succombe quelques jours après. La flotte, privée de son chef, se réfugie dans le port de Palerme. Duquesne l'attaque et la détruit. Ceci se passait au mois de juin 1676.

L'année suivante, les 23 février et 12 décembre, le maréchal d'Estrées battait dans les Antilles l'amiral hollandais Tromp, et s'emparait de Tabago.

L'Angleterre, qui voyait déjà la France prête à saisir la suprématie maritime, força le roi à se déclarer contre Louis XIV, et la coalition fut complète. De son côté, la Suède, abattue par les efforts combinés du grand électeur, du roi de Danemark et des escadres hollandaises, se vit dans l'impossibilité de continuer au nord la diversion qu'elle opérait depuis près de cinquante ans. Mais la Hongrie, secourue par les subsides de la France, tint l'Empereur en échec. Le roi de France, voulant consacrer toutes ses ressources à la défense du territoire, abandonna la Sicile.

Louvois écrivait de tous côtés. Il mandait au maréchal de Navailles : « Le service de Sa Majesté reçoit beaucoup de préjudice par la trop grande quantité d'équipages que les officiers des troupes ont ; Sa Majesté m'a commandé de vous faire savoir que son intention est que vous régliez sur le pied que vous estimerez à propos. »

La correspondance de Louvois avec Vivonne, qui commandait en Sicile, est extrêmement volumineuse et touche à tous les sujets. On est saisi de surprise en voyant les profondes connaissances du ministre sur tous les sujets. Nous devons dire que, pendant que Vivonne était l'objet des calomnies, Louvois lui rendit justice, et fut plus équitable en cela que ses contemporains et la postérité.

III

Pour nous servir d'une expression de Mme de Sévigné, nous dirons que jamais il ne s'était donné d'aussi *grands coups d'épée*.

D'autres devaient suivre, plus grands encore s'il est possible. Depuis 1672 une terrible lutte était engagée, et l'Europe pouvait penser que la France s'épuisait en hommes et en argent. Cependant lorsque Louis XIV se préparait à la campagne de 1678, il avait une armée de deux cent soixante-dix-neuf mille soldats. Nous avons vu comment se battaient ces soldats. Cependant ils arrivaient sous les drapeaux victimes de honteuses tromperies. Beaucoup avaient un passé peu recommandable; d'autres, séduits par les recruteurs, enivrés, entraînés loin de leurs demeures, se réveillaient d'un lourd sommeil, ignorant même qu'ils étaient soldats du roi pour avoir signé un engagement au prix de quelques écus.

Louvois tentait vainement de corriger le mal. Il écrivait : « L'intention du roi n'est pas de tolérer les friponneries qui se font dans Paris pour les levées, et Sa Majesté trouve bon que tous ceux qui sont présentement dans les prisons et qui seront pris à l'avenir pour ce fait-là soient punis suivant la rigueur des ordonnances contre de pareils crimes. »

Il n'était pas au pouvoir de Louvois de recruter d'une façon régulière les troupes de Sa Majesté, et l'on ne pouvait espérer que les engagements volontaires suffiraient à l'entretien d'une armée aussi nombreuse. Plus d'un siècle devait se passer avant que les armées européennes fussent soumises à une loi juste et humaine, si le souverain et le législateur savent en user avec modération, dans le double intérêt de la défense du pays, sans perdre de vue la prospérité de l'agriculture et des carrières civiles.

CHAPITRE III

Louis XIV voulait terminer les opérations militaires au nord et à l'est. Il devait commencer par empêcher l'Angleterre de pénétrer en Belgique. Il fallait alors s'emparer des routes qui de la mer conduisaient vers Bruxelles. Pour cela, les Français devaient être maîtres du cours de l'Escaut. Ils possédaient Condé et Oudenarde, tandis que Courtray barrait la route de Tournay. La clef de toute l'opération était la place de Gand. De là on devenait maître de la Flandre maritime. Le siège de Gand fut résolu dans le plus grand secret, car il fallait empêcher la coalition qui était proche de prendre ses mesures de sérieuse défense. Le roi, Louvois et M. le Pelletier, intendant des Flandres, furent seuls dans le secret. Vauban lui-même l'ignora.

Les opérations préparatoires méritent d'être rappelées. Le roi vint à Metz, laissant dire qu'il voulait entrer en Allemagne. Le bruit s'en répandit promptement, et Louis XIV partit pour Verdun, s'informant de Namur comme s'il avait des projets sur cette place. Pendant ce temps, l'armée semblait essayer quelques mouvements indécis, l'aile gauche se rapprochant d'Ypres et le centre de Mons. Cette armée de soixante mille hommes contourne les postes fermés occupés par l'Espagne, et toutes les colonnes françaises qui marchaient séparées se réunissent par une rapide manœuvre et entourent la ville de Gand, privée de défenseurs.

Louvois a tout prévu. Les chariots, les pionniers se rassemblent. A ce propos, citons l'un des ordres du ministre qui montre que rien ne l'arrêtait : « Demander à l'Artois trois mille pionniers (choisis parmi les paysans); prendre de bons hommes entre vingt et quarante; déclarer que d'ici à six semaines de temps le premier qui manquera à marcher au premier ordre *sera envoyé aux galères,* et la communauté (village) dont il sera, taxée de cent francs d'amende. Il faut que pour chaque centaine il y ait soixante bêches ou louchets, vingt pics ou pioches, et vingt pelles de bois ferrées. »

Chaque colonne en marche avait son itinéraire tracé par Louvois : il recevait chaque jour le rapport de l'officier commandant. Il hâtait l'un, retardait l'autre, et jouait, pour ainsi dire, aux échecs. Lorsqu'il jugea que le moment était venu, il avertit le roi qu'il pouvait partir et qu'il était certain de la réussite très prompte de cette savante combinaison.

Le 7 février 1678, Louis XIV part de Saint-Germain par un froid rigoureux. Cette fois il n'est pas à cheval enveloppé de son manteau de guerre. C'est le monarque dans tout l'éclat de la gloire. Les carrosses sont réunis, et la reine apparaît suivie de toute la cour. Les princes, les maréchaux, les dames d'honneur, montent dans les voitures. Le service du palais prend place dans les fourgons attelés de huit chevaux. De nombreux cavaliers caracolent aux portières, et les gardes précèdent et accompagnent cette cour brillante qui va assister à un siège et voir Sa Majesté prendre une ville.

Laissons parler M. Camille Rousset : « Louis XIV poursuivait péniblement son voyage par des chemins effondrés, au grand déplaisir des dames et des courtisans, pour qui s'ajoutait aux ennuis des carrosses embourbés, des mauvais repas, des méchants gîtes, aux indispositions, aux malaises, l'irritation croissante d'une curiosité non satisfaite. Où allait-on ? Le soir, le roi lisait les dépêches chez Mme de Montespan ; on observait, on prêtait l'oreille ; il ne disait rien et ne laissait rien deviner. »

Nul ne savait où l'on allait, et Louvois, qui était resté à Paris sous prétexte d'affaires personnelles, recevait chaque jour un rapport de Saint-Pouange, l'un de ses confidents. Voici quelques-uns de ces rapports : « 9 février, de Provins. Le roi est arrivé sur les quatre heures après-midi, n'étant parti qu'à dix heures du matin. Les chemins sont si vilains et si rompus que la plupart des équipages de la cour ont eu beaucoup de peine à arriver jusqu'ici. Les carrosses des dames du palais demeurent fort souvent. Le roi a lu ce soir chez Mme de Montespan, pendant qu'on jouait à la bassette, une partie de celles que vous m'avez adressées. » — « 13 février. La Fère-Champenoise. Mme de Montespan a encore eu la fièvre la nuit passée, et même l'on dit qu'elle ne l'avait pas quittée ce matin sur les dix heures, lorsqu'elle est partie de Sézanne ; elle se porte présentement mieux. » — « 15 février. Vitry. Vous avez appris par les lettres que je vous ai écrites hier que la santé de Mme de Montespan était beaucoup meilleure ; elle a pris aujourd'hui médecine, dont elle se porte bien. M. Charuel me marque que la chaussée de Commercy est très bien rétablie par les soins que M. le cardinal de Retz en a fait prendre. » — « 18 février. Commercy. Mme de Montespan se porte fort bien et a été aujourd'hui pendant la marche dans le carrosse de la reine. »

Louis XIV et sa cour arrivèrent à Metz le 22 février, après quinze jours de ce pénible voyage.

Le roi passa les troupes en revue et repartit pour Stenay,

où il arriva le 27. Il laissa dans cette ville la reine et la cour, qui devaient suivre à petites journées la route de Lille.

Le roi monta à cheval avec ses officiers et une faible escorte. Il fit quatorze lieues le 28, était le 2 mars près de Valenciennes, d'où Saint-Pouange écrivait à Louvois : « Sa Majesté est extrêmement fatiguée ; elle a avoué en arrivant ici qu'elle n'a de sa vie tant souffert. »

Louvois, qui avait évité le long voyage avec la cour, rejoignait rapidement le roi, qui arriva le 4 mars au camp de Namur. Il prit immédiatement le commandement, ayant sous ses ordres d'Humières, Luxembourg, de Schomberg et de Lorges, et surtout Vauban.

La place et la citadelle se rendirent en six jours ; car la garnison, surprise à l'improviste, était trop faible et l'armée du roi très formidable. Louvois écrivait à chaque instant à le Tellier, car le chancelier ne l'abandonnait pas.

Ypres fut également conquis par le roi ; mais ce fut un siège, tandis que l'affaire de Gand ne mérite que le nom de surprise.

Nous ne saurions mieux résumer cette magnifique page d'histoire militaire qu'en citant une lettre du maréchal de Navailles à Louvois : « 23 mars. Nous avons appris la réduction de Gand presque aussitôt que le siège ; la marche de Sa Majesté du côté de l'Allemagne et l'investiture de quatre ou cinq grandes places en Flandre en même temps, est une chose si surprenante, qu'elle met à couvert la conduite des ennemis, n'y ayant point de tête ni de force qui puisse parer à une manœuvre aussi extraordinaire que celle-là. Je ne saurais assez admirer l'investiture d'une aussi grande place que Gand, coupée par plusieurs canaux et rivières, où il faut une très grande quantité de ponts, et qu'une armée de soixante ou quatre-vingt mille hommes tombe dessus sans que l'on puisse rien jeter dedans, que tous les vivres, canons et autres munitions nécessaires arrivent en même temps, et que pas une de toutes les troupes qui composent cette grande armée ne sachent où elles vont qu'en arrivant devant la place. Ce sont de ces choses que nous n'avions jamais vues et dont les historiens ne font aucune mention. »

Cette lettre exprime l'opinion de toute l'Europe. Le jugement de l'histoire a confirmé cette opinion. Aussi peut-on dire avec vérité que Louvois seul, ou avec le Tellier, ou même avec le roi, a combiné l'un des plus magnifiques mouvements dont la science stratégique puisse être fière.

6*

Ces grandes choses ne suffisaient pas à la dévorante activité de Louvois. D'ailleurs son ambition et sa sûreté exigeaient qu'il n'ignorât rien de ce qui se passait à la cour, à la ville, aux armées et jusque dans les provinces les plus éloignées. Les diplomates lui apprenaient par des correspondances particulières et officieuses tous les événements extérieurs, les intendants le tenaient au courant de ce qui se disait dans le royaume, les commissaires lui envoyaient régulièrement des rapports sur l'armée. Il savait les moindres propos de chaque maréchal de France. Habile et discret avec les ministres ses collègues, il avait le talent de ne pas les froisser, et, si parfois la violence de son caractère donnait lieu à quelque difficulté, le Tellier pansait d'une main légère toutes les blessures. L'empire qu'il exerçait sur le roi, la confiance que lui témoignait le souverain le rendaient fort redoutable, et Turenne seul savait lui résister. Condé lui-même, qui parfois se sentait humilié, finissait toujours par céder. Mais sans son père, prodigieusement fin, souple, séduisant, corrupteur, prévoyant, Louvois n'aurait pu éviter des chocs et des pièges faits pour briser l'homme le plus fort.

Il importait au ministre de savoir ce que disait et faisait la reine, quoique cette souveraine eût un rôle bien effacé. Louvois avait donc un espion près de Marie-Thérèse. Villacerf, premier maître d'hôtel de la reine, écrivait secrètement à Louvois. Lorsque Louis XIV, laissant en arrière sa brillante escorte, se rendit à Gand, la cour ne marcha qu'à petites journées. La capitulation de Gand eut lieu le 10 mars, et le même jour Villacerf écrivait à Louvois : « Cambrai, 10 mars. Votre courrier, qui a apporté la prise de la ville de Gand, est arrivé à minuit. La reine était couchée et endormie, aussi bien que Mme de Montespan; je les ai toutes deux éveillées pour leur apprendre cette nouvelle et leur rendre les lettres du roi. L'on ne peut avoir plus de joie qu'elles n'en ont témoigné; je crois que vous en êtes bien persuadé. Je ne puis vous dissimuler la mienne, Monseigneur, étant dans vos intérêts comme j'y suis; tout ce que je vous demande est de vous conserver; *je vous informerai régulièrement de tout ce qui se passera à notre petite cour...*; la reine est logée dans l'archevêché, il n'y a que Mme de Montespan qui y soit avec elle. Je trouve la reine un peu de meilleure humeur ce voyage-ci que les autres. Elle a pourtant sur le cœur d'être à quarante lieues de M. le

Dauphin et à trente du roi. Mme de Béthune, de l'humeur dont le roi la connaît, contribue un peu à sa mauvaise humeur; cependant je la trouve moins susceptible de fâcherie qu'à l'ordinaire; ce qui nous pourrait faire croire qu'elle changerait si elle était plus jeune. »

Deux jours après, le 12 mars, Villacerf écrit de nouveau : « Il n'a pas été au possible de la reine de partir demain. Sa Majesté a pris parti d'aller lundi coucher à Arras et mardi à Lille; mais c'est une étrange chose que d'avoir affaire à des femmes; je louerai Dieu quand vous m'en aurez délivré. »

Ce maître d'hôtel se montre peu respectueux envers sa souveraine et bien familier avec le ministre.

Le 13, il adresse à Louvois ce billet : « La reine sera demain sans faute à Arras; mais, selon toute apparence, Sa Majesté n'ira pas au delà de Lille en un jour. Ce n'est pas qu'elle ne le veuille, parce qu'elle croit fâcher le roi en ne le faisant pas; c'est une marque de sa faiblesse ordinaire; si le roi y était, elle y arriverait jour ou nuit. Depuis cette lettre écrite, j'ai vu Mme de Montespan sur la journée d'Arras à Lille, qui est d'avis de ne la pas faire, par l'impossibilité qui s'y trouve. Ainsi, selon les apparences, la reine sera mardi à Lens et mercredi à Lille. »

La cour arrive dans cette place dans la soirée du 15. Le lendemain, la reine fait une promenade dans le jardin de M. l'intendant, tandis que Mme de Montespan, dont la santé est parfaite, veut partir pour Gand. Le maître d'hôtel, qui surveille Mme de Montespan aussi bien que la reine, éprouve le plus grand embarras. Il ne doit pas perdre de vue Mme de Montespan et ne saurait abandonner la reine. Il écrit à Louvois, mais nous croyons inutile de reproduire cette lettre.

Villacerf ne se bornait pas à espionner pour le compte de Louvois la reine et Mme de Montespan. Il tenait le ministre au courant des petits événements de la cour. Il adresse, le 14 mars, ce rapport à Louvois : « M. de Langlé perdit hier dix-huit cents pistoles à la bassette. »

M. de Saint-Pouange écrivait de son côté : « M. de Langlé, qui taille, perdit avant-hier deux mille sept cents pistoles, dont Mme de Montespan et Mme la comtesse gagnèrent une bonne partie. »

M. de Langlé, qui perdait en deux fois quarante-cinq mille livres, était, à la cour, le conseiller des dames. Grand connaisseur en toilettes, en étoffes, en bijoux, il excellait à diriger une fête, et Louvois lui voulait quelque bien, parce qu'en plus d'une occasion il servait à détourner l'attention.

Croirait-on qu'au milieu de tant d'occupations, plans de campagne, assauts, projets de traités, grandes et petites intrigues, Louvois pût trouver encore le temps de lire, ou du moins d'accueillir les romans à la mode?

Pendant le siège de Gand, un livre parut et causa la plus vive émotion parmi les beaux esprits. Nous voulons parler de *la Princesse de Clèves*. Le frère de Louvois lui adressa ce volume.

IV

Louis XIV et sa cour rentraient à Saint-Germain au commencement du mois d'avril, après deux mois d'absence. Louvois visitait les places fortes, Gand, Oudenarde, Condé, Saint-Guislain, Valenciennes et Cambrai. Il donnait des ordres pour les réparations, distribuait les garnisons et s'occupait des approvisionnements.

Le 9 avril, le roi déclara qu'il ne reprendrait pas les hostilités en Flandre avant un mois, mais il se réservait de guerroyer dans le duché de Limbourg et dans le Brabant. Louvois ordonna d'inquiéter les Espagnols et de lever des contributions. M. de Calvo, tout en obéissant au ministre, se montra fort modéré, ce qui lui valut cette lettre de Louvois : « Si cela continue, je serai obligé d'en rendre compte au roi, et il est impossible que Sa Majesté n'ait de l'indignation de voir ce qui se passe à cet égard; songez donc à changer de conduite. L'on me mande souvent que l'on a brûlé *dans* un tel village; mais ce n'est pas là ce qu'il faut pour faire réussir la contribution, *il faut brûler les villages entiers*, et dès que les peuples verront que l'on prend ce train-là, vous verrez que vos ordres seront exécutés autrement qu'ils ne l'ont été par le passé. »

Louvois affecte de dire que ces cruautés sont du goût de Louis XIV, qui n'a même pas connaissance de cette correspondance.

En Catalogne, le maréchal de Navailles s'emparait de Puycerda le 28 mai. Louvois n'avait cessé de lui écrire et de l'encourager dans son entreprise. Il écrivait ces lettres sur le chemin et dans les hôtelleries, car il était à Courtray. Le 19, il adressait à le Tellier une dépêche ainsi conçue : « J'ai fait voir au roi aujourd'hui une nouvelle manière de faire un pont de bateaux de cuivre. Il avait soixante-trois pieds de large sur la largeur du canal de Bruges, qui est environ seize toises; un bataillon de huit cents hommes y passa sans défiler; l'on y fera passer ce soir un escadron, pour voir s'il résistera à la charge des chevaux. C'est la plus belle chose qui ait jamais été inventée... »

Rien ne lui était étranger. Après avoir fait admirer au roi le pont de bateaux, il recevait l'ambassadeur, M. de Beverningk, puis il accompagnait Louis XIV, qui retournait à Saint-Germain.

En 1678, la paix de Nimègue fut signée le 10 août, entre la France et la Hollande. D'après ce traité, Louis le Grand rendit aux Hollandais tout ce qu'ils avaient perdu, et notamment Maëstricht, ainsi que Nimègue, dont Turenne s'était emparé dès 1672. Par un article secret, le roi promettait de rendre au duc de Nassau la principauté d'Orange. Les Espagnols recouvrèrent Charleroi, Courtray, et d'autres places pour servir de barrière aux Provinces-Unies. La France acquit définitivement la Franche-Comté, ainsi que Bouchain, Condé, Valenciennes, Cambrai, Maubeuge, Aire, Saint-Omer, Cassel, etc.

Nimègue réunit en même temps les négociateurs qui s'occupaient de traités de paix entre la France, l'Espagne et l'Empire. Louis XIV avait dicté les principales conditions; mais les étrangers les éludèrent, ce qui donna lieu à de nouvelles hostilités. Elles ne se terminèrent que longtemps après, en 1684, par la trêve de Ratisbonne.

Le traité de Nimègue fut respecté jusqu'en 1688.

On sait qu'après la signature du traité le prince d'Orange attaqua l'armée du maréchal de Luxembourg. Les deux généraux connaissaient le traité; mais, pour des raisons étrangères à notre sujet, ils crurent convenable de livrer la bataille de Saint-Denis, qui ne fut une victoire ni pour l'un ni pour l'autre.

La gazette rendit un compte peu fidèle de cet événement, et donna lieu à des plaintes de la part des généraux. Louvois prit un parti sérieux, qu'explique cette circulaire aux maréchaux de Luxembourg, de Créqui, de Navailles, de Schomberg et d'Humières : « Celui qui jusqu'à présent a été chargé de faire la *Gazette de Paris* s'en est si mal acquitté, que le roi a résolu de charger de ce soin M. l'abbé Dangeau; et comme, pour s'en bien acquitter, il est nécessaire qu'il soit informé de ce qui se fait, Sa Majesté m'a commandé de vous faire savoir qu'elle désire que vous lui fassiez dorénavant envoyer par votre secrétaire des Mémoires qui contiennent ce qui se sera passé dans l'armée que vous commandez sur les affaires générales. »

Telle est la première pensée du journal officiel.

Il y eut en ce temps-là de graves difficultés entre le maréchal de Navailles et Louvois. Le premier se plaignait de M. l'intendant de Beaulieu, qui faisait des rapports, et Louvois répondait : « Je n'ai point lu au roi ce que vous me mandez, parce que Sa Majesté aurait été surprise avec raison que vous trouvassiez mauvais qu'un intendant exécutât les ordres qu'il a de l'informer de tout ce qui se passe... »

Après avoir dit qu'il n'a pas montré au roi la lettre du maréchal, Louvois lui adresse les reproches les plus cruels et les plus hautains.

La paix de Nimègue était l'œuvre de Louvois. L'opinion de l'Europe ne put s'y tromper, et tous les hommes d'État, tous les capitaines, tous les administrateurs lui rendirent justice.

Il s'effaça modestement pour ne pas éveiller les susceptibilités de Louis XIV. Les poètes ne purent faire imprimer les vers destinés à l'immortaliser, et les peintres eurent l'ordre de placer le moins possible son image dans leurs tableaux si nombreux qui rappelaient les sièges. Louvois savait qu'en s'effaçant il consolidait sa fortune et son crédit. Il suivait en cela les conseils de le Tellier, qui connaissait son monde.

Désormais Louvois faisait partie de la plus haute aristocratie. Il maria sa fille au duc de la Rocheguyon, fils du prince de Marsillac. Mme de Sévigné écrivit à sa fille : « On va voir comme l'opéra les habits de Mlle de Louvois; il n'y a point d'étoffe dorée qui soit moindre que vingt louis l'aune. Là, Langlé s'est épuisé pour joindre l'agrément à la magnificence... » Quelques jours après, Mme de Sévigné ajoute : « J'ai été à cette noce de Mlle de Louvois ; que vous dirai-je? Magnificence, illuminations, toute la France; habits rabattus et rebrochés d'or, pierreries, brasiers de feu et de fleurs, embarras de carrosses, cris dans la rue, flambeaux allumés, reculements et gens roués; enfin le tourbillon, la dissipation, les demandes sans réponse, les compliments sans savoir ce que l'on dit, les civilités sans savoir à qui l'on parle, les pieds entortillés dans les queues!... O vanité des vanités!...»

Le maréchal de Luxembourg avait espéré que son fils obtiendrait la main de Mlle de Louvois. Mais le ministre ne pardonnait pas au maréchal quelques méchants propos qui l'avaient profondément blessé. Courtisan à l'occasion, Luxembourg affectait envers Louvois une familiarité irrévérencieuse qui sentait un peu trop son grand seigneur.

Au milieu des succès de Louis XIV et de toutes ses grandeurs, la société éprouvait des malaises. Au temps de la paix de Nimègue et du mariage de Mlle de Louvois, on parlait dans l'intimité de sortilèges et d'empoisonnements.

Mlle d'Aubray, marquise de Brinvilliers, avait eu la tête tranchée le 17 juillet 1676 comme empoisonneuse. Cette exécution n'arrêta pas les crimes. Les empoisonnements se multiplièrent avec une effrayante progression pendant les années 1677 et 1678. Louis XIV fut obligé de créer, en 1679, la chambre royale de l'Arsenal, qu'on nomma *Cour des poisons*.

M. de la Reynie était alors chargé de la police sous la direction de Colbert. Mais pour découvrir les empoisonneurs, le roi voulut que tous les rapports fussent confiés à Louvois, qui prenait ses ordres.

Le ministre fut épouvanté de tout ce qu'il découvrit. La corruption était profonde et pénétrait jusque dans les classes les plus élevées de la société. Deux femmes, la Voisin et la Vigoureux, furent arrêtées; leurs aveux successifs mirent à nu la plaie qui dévorait la France et devait fatalement la conduire au déshonneur, à la ruine, au mépris de l'Europe.

Sous prétexte de dire la bonne aventure, la Voisin et la Vigoureux pénétraient dans les meilleures maisons de Paris, et vendaient le secret des poisons de la Brinvilliers. Ces poisons avaient été rapportés d'Italie par le Florentin Exili, qui s'était fait connaître à Rome, sous le pontificat d'Innocent X, par plus de cent cinquante empoisonnements. Par la lenteur et la différence de leurs effets, ces poisons pouvaient demeurer longtemps cachés. Mais la mort précipitée d'un grand nombre de personnes, la longue agonie de quelques autres, considérables par leur rang et leur naissance, appelèrent l'attention des magistrats et des médecins.

L'arrestation des deux empoisonneuses causa la plus profonde émotion. Louvois écrivit à M. Robert, procureur du roi au Châtelet : « 24 janvier 1679. Quoique je ne doute point que vous n'apportiez tous les soins nécessaires pour la continuation de l'instruction des procès que M. de la Reynie fait, par ordre du roi, aux gens qui sont à la Bastille et à Vincennes, j'ai cru devoir vous faire connaître que vous ne sauriez rien faire de plus agréable à Sa Majesté que de donner votre application tout entière à mettre au plus tôt ces affaires-là en état de finir. »

L'instruction du procès dura longtemps. Un des empoisonneurs, nommé Lesage, déclara que la Voisin allait à Saint-Germain jusque dans le palais de Louis XIV. Louvois écrit au roi : « M. de la Reynie fait tous les jours des progrès et des découvertes... J'entretins avant-hier M. de la Reynie, qui m'apprit que les crimes des prisonniers détenus à Vincennes s'éclaircissent tous les jours de plus en plus, et qu'il y aurait treize ou quatorze témoins du crime de Mme le Féron (femme d'un président du parlement)... Il me remit ensuite l'original des interrogatoires du nommé Lesage... J'aurai l'honneur de le lire à Votre Majesté à Saint-Germain. Tout ce que Votre Majesté a vu contre M. de Luxembourg et M. de Feuquières n'est rien auprès de la déclaration que contient cet interrogatoire, dans lequel le maréchal de Luxembourg est accusé d'avoir demandé la mort de sa femme, celle de M. le maréchal de Créqui, le mariage de ma fille avec son fils, de rentrer dans le duché de Montmorency, et de faire d'assez belles choses à la guerre pour faire oublier à Votre Majesté la faute qu'il a faite à Philippsbourg. M. de Feuquières y est dépeint comme le plus méchant homme du monde, qui a cherché les occasions de se donner au diable pour faire fortune, et demandé des poisons pour empoisonner l'oncle ou le tuteur d'une fille qu'il voulait épouser. M. de la Reynie me témoigna ensuite qu'il était persuadé que, si je parlais au nommé Lesage, il achèverait de se déterminer à dire tout ce qu'il sait; ce qu'il croyait d'autant plus important que cet homme, qui jusqu'à présent n'est convaincu d'avoir fait lui-même aucun empoisonnement, a une parfaite connaissance de tous ceux qui se sont faits à Paris depuis sept ou huit ans. J'y ai été hier matin, et je lui ai parlé au sens que M. de la Reynie a désiré, lui faisant espérer que Votre Majesté lui ferait grâce pourvu qu'il fît les déclarations nécessaires pour donner connaissance à la justice de tout ce qui s'est fait à l'égard desdits poisons. Il me promit de le faire, et me dit qu'il était bien surpris que je l'excitasse à dire tout ce qu'il savait, puisqu'il avait été persuadé jusqu'à présent, par les discours de M. de Luxembourg et de M. de Feuquières, que j'étais si fort de leurs amis que je serais un de ceux qui le persécuteraient davantage s'il disait rien contre eux. »

Après l'instruction la plus minutieuse, la justice ordonna l'arrestation d'un maréchal de France et d'un grand seigneur, de Mme la comtesse de Soissons, de la duchesse de Bouillon, sa sœur, de Mme d'Alluie...

Un plus grand personnage encore soupçonné d'empoisonnement put échapper aux poursuites. On ne nomme pas ce personnage. Louvois écrit à M. de la Reynie : « A l'égard de la personne à laquelle l'usage du poison n'est pas inconnu, et que vous croyez qu'il est dangereux de laisser à la cour, le roi a jugé à propos de vous entretenir sur cette affaire, et désire, pour cet effet, que vous vous rendiez ici... »

Les débats du procès ne furent pas publics. La duchesse de Bouillon parut devant ses juges accompagnée de tous les amis de son illustre maison, qui étaient en fort grand nombre.

La magistrature fut menacée ; de grandes sommes d'argent se dépensèrent, et la haute noblesse s'émut de se voir soupçonnée de semblables crimes.

Louvois ne cessa de donner au roi le conseil de rendre justice pleine et entière, sans tenir compte de la naissance, des services rendus ou de la position sociale des prévenus. Le ministre écrivait à l'un des magistrats : « ... Sa Majesté ayant été informée des discours qui se sont tenus à Paris à l'occasion des décrets donnés depuis quelques jours par la chambre, elle m'a commandé de vous faire savoir qu'elle désire que vous assuriez les juges de sa protection, et que vous leur fassiez connaître qu'elle s'attend qu'ils continueront à rendre la justice avec la même fermeté qu'ils ont commencé, sans s'en laisser détourner par quelque considération que ce puisse être... »

Les deux femmes Voisin et Vigoureux furent brûlées vives. Lesage et Bonnard, intendant du maréchal de Luxembourg, allèrent aux galères, en compagnie de quelques misérables, et le reste fut mis en liberté. Le roi éloigna de la cour ceux qui avaient oublié que noblesse oblige.

Cette affaire attira sur Louvois la colère du grand monde. On l'accusa d'avoir porté atteinte à la considération de la haute société, on parla même de vengeances personnelles, et l'on se plut à citer le maréchal de Luxembourg comme une victime du puissant ministre.

Sans doute Luxembourg ne pensa pas ainsi; car, à peine rendu à la liberté, il écrivit à Louvois. Celui-ci répondit : « J'avais appris avec beaucoup de plaisir votre justification ; mais la lettre que vous m'avez fait l'honneur de m'écrire m'a appris qu'elle a été suivie d'un ordre de vous éloigner de la cour, dont j'ai été fort affligé. Je vous supplie d'en être bien persuadé et de la part sincère que je prends à ce qui vous touche, étant aussi véritablement que je suis tout à vous. »

Avant et pendant le procès des empoisonneurs, la conduite de Louvois a été parfaitement loyale et indépendante. La noblesse l'accuse à tort. Mais sa lettre au maréchal de Luxembourg, lettre qui ne fut pas la seule, est l'indice d'un manque de caractère. Mieux que personne, Louvois savait combien Luxembourg était méprisable et méprisé. Il ne pouvait ignorer que lui, Louvois, était accusé d'avoir tendu un piège au maréchal. Sa dignité personnelle aurait dû l'éloigner pour toujours d'un homme sans foi et sans respect.

Loin de là, Louvois fit cesser l'exil du maréchal l'année suivante, et cet homme reparut à la cour, et commanda de nouveau les armées.

Un ancien historien nous fait ainsi connaître ce que pensait une partie du public : « M. le duc de Luxembourg n'était coupable que de ne se point respecter assez et d'oublier la bienséance. Il fut léger et indiscret, et ne vit les empoisonneuses que pour les consulter comme magiciennes. Après l'affront qu'il reçut d'être accusé, il se répandit des choses piquantes contre le marquis de Louvois, qui était, disait-on, encore moins retenu que le duc de Luxembourg sur certains chapitres délicats. »

Ainsi Louvois ne fut pas épargné. La calomnie le poursuivit, et l'on osa soutenir contre lui un homme aussi indigne que M. de Luxembourg.

En lui écrivant, Louvois laissa soupçonner qu'il le craignait.

V

Un autre événement vint en ce temps-là soulever contre Louvois de puissantes colères.

Il y avait à la cour un jeune seigneur, dont Saint-Simon,

son parent, a tracé ce portrait : « Lauzun était un petit homme blondasse, bien fait dans sa taille, de physionomie haute, plein d'esprit, qui imposait, mais sans agrément dans le visage, à ce que j'ai ouï dire aux gens de son temps. Plein d'ambition, de caprices, de fantaisies, jaloux de tout, voulant toujours passer le but, jamais content de rien, sans lettres, sans aucun ornement ni agrément dans l'esprit. Naturellement chagrin, solitaire, sauvage, fort noble dans toutes ses façons, méchant et malin par nature, encore plus par jalousie ou ambition, et toutefois fort bon ami quand il l'était, ce qui était rare, et bon parent. Volontiers ennemi, même des indifférents, et cruel aux défauts et à trouver et donner des ridicules ; extrêmement brave et aussi dangereusement hardi, courtisan également insolent, moqueur et bas jusqu'au valetage, et plein de recherches et d'industries, d'intrigues, de bassesses pour arriver à ses fins ; avec cela dangereux au ministère, à la cour redouté de tous, et plein de sel qui n'épargnait personne. »

La Bruyère dit de son côté : « La vie de Lauzun est un roman : non, il y manque le vraisemblable. Il n'a point eu d'aventures, il a eu de beaux songes, il en a eu de mauvais ; que dis-je? on ne rêve point comme il a vécu. »

Ce simple cadet de Gascogne créa de grande difficultés à Louvois, et lui fit bon nombre d'ennemis.

Nonpar de Caumont, qui devint duc de Lauzun, appartenait à la maison de la Force. Né en 1633, il quitta sa province sous le nom de marquis de Puyguilhem, et, pauvre gentilhomme, vint chercher fortune à la cour. Le maréchal de Gramont, cousin de son père, le reçut dans son hôtel et le présenta chez la comtesse de Soissons, où le roi se trouvait souvent. La comtesse lui fit obtenir un régiment de dragons et bientôt après le grade de maréchal de camp. Louis XIV le prit en goût et créa pour lui la charge de colonel général des dragons, en lui promettant sous le sceau du secret de le nommer grand maître de l'artillerie à la place du duc de Mazarin.

Louvois, qui avait partout ses espions, fut averti par l'un d'eux, Nivert, valet de chambre du roi, de la promesse du monarque. Le ministre, qui n'aimait pas le marquis de Puyguilhem, courut chez le roi pour lui faire comprendre qu'une telle nomination produirait dans l'armée et dans le monde un véritable mécontentement. Louis XIV, croyant à l'indiscrétion du marquis, le reçut fort mal lorsqu'il se présenta. Celui-ci se mit sous la protection de Mme de Montespan, qui, loin de le servir malgré ses promesses, pensa comme Louvois et le dit au monarque.

Puyguilhem alla se plaindre au roi, se servit d'expressions blessantes et brisa son épée sous les yeux de Louis XIV. Ce fut en cette circonstance que le grand roi leva sa canne, puis la jeta par la fenêtre, en disant : « Non, je ne veux pas frapper un gentilhomme. »

Le marquis alla coucher à la Bastille. Guitry, grand maître de la garde-robe, obtint sa grâce. Mais le duc de Gesvres fut fait grand maître de l'artillerie, et Puyguilhem le remplaça comme capitaine des gardes du corps. Le roi eut la bonté de pardonner, et rendit toutes ses faveurs à celui qui lui avait manqué de respect.

Capitaine des gardes, gouverneur du Berri, commandant de la compagnie des cent gentilshommes à bec-à-corbin, lieutenant général des armées, comte de Lauzun, le gentilhomme enrichi n'était pas satisfait.

Louvois ne pouvait, malgré ses efforts, arrêter cette fortune que rien ne justifiait.

Le comte de Lauzun inspira une passion romanesque à une princesse du sang royal, Mlle de Montpensier.

Ce fut à cette occasion que Mme de Sévigné écrivit à Mme de Coulanges cette lettre : « Je m'en vais vous mander la chose la plus étonnante, la plus surprenante, la plus merveilleuse, la plus miraculeuse, la plus triomphante, la plus étourdissante, la plus inouïe, la plus singulière, la plus extraordinaire, la plus incroyable, la plus imprévue, la plus grande, la plus petite, la plus rare, la plus commune, la plus éclatante, la plus secrète jusqu'à aujourd'hui, la plus brillante, la plus digne d'envie; enfin une chose dont on ne trouve qu'un exemple dans les siècles passés, encore cet exemple n'est-il pas juste; une chose que nous ne saurions croire à Paris, comment le pourrait-on croire à Lyon? une chose qui fait crier miséricorde à tout le monde; une chose qui comble de joie Mme de Rohan et Mme d'Hauterive; une chose enfin qui se fera dimanche, où ceux qui la verront croiront avoir la berlue; une chose qui se fera dimanche, ou qui ne sera peut-être pas faite lundi. Je ne puis me résoudre à la dire, devinez-la, je vous le donne en trois; jetez votre langue aux chiens. Hé bien! il faut donc vous la dire : M. de Lauzun épouse dimanche, au Louvre, devinez qui? Je vous le donne en quatre, je vous

CHAPITRE III

le donne en dix, je vous le donne en cent. Mme de Coulanges dit : Voilà qui est bien difficile à deviner, c'est Mme de la Vallière? — Point du tout, Madame. — C'est donc Mlle de Retz? — Point du tout, vous êtes bien provinciale. — Ah! vraiment nous sommes bien bêtes, dites-vous ; c'est Mlle Colbert? — Encore moins. — C'est assurément Mlle de Créqui? — Vous n'y êtes pas. Il faut donc enfin vous le dire : il épouse dimanche au Louvre, avec la permission du roi, Mademoiselle, Mademoiselle de... Mademoiselle, devinez le nom. Il épouse Mademoiselle, ma foi! par ma foi! ma foi jurée! Mademoiselle, la grande Mademoiselle, petite-fille de Henri IV, Mlle d'Eu, Mlle de Dombes, Mlle de Montpensier, Mlle d'Orléans, Mademoiselle, cousine germaine du roi, Mademoiselle destinée au trône... Voilà un beau sujet de discourir... »

Fille de Gaston, duc d'Orléans, elle était née en 1627, et le cardinal de Richelieu avait été son parrain. Pendant son enfance, on parlait de son mariage avec Louis XIV; plus tard, elle dut épouser le roi d'Espagne, puis le duc de Savoie, enfin le prince de Galles, héritier de la couronne d'Angleterre.

Les troubles de la Fronde l'entraînèrent dans une voie singulière. Son caractère hardi, ses allures décidées, lui firent prendre les armes. Elle se mit à la tête d'une expédition qui marchait sur Orléans. La comtesse de Fiesque et la comtesse de Frontinac lui servaient d'aides de camp. Toutes trois, vêtues en amazones, le casque en tête, l'épée au côté, entrèrent à Orléans et occupèrent la ville au nom des frondeurs. Le 2 juillet 1652, lors du combat du faubourg Saint-Antoine, Mlle de Montpensier se rendit à l'hôtel de ville, où elle pérora, puis elle parcourut les rues à cheval, haranguant le peuple.

Lorsque le roi rentra dans sa capitale, le duc d'Orléans et sa fille furent exilés. Mademoiselle écrivit alors ses Mémoires dans sa terre de Saint-Fargeau.

Rentrée en grâce en 1660, elle refusa sa main à Charles II, roi d'Angleterre, et au roi de Portugal, Alphonse-Henri.

A l'âge de quarante ans, elle se prit à admirer Lauzun. Ce ne fut bientôt plus un mystère, et Louvois se promit de lutter de toutes ses forces contre une union qu'il prévoyait et redoutait.

Lorsqu'en 1670 le roi alla visiter les places de Flandre, accompagné de sa cour, toute sa maison militaire le précédait et une véritable armée suivait. Ces troupes marchaient sous les ordres de Lauzun, qui déployait un luxe royal.

Louvois était indigné, peut-être même jaloux. De son côté, Mme de Montespan s'irritait de l'orgueil insolent de Lauzun, qui affectait maintenant de la dédaigner. Louvois et Mme de Montespan employèrent leur crédit à ruiner dans l'esprit du roi celui qu'ils considéraient comme un parvenu de la veille. Louvois ne cachait pas ses sentiments, mais Mme de Montespan continuait à combler de prévenances l'homme qu'elle poursuivait d'une haine sourde et implacable.

Cependant Mlle de Montpensier laissa connaître au comte de Lauzun qu'elle avait pour lui quelque bonne volonté. Voulant profiter d'une si grande fortune, Lauzun fit agir ses amis nombreux et puissants. La noblesse prit parti pour lui, parce que, disait-on, cette alliance quasi royale honorait en sa personne toute la noblesse de France. Le duc de Montausier, le maréchal de Gramont et d'autres grands seigneurs formèrent une puissante brigue en faveur de Lauzun et se rendirent chez le roi. Ils supplièrent Sa Majesté d'accorder son consentement au mariage de Mademoiselle avec le comte de Lauzun, assurant Sa Majesté que la noblesse de son royaume, conservant le souvenir d'une faveur qui lui serait si glorieuse, ferait de nouveaux efforts pour lui témoigner son zèle et sa reconnaissance.

Déjà gagné par les supplications et les soumissions de Mademoiselle et du comte de Lauzun, prévenu d'ailleurs par les amis de ce dernier, qui lui avaient représenté que plusieurs exemples lui permettaient d'accorder le consentement tant désiré, le roi daigna donner son autorisation pour le mariage.

Louvois en éprouva un vif chagrin, mais ne désespéra pas de ramener Louis XIV à d'autres sentiments. Au lieu de hâter l'instant du mariage, Lauzun perdit un temps précieux à préparer un train magnifique, des carrosses et des livrées superbes. Cette vanité choqua ses partisans, et la cour se montra mécontente du peu d'empressement du comte. Louvois ne perdit pas un instant pour faire agir auprès du roi. Les princes du sang, ayant à leur tête le prince de Condé, la reine même se rendirent près de Louis XIV et lui firent observer qu'une union si disproportionnée allait porter atteinte à l'honneur de la royauté, que

Mademoiselle perdrait toute considération, et que les étrangers ne manqueraient pas d'accuser le roi d'une coupable indifférence pour une princesse sa cousine germaine.

Le roi répondit au prince de Condé qu'il voulait consulter le Tellier et Louvois. C'est ce qu'avaient préparé ces habiles ministres.

Ils furent d'un avis conforme aux remontrances des princes du sang. Alors le roi déclara que, faisant violence à sa bonté, il révoquait la promesse faite à Mademoiselle et au comte de Lauzun.

Celui-ci, se laissant aller à la colère, ne garda pas de mesure. Dans la violence de son emportement, il oublia le respect dû à son souverain. Louis XIV pardonna, mais Lauzun accusa publiquement Louvois et Mme de Montespan d'être la cause de ses disgrâces. Il alla jusqu'à les outrager par la calomnie.

A la fin de 1671, Lauzun fut arrêté par le maréchal de Rochefort, capitaine des gardes, et conduit à Pignerol.

Sa charge de capitaine des gardes fut donnée à Luxembourg, et son gouvernement du Berry au duc de la Rochefoucauld.

La captivité de Lauzun fut le signal d'un déchaînement contre Louvois. La noblesse l'accusa d'avoir porté atteinte à son honneur dans l'affaire des empoisonnements et l'établissement de la chambre ardente.

Elle lui reprochait d'avoir empêché le roi d'unir sa famille aux grandes maisons de France.

Loin de mériter le moindre blâme, Louvois montra, dans ces deux circonstances, un grand dévouement pour le service du roi, et une loyale indépendance. Il voulut, dans l'affaire des empoisonnements, arrêter la noblesse sur la pente du déshonneur. Il voulut que la justice fût égale pour les forts et pour les faibles; dans l'affaire du mariage de Mademoiselle, il ne voulut pas que le roi lui-même créât un précédent, qui tendait à affaiblir la monarchie. Louvois prévoyait qu'avec une noblesse ambitieuse et pleine d'orgueil, dans une cour où la galanterie était en honneur, la maison royale ne serait plus entourée de ce respect presque religieux qui doit protéger le trône.

La paix de Nimègue avait amoindri l'importance de Louvois en limitant ses fonctions. Colbert grandissait. Le roi travaillait directement avec lui, témoignant un goût très vif pour les beaux-arts, s'occupant du commerce et des manufactures, et descendant jusqu'aux moindres détails. Louvois n'exprima ni surprise, ni mécontentement, mais finit par craindre que Louis XIV ne voulût couronner sa gloire militaire par une paix trop profonde.

Louvois avait toujours éprouvé quelque jalousie à l'endroit de Colbert. Ce sentiment prit une force nouvelle en 1679. Le jeune Seignelay, fils de Colbert, chargé du département de la marine, avait reçu des éloges de la cour et du roi même, pendant le voyage de Louis XIV à ses places maritimes. L'on proclamait hautement que si les forces navales de la France étaient parvenues à égaler et même à surpasser celles des autres nations, on en était redevable aux soins de Colbert et de Seignelay. Depuis le moment où ces deux grands administrateurs s'étaient appliqués à rétablir nos forces de mer, le commerce avait repris. Les Hollandais et les Anglais, si fiers jusqu'alors de leurs flottes nombreuses, étaient forcés, sinon de céder aux Français, au moins de partager avec eux l'empire des mers.

Louvois ne cherchait à nuire ni à Colbert, ni à Seignelay, mais il voulait se maintenir à la hauteur où l'avaient porté ses services.

Il entreprit une œuvre toute pacifique quant aux formes, et cependant fort provocante. Cette œuvre consistait à réunir à la couronne les terres, seigneuries et souverainetés usurpées par la France sur les étrangers, pendant les guerres et les troubles. Il est vrai que ces seigneuries et ces terres appartenaient depuis des siècles à des maisons qui semblaient à l'abri de toutes réclamations. Louvois établit donc des chambres à Metz et à Brisach, où l'on ajourna tous ceux qui tenaient dans la haute et basse Alsace des places dont le roi s'était fait reconnaître souverain.

Quelques princes de l'Empire, se trouvant compromis par ces réclamations, firent révolter leurs paysans. Ils se plaignirent en outre à la diète de Ratisbonne, comme feudataires de l'Empire. Épuisé par les dernières guerres, le corps germanique n'était pas en état de soutenir les droits des princes qui se plaignaient. Louvois avait choisi son temps pour faire ces réclamations, et il écrivait qu'il agissait comme les Allemands, qui avaient profité des faiblesses de la France pour faire leurs usurpations.

Les princes et les seigneurs inquiétés par les chambres de Metz et de Brisach, y envoyèrent des députés : les uns pour rendre l'hommage exigé, les autres pour défendre leurs droits et justifier leur possession. Pendant qu'ils plaidaient leurs causes à la chambre de Metz, et que le chapitre de cette ville, autorisé par le roi, exigeait le serment de fidélité de quelques grands princes de l'Empire, Louvois songeait à réaliser une entreprise admirable : il voulait donner Strasbourg à la France, et préparait les esprits, en proclamant, pour ainsi dire, la suprématie du roi de France sur l'Allemagne.

Strasbourg, enclavé dans le territoire français, devait suivre le sort de l'Alsace. Cette ville, ou, pour mieux dire, cette république, était gouvernée par une magistrature soumise à la populace. Au lieu de conserver une prudente neutralité entre l'Allemagne et la France, la république de Strasbourg n'avait pas caché ses sympathies pour les adversaires de Louis XIV. Les trahisons succédaient aux promesses de dévouement, et cette place pouvait devenir un grand péril pour la France, si le roi ne s'en emparait.

Il y avait longtemps que Turenne et surtout le maréchal de Créqui avaient fait comprendre à Louvois la nécessité de prendre Strasbourg. Les magistrats de cette ville n'ignoraient pas que leur conduite passée appelait sur eux l'attention du gouvernement français. Aussi, lorsqu'au mois de juin 1679 Louvois se rendit à Schelestadt, les principaux personnages de Strasbourg vinrent-ils le saluer. Le ministre écrivit au roi : « Je vis hier les députés de Strasbourg. Je ne rends point compte à Votre Majesté de toutes les belles paroles dont ils me chargèrent pour assurer Votre Majesté de leur bonne conduite à l'avenir. Je leur dis que Votre Majesté ayant promis, par la paix, un oubli général de tout ce qui avait été fait contre son service, ils ne devaient point appréhender qu'elle en eût aucun ressentiment contre eux, pourvu que la conduite qu'ils tiendront à l'avenir ne l'en fît point ressouvenir. »

Louvois noua des intelligences dans la ville, et trouva des consciences peu sévères, même parmi les magistrats. Ainsi le jurisconsulte Obrecht et le secrétaire d'État Günzer ne dédaignèrent pas l'argent de la France. Une correspondance s'établit entre Louvois et chacun d'eux. Pendant ce temps, les chambres établies à Metz et à Brisach faisaient peu à peu rentrer sous l'autorité royale, tantôt un bourg, tantôt un château ou un village. Strasbourg s'isolait de plus en plus, et allait se trouver à découvert. Louvois savait prendre son temps, et attendre que tout fût bien préparé.

Enfin il décida l'accomplissement de son dessein, et ajouta deux mesures, décidé d'ailleurs à ne faire usage que d'une seule.

De bons régiments eurent l'ordre de se tenir prêts à marcher, et tout se prépara silencieusement comme pour un siège.

Louvois se fit envoyer en même temps une grande quantité d'argent, soigneusement enfermé dans des caisses d'armes : « Vous observerez de faire faire les dits ballots de la longueur d'un fusil ou d'un mousquet, et de faire peindre une de ces armes sur chaque ballot, afin qu'il ne paraisse pas que ce puisse être autre chose... »

VI

L'Allemagne entière était intéressée à la conservation de Strasbourg, qui ouvrait à ses armées les portes de la France. Pour une raison semblable, la France considérait Strasbourg comme le point de départ de toute expédition au delà du Rhin.

La place était bien fortifiée, mais la garnison un peu faible. Les habitants, la plupart aguerris, auraient pu défendre la ville.

Jamais Louvois ne se montra plus prudent, plus profondément habile qu'en cette circonstance. Sous prétexte de travailler aux fortifications des villes conquises, il avait laissé un nombre de troupes considérable en Lorraine, en Bourgogne et en Alsace.

La cour était en fête. Louis XIV devait partir pour Chambord le 30 septembre. Louvois avait publiquement demandé un congé, et faisait savoir à tous qu'il chasserait le lendemain à Meudon et souperait chez le premier écuyer.

Mais, pendant que la tranquillité régnait sur les bords de la Seine, on aurait pu voir du côté du Rhin, dans l'obscurité de la nuit du 27 au 28 septembre, trois régiments marcher en silence du côté de Strasbourg. Ces régiments étaient Picardie, Orléans et Roque. Un officier, nommé la Sitardie, les guidait par des chemins détournés. Cette troupe rejoignit le baron d'Asfeld, colonel des dragons, qui était chargé de l'expédition.

CHAPITRE III

Dès que le jour parut, le baron d'Asfeld écrivit à Louvois :
« 28 septembre. Suivant les ordres du roi, je me suis avancé avec les troupes à la redoute de Strasbourg, où il n'y avait environ qu'une douzaine de soldats qui, ayant tiré quelques coups, s'en sont enfuis dans la ville; je me suis en même temps saisi de ce poste et de tous les passages du Rhin, tant en deçà qu'au delà de cette rivière; et comme il y a apparence que ces gens-ci vont entrer en négociation, je vous dépêche cet officier, Monseigneur, pour vous en donner avis. »

L'alarme se répandit promptement dans Strasbourg. On ferma les portes de la ville, on sonna le tocsin, on courut de tous côtés pour avoir des nouvelles, mais les miliciens ne songèrent même pas à défendre leur ville.

Pendant ce temps, les émissaires que Louvois avait répandus dans toutes les classes et surtout dans la bourgeoisie, tentaient de faire entendre qu'en se donnant à la France on se délivrait de l'inquiétude d'avoir Louis XIV pour ennemi.

Pendant que les bourgeois délibéraient et demandaient des explications au baron d'Asfeld, pendant que les magistrats envoyaient solliciter des secours aux places les moins éloignées, le baron de Montclar parut à la tête de douze mille hommes.

Il déclara hautement qu'il allait employer la force pour réduire Strasbourg, ville appartenant au roi de France, en vertu d'un arrêt du conseil souverain de Brisach, qui était chargé de décider quelles places de l'Alsace devaient revenir à la France.

Les magistrats écrivirent à l'Empereur pour faire connaître la situation de la ville; mais la lettre ne parvint pas.

Louvois partit secrètement de la cour, le 28 septembre, et, après un rapide voyage, s'arrêta à Brisach, d'où il avait dirigé le baron d'Asfeld.

Le 30, il reçut les magistrats de Strasbourg. La lettre suivante, adressée à ces magistrats, donne la mesure de la hauteur que mit Louvois envers ces républicains, si fiers la veille :

« J'ai appris avec surprise, par votre lettre de ce matin, que vous ne prétendiez venir ici que sur le midi, après m'avoir promis positivement hier que vous y seriez à la pointe du jour. Et comme si les troupes du roi n'entrent dans Strasbourg aujourd'hui, je n'ai point de pouvoir de traiter avec vous, si ce n'est de vous recevoir à discrétion, et en payant les frais faits pour vous réduire et les dommages causés par votre pont pendant la dernière guerre, je vous conseille de venir promptement, parce que, si les troupes du roi entrent de bonne heure dans la ville, j'espère y mettre tel ordre que vos habitants n'en recevront aucun dommage; de quoi je ne répondrais pas, si elles n'y entraient que sur le tard. Profitez de mon avis, et, en vous rendant promptement ici, commencez à mériter la protection et les bonnes grâces du plus grand roi du monde. »

Le même jour, 30 septembre 1681, Louvois et Montclar signèrent le traité suivant :

« Nous, François-Michel le Tellier, marquis de Louvois, secrétaire d'État et des ordres de Sa Majesté, et Joseph de Ponts, marquis de Montclar, lieutenant général des armées du roi, commandant pour Sa Majesté en Alsace, avons, en vertu du pouvoir qui nous a été fait par le roi de recevoir la ville de Strasbourg sous son obéissance, mis les apostilles suivantes, dont nous promettons fournir la ratification de Sa Majesté, pour la remettre entre les mains du magistrat de Strasbourg entre six et dix jours.

« Par ce traité, les habitants de cette ville de tous états reconnaissent le roi pour leur souverain seigneur et protecteur; et ce prince s'engage de son côté à leur conserver tous les anciens privilèges, droits, statuts et coutumes de la ville de Strasbourg, tant ecclésiastiques que politiques, conformément aux traités de Westphalie, confirmés par celui de Nimègue; de leur laisser le libre exercice de la religion prétendue réformée, comme il a été depuis 1624 jusqu'à présent, avec toutes les églises et écoles, sans permettre à qui que ce soit d'y faire aucune prétention, non plus que sur les biens ecclésiastiques, conditions et consentements, particulièrement l'abbaye de Saint-Étienne, le chapitre de Saint-Thomas, Saint-Guillaume, de tous les saints et toutes autres églises ici comprises, ou non comprises; mais de les conserver éternellement pour la ville et ses habitants, hormis l'église Notre-Dame, qui sera rendue aux catholiques, Sa Majesté trouvant bon toutefois que les religionnaires se servent des cloches des églises susdites, hormis seulement pour sonner la prédication. »

Ce traité ne changea pas le gouvernement particulier de la ville, lui laissant tous ses revenus, droits, douane et commerce. La bourgeoisie fut exempte de toutes contributions et taxes. Les impôts ordinaires et extraordinaires pour l'entretien furent conservés. Mais l'artillerie, les armes et les munitions de guerre passèrent aux mains des officiers de Sa Majesté.

Lorsque le marquis de Louvois eut signé ce traité, les troupes du roi de France entrèrent le même jour dans la ville, à quatre heures après midi.

Louvois ne manqua pas d'écrire à le Tellier, même avant de s'adresser au roi : « Vous devez être présentement informé de l'heureux succès qu'a eu l'entreprise que le roi avait ordonné que l'on fît sur cette place, où tout est aussi tranquille que s'il y avait dix ans que les troupes y fussent. »

Le lendemain, il écrit un peu tardivement à Sa Majesté : « M. de Montclar a reçu ce matin le serment de fidélité du magistrat, qui l'a prêté de fort bonne grâce. Le peuple paraît fort content du changement de domination, et, jusqu'à présent, je n'ai reçu d'autres plaintes que d'une femme dont le mari s'était, malgré elle, enivré avec son soldat (qui logeait dans sa maison). Comme en ce pays-ci les femmes ne sont que les premières servantes de la maison, le magistrat l'a fort grondée d'avoir trouvé à redire à ce que son mari avait fait, lequel, pour lui apprendre à être plus sage, a continué à s'enivrer avec son même soldat, et assure qu'il continuera, tant qu'il y aura du vin chez lui... Votre Majesté peut compter, quand la citadelle sera faite et qu'il y aura au bout du pont, du côté de Brisgau, un fort à quatre bastions, qu'il n'y aura point de puissance dans l'Europe qui soit en état d'ôter de force ce poste-ci à Votre Majesté. »

La France venait de faire en pleine paix, et sans le moindre sacrifice, une conquête plus importante que n'en pouvait donner une glorieuse campagne.

Des régiments français entraient dans Strasbourg, le 30 septembre. Le même jour et presque à la même heure, d'autres régiments entraient à Casal. Sur les rives du Pô, comme sur les rives du Rhin, Louvois triomphait. Ses habiles combinaisons étaient couronnées de succès.

Avant de connaître l'occupation de Casal, Louvois écrivait à le Tellier : « J'attends avec bien de l'impatience des nouvelles de Casal, où les troupes du roi doivent être entrées le même jour que celles de cette province ont pris possession de cette place-ci. »

Ces seules lignes prouvent que Louvois avait tout calculé, et que le hasard n'est pour rien dans d'aussi brillants succès.

De Casal le grand ministre voyait l'Italie; de Strasbourg il voyait l'Allemagne. Son imagination l'entraîna-t-elle au delà des choses probables? on ne saurait le dire; mais le patriotisme nous oblige à pardonner à Louvois tous les maux que firent naître les triomphes de Casal et de Strasbourg.

Le marquis de Chamilly avait été nommé gouverneur de Strasbourg. La marquise était d'une piété fort ardente et disposée à convertir les Strasbourgeois, qui appartenaient en général à la réforme. M. de la Grange, intendant de Strasbourg, fit-il connaître à Louvois le zèle de la marquise de Chamilly, ou bien le marquis lui-même, par prudence, chercha-t-il à excuser sa femme?

Quoi qu'il en soit, le ministre ne dédaigna pas de s'occuper de cette affaire. La marquise, très charitable, visitait les soldats français malades; elle distribuait des prières, répandait des secours. Il lui arriva même un jour de faire dîner le poste qui était de garde à l'hôtel du gouverneur, et qui appartenait au régiment de Navarre.

M. de Chamilly, pour faire pardonner ce dernier grief, déclare « qu'elle ne le fit que pour avoir le plaisir de voir bien manger des gens d'un aussi bon appétit, et de les entendre causer, sans leur avoir fait d'autre sermon que celui de ne point déserter, qui est tout ce qui s'est dit pendant ce repas-là de plus pieux ».

Mais Louvois, qui craignait que la question religieuse ne créât des difficultés, voulut s'opposer jusqu'à un certain point aux généreux efforts de Mme de Chamilly.

Il écrivit de sa propre main : « Il est bon que Mme de Chamilly se mêle de son domestique et de rien autre chose, sur des affaires de cette nature. Les soins de Mme de Chamilly sont louables, mais il faut qu'ils s'étendent à son domestique, et rien davantage; et puisque M. de Chamilly connaît les raisons dont on s'est servi pour blâmer la conduite de madame, qu'il s'étudie de manière qu'il n'y donne aucun lieu; qu'il est bon qu'il fasse retirer ces billets-là (les prières imprimées) tout doucement des corps de garde, sans faire de bruit... La visite dans les hôpitaux est fort louable. Si elle y trouve quelque chose de mal, elle me fera plaisir de m'en avertir; mais il ne faut voir que l'hôpital du roi, et n'aller que rarement dans celui de la ville, à moins qu'elle ne sût qu'il y eût quelque catholique auquel on refusât de donner des assistances spirituelles, auquel cas il serait fort à propos d'en avertir. »

Le marquis de Chamilly, fort religieux, demande à Louvois de prendre des mesures pour empêcher les soldats de jurer. Louvois répond : « Il n'est point besoin d'une nouvelle défense, puisqu'il n'y a qu'à faire exécuter les ordonnances du roi, et *c'est en cela que consiste la véritable dévotion.* »

Nous aurions passé sous silence ces menus détails, qui semblent sans importance; mais, outre que nous y trouvons la preuve de l'activité du ministre, il n'est pas sans intérêt de jeter un coup d'œil sur les idées religieuses d'un homme qui plus tard se montra moins indifférent.

Nous devons supposer qu'en surveillant les démarches de Mme de Chamilly, Louvois était préoccupé de la pensée de ne pas déplaire aux protestants de Strasbourg. Il modérait le zèle des catholiques dans un intérêt purement politique.

Les historiens ont dit que Louvois créa vers ce temps-là les *compagnies de cadets.* On lui fait honneur de cette institution. Il est vrai qu'en 1682 Louvois, n'ayant pu réaliser la fondation d'une école militaire, créa quatre mille cadets, et les réunit en six corps ou compagnies. Près de mille passèrent sous-lieutenants en 1687. Ces pépinières d'officiers ne remplirent pas l'attente du ministre, et tous les sujets sortis de ces compagnies servirent si mal, comme nous l'apprend Dangeau, que, sur les plaintes des colonels, Louis XIV cassa les compagnies en 1692.

Mais les cadets existaient avant Louvois.

Ce que les historiens auraient eu raison de dire, c'est que Louvois voulut fonder une école militaire aux Invalides. La pensée en était venue à Mazarin. Louvois l'adopta et rédigea les règlements.

VII

Louvois fut occupé des affaires du Piémont depuis 1681 jusqu'en 1684. Sa correspondance, très volumineuse en cet endroit, n'offre qu'un intérêt rétrospectif sans réelle importance. Ce ne sont qu'intrigues qui se nouent et se dénouent, et prouvent combien souvent l'ambition est souple, fausse et sans dignité.

Louvois promenait constamment son regard sur l'Europe. Dans la même journée, il traitait quelque affaire en Italie, aux Pays-Bas, en Espagne ou en Angleterre. Puis ses yeux s'arrêtaient sur les objets qui l'entouraient, et son front se rembrunissait. Colbert et son fils Seignelay l'inquiétaient de plus en plus. Enfin la mort de Colbert fut pour Louvois une nouvelle occasion de reconnaître la bienveillance de Louis XIV, qui le nomma surintendant des bâtiments, charge importante sous un roi qui avait le goût des constructions.

On a reproché à Louvois d'avoir été sans cesse jaloux de l'antique noblesse, lui qui appartenait, comme Colbert, à la classe des anoblis. Le cardinal de Richelieu avait commencé l'affaiblissement de cette vieille noblesse française, qui considérait le roi comme un des siens, le premier sans doute, mais non le maître. Suivant la politique du cardinal de Richelieu, Louvois attira les grands seigneurs à la cour, et donna pour but à leur ambition de vaines distinctions. Les officiers de fortune rivalisèrent avec les chefs des premières maisons de France, et les titres les plus glorieux ne furent que des distinctions honorifiques. La noblesse cessa peu à peu d'habiter les provinces et d'y exercer une influence qui avait contre-balancé celle de la royauté. Cette noblesse se ruina dans le monde de la cour, et vendit ses terres pour soutenir son rang et se mettre en équipage. Les peuples cessèrent de respecter une institution qui ne les protégeait plus. Louvois représentait à Louis XIV qu'il fallait dominer l'esprit altier et même séditieux de la noblesse. Il rappelait que cette noblesse avait deux fois chassé le roi de sa capitale. Cette turbulence, ajoutait Louvois, serait facilement occupée par la guerre et par les charges de cour.

On a dit aussi que Louvois avait conseillé au roi l'abaissement des parlements. Il n'avait alors qu'à appeler l'attention de Louis XIV sur le rôle perfide et dangereux qu'avaient joué, dans la Fronde, les compagnies parlementaires. Il y avait donc péril pour la couronne à laisser poursuivre de tels empiètements. Louvois encourageait, en se tenant dans l'ombre, l'indignation de la noblesse, qui ne voyait pas sans colère les présidents s'asseoir au-dessus des ducs et pairs, qui tenaient le premier rang dans l'État comme dignitaires politiques.

Si ces accusations sont fondées, faut-il en faire un crime à Louvois? Son but était de fonder la monarchie, c'est-à-dire l'autorité durable, la seule qui ne se discute pas, car elle vient de Dieu, et ses racines pénètrent dans les entrailles de la terre de France.

Toutes les lettres si humbles que nous avons reproduites, et que les grands seigneurs écrivaient à Louvois, prouvent qu'il sut se rendre maître de cette noblesse. Il se fit le protecteur et l'ami des parvenus à juste titre, tels que Vauban et Catinat.

Il s'est trouvé des écrivains qui ont reproché à Louvois de ne se préoccuper ni du commerce, ni de l'industrie, ni des sciences, ni des arts, mais uniquement des institutions militaires et de la guerre. Il ne faut pas oublier qu'il était ministre de la guerre, et que près de lui Colbert remplissait admirablement ses fonctions pacifiques. Comme la guerre et les traités se trouvaient en perpétuel contact, Louvois se préoccupait des affaires étrangères; mais ses attributions personnelles avaient une telle étendue et une telle importance, qu'il semblait se désintéresser des questions intérieures étrangères à son département.

Lorsqu'on considère l'immensité des travaux de Louvois, on doit être saisi d'admiration pour Louis XIV, qui travaillait successivement avec chacun de ses ministres, lisait leurs rapports, méditait et ordonnait. Les ignorants, éblouis par un éclat sans pareil, n'ont vu que les grandes fêtes, les grands sièges, les grands palais, les grandes faiblesses. Ils n'ont jamais vu ce roi, plus laborieux qu'aucun de ses sujets, veillant à la clarté d'une lampe, méditant de longues heures, et passant d'une question de guerre à des combinaisons commerciales, à la création d'un port ou d'un hôpital, écrivant tour à tour à Turenne et à Racine, à Colbert et à Duquesne, à Vauban et à Bossuet; puis traçant d'une main ferme des instructions pour le dauphin et le roi d'Espagne. La constante préoccupation du roi est la grandeur de la France.

Il faut admirer Louvois pour la part qu'il prit à cette grandeur. Mais on commettrait une erreur regrettable en pensant que le roi ne fut grand que parce qu'il eut de grands ministres; c'est le contraire qui est vrai : il eut de grands ministres, parce qu'il les choisit dans la foule, les forma, les disciplina et en fit d'admirables instruments. Louvois fut le meilleur de ces instruments, c'est un honneur suffisant pour la mémoire d'un homme.

La paix de Nimègue, toute glorieuse qu'elle fût, plaçait Louis XIV dans un isolement qu'il accepta fièrement. Il se tint debout sur son trône, regardant de haut l'Europe frémissante.

7*

Après avoir mis la main sur Strasbourg, Louis s'empare de Casal, clef du Montferrat. Il construit Landau et Huningue pour fermer l'Alsace; Bitche et Phalsbourg, pour fermer les défilés des Vosges; Sarrelouis, pour fermer les passages de la Sarre; il entoure Metz, Lille, Valenciennes de remparts aussi formidables que ceux de Strasbourg. Il coordonne entre elles les places qui forment au nord une triple ligne de murailles; il y construit des arsenaux, des casernes, des hôpitaux. Pendant ce temps, il creuse ou complète les ports de Toulon, de Brest et de Rochefort; il arme cent vaisseaux, lève soixante mille marins, promène ses flottes dans les eaux de la Méditerranée, fait trembler Alger, Tunis et Tripoli, et brise les chaînes des captifs.

Les puissances réunies pouvaient songer à la résistance, et le stathouder semait l'alarme dans toutes les cours. Mais Louis XIV paralysait l'Empire par sa diplomatie. Soulevant les vieilles haines de la Porte Ottomane contre la maison d'Autriche, il voyait un jour deux cent mille musulmans, unis aux troupes hongroises, marcher sur Vienne, et l'empereur Léopold s'enfuir jusqu'à Lintz.

Il ne faudrait pas croire que Louis XIV fît des vœux pour les musulmans. Loin de là, il se réjouit de la victoire de Jean Sobieski. Voici ce que dit, à ce sujet, l'honnête Chamlay, dont nous parlerons : « Quoique la perte de Vienne eût pu procurer de grands avantages au roi, par rapport à sa propre gloire et aux intérêts de son État, Sa Majesté, qui était animée d'un autre esprit, et qui regardait le bien en général de la chrétienté, préférablement à tout ce qui pouvait lui convenir, apprit avec un plaisir infini le secours de cette place. »

La chambre de Metz, qui plongeait un regard indiscret sur les titres de propriété, et donnait l'alarme aux possesseurs des seigneuries, découvrit, pendant l'été de l'année 1681, qu'un comté fort important appartenait à la France. Tel ne fut pas l'avis du prince de Chimay, gouverneur du duché de Luxembourg. Louvois fit alors franchir la frontière à quatre corps de cavalerie, qui devaient vivre sur le territoire espagnol, et se borner à repousser la force par la force.

Pendant ce temps, la chambre de Metz découvrit que presque tous les villages du duché de Luxembourg avaient été distraits et qu'ils appartenaient au royaume de France. Louvois fit donc occuper ces villages par des troupes françaises, malgré les protestations des agents de l'Espagne. Les soldats, tout en se promenant dans les champs, allaient jusqu'aux portes de Luxembourg. Afin d'empêcher les soldats de commettre des désordres, des patrouilles armées parcoururent le pays. Ces patrouilles en vinrent bientôt à faire la police, à visiter les voitures et à confisquer les denrées qu'elles contenaient. Les habitants et la garnison de Luxembourg ne tardèrent pas à être privés de vivres.

Poussés à bout, les Luxembourgeois firent, pendant une nuit, une sortie furieuse, désarmèrent un poste français, et firent entrer un convoi dans la place.

Le blocus de Luxembourg commença. Nul ne doutait que la place ne fût prise par Louis XIV, lorsqu'au mois de mars 1682 l'armée française se retira. Ce fut comme un coup de théâtre.

Faut-il supposer que le roi ne fut inspiré que par le désir de ne pas désunir la chrétienté, au moment où le Turc la menaçait ?

Plusieurs camps avaient été formés en France pour l'instruction des troupes. L'Espagne et les Pays-Bas s'en émurent, et Louvois répondit « que les camps d'instruction n'étaient pas chose nouvelle dans la pratique militaire de la France, et que le roi était parfaitement le maître d'y exercer ses troupes, aussi bien que de les y visiter, comme il fit, en effet, pendant les mois de juin et de juillet ».

Mais tout à coup, le 31 août, le baron d'Asfeld se rend à Bruxelles, chez le gouverneur marquis de Grana, et lui annonce qu'un corps d'armée de trente-cinq mille hommes entrerait le lendemain sur les terres de son gouvernement, pour punir le roi d'Espagne de n'avoir pas accepté l'arbitrage du roi d'Angleterre, qui voulait faire rendre justice à la France.

Le baron d'Asfeld ne laissa pas ignorer au marquis de Grana « qu'au premier feu qui serait mis par représailles, sur les terres de l'obéissance du roi, le maréchal d'Humières avait ordre de brûler cinquante villages aux portes de Bruxelles ».

De son côté, l'intendant le Pelletier devrait imposer à la Flandre espagnole une contribution de trois millions de florins.

Le 12 octobre, le marquis de Grana eut l'ordre de repousser la force par la force. Les villages français furent alors pillés, brûlés par les Espagnols, tandis que les bourgs et les villes étaient condamnés à de fortes contributions. Louis XIV défendit de se soumettre à ces impôts, sous peine de galères. Le roi écrivit au maréchal d'Humières : « Je vous ordonne de faire toujours brûler cinquante maisons ou villages pour un qui l'aurait été dans mes États. » Cette lettre, du 24 octobre, fut suivie, dix jours après, de la déclaration de guerre de l'Espagne à la France.

Louvois se hâta de s'emparer de la ville de Courtray. Le maréchal d'Humières écrivit à Louvois une lettre qui fait connaître Vauban : « Je n'ai jamais pu empêcher M. de Vauban d'aller dans la ville, pendant l'attaque de la citadelle ; il m'a promis positivement qu'il ne bougerait de son logis, où il se ferait rendre compte par ses ingénieurs de ce qui se passerait. J'ai même chargé M. le marquis d'Uxelles de ne le point quitter, et de l'empêcher d'approcher de la citadelle. Nous avons pensé nous brouiller là-dessus ; vous savez qu'on ne le gouverne pas comme on voudrait ; et si quelqu'un mérite d'être grondé, je vous assure que ce n'est pas moi. »

Cet homme si courageux était humain dans la guerre. Louvois, après la prise de Courtray, forma le projet de bombarder quelques villes flamandes, et consulta Vauban qui répondit : « Ces sortes d'expéditions, que je n'approuve pas autrement, à cause des retours qu'elles peuvent avoir, ne sont bien praticables que dans les saisons qu'on peut tenir la campagne, et quand on peut les exécuter comme en passant ; non qu'il y ait de l'impossibilité à le pouvoir faire présentement, mais c'est que le dommage en surpassera tellement le profit, que je ne vois pas de raison qui nous doive obliger de les tenter. »

En donnant ces raisons à Louvois, Vauban dissimulait la principale, pour ne pas dire la juste, c'est que le bombardement est une cruauté envers les habitants, sans nuire aux fortifications et à la garnison. Mais l'homme de guerre savait que cette raison serait sans influence sur l'esprit du ministre.

Forcé de renoncer à ses projets de bombardement, Louvois donna l'ordre au maréchal d'Humières de livrer au pillage tout le plat pays ; tandis que le marquis de Boufflers et le comte de Montal dévastaient les campagnes jusque dans la banlieue de Bruxelles, brûlant les villages, enlevant les troupeaux, poursuivant les paysans comme des bêtes fauves.

Louvois reçoit les magistrats de Strasbourg. (Ch. III.)

CHAPITRE III

Malgré l'avis de Vauban, Louvois ne renonçait pas à bombarder. Il donna l'ordre au maréchal de Créqui de lancer quatre mille bombes sur les maisons de Luxembourg. Cette exécution s'accomplit pendant cinq jours et se termina le 26 décembre.

Quatre mois après, les habitants de Luxembourg n'avaient pas encore relevé leurs murailles, lorsqu'une armée française parut devant la ville. Elle allait soutenir un siège. Le maréchal de Créqui dirigeait cette grande opération militaire. Louvois avait déployé un luxe inutile de corps d'armée. Le marquis de la Trousse avait cinq mille chevaux, près de Sedan; le comte de Montal trois mille, entre Sambre et Meuse; enfin Louis XIV en personne commandait une armée aux environs de Condé. Le maréchal de Créqui comptait dans ses camps, autour de Luxembourg : trente-quatre bataillons, huit mille cavaliers, une formidable artillerie et des munitions considérables. En lui envoyant Vauban, le roi avait écrit : « Sa Majesté commande audit sieur maréchal de donner au sieur de Vauban tout le temps nécessaire pour la conduite des travaux qui seront à faire pour la réduction de cette place, en sorte qu'elle se puisse faire avec le moins de perte qu'il se pourra. Elle recommande aussi audit maréchal de donner de tels ordres, que l'on empêche que le sieur de Vauban ne s'expose inutilement. »

Avant de se mettre à l'œuvre, Vauban écrivit à Louvois : « J'aurai l'honneur de vous rendre compte de tout, le plus souvent que je pourrai, mais non pas tous les jours, car il m'est impossible de vous faire faire tous les jours un plan, quelque mal griffonné qu'il puisse être. D'ailleurs je vais entrer dans des occupations violentes et continues, qui ne me permettront pas grande écriture. »

Nous allons voir cependant que Vauban, malgré ses occupations, trouva le temps d'écrire. Nous n'aurions pas réveillé ce souvenir, s'il ne montrait Louvois distribuant les faveurs.

Après la troisième nuit de tranchée, Vauban, qui a reçu son courrier, écrit au ministre de la guerre : « J'apprends que la mort de M. de Forbin laisse deux abbayes vacantes, dont l'une est près de Sens, qui est tout contre mon pays. S'il plaisait au roi d'avoir la bonté de me l'accorder, en reprenant celle de Brantôme, il pourrait faire plaisir à quatre personnes en même temps : premièrement à moi, qui suis son très zélé sujet, et qui fais humainement ce que je puis pour mériter le pain qu'il a la bonté de me donner; 2º à mon neveu Dupuy, en lui accordant une pension dessus; 3º à mon frère l'abbé, et 4º à celui à qui il lui plairait de donner l'abbaye de Brantôme. »

Louvois répondit sans perdre un instant : « Je crains que vous n'ayez écrit un peu tard sur les abbayes qui vaquent par la mort de M. de Forbin; mais vous pouvez compter que, soit de cette vacance, soit des plus prochaines, vous aurez la satisfaction que vous désirez, et que je dirais que vous méritez, si vous ne m'aviez pas fait attendre si longtemps les plans que je vous demande. »

Vauban n'eut rien. Louvois se fit donner pour l'un de ses fils la plus importante des deux abbayes devenues vacantes par la mort de M. de Forbin, celle de Vauluisant, qui valait plus de vingt mille livres de rente. L'autre abbaye, celle de Preuilly, fut donnée à l'évêque de Beauvais.

Pendant ce temps, le bon, le juste, le brave Vauban exposait sa vie et donnait à la France cette place de Luxembourg. On veillait sur ses jours parce qu'il était utile, indispensable, et que, lui mort, les places ennemies résisteraient aux maréchaux, à Louvois et même à Louis XIV.

Oui, on prenait soin de sa vie parce qu'elle était précieuse. Nous verrons comment ce grand homme fut récompensé après la conquête de Luxembourg.

CHAPITRE IV

1684-1686

Siège de Luxembourg, correspondance entre Louvois et Vauban. — Le grade de lieutenant général refusé à Vauban. — Ingénieurs. — Le soldat qui tient mal son fusil à la revue. — Les secrétaires d'Etat de la guerre le Tellier, son fils et son petit-fils. — Louvois donne d'utiles leçons. — Encore les cadets. — Le marquis de Grignan, colonel à dix-huit ans. — Les milices. — Le dépôt de la guerre. — Inventions de Vauban. — La comédie sera-t-elle permise? — La justice militaire. — Lettre de Louvois à Vauban. — Mort de Marie-Thérèse. — Le frère de Mme de Maintenon. — Arrestation de courriers. — De la révocation de l'édit de Nantes. — L'intendant Marillac est révoqué de sa charge. — Louvois cesse d'être modéré. — Lettre de Mme de Maintenon. — La réforme. — Lettre de Louvois. — Mort du chancelier le Tellier. — Bossuet prononce son oraison funèbre. — Conséquences de l'édit de révocation. — Persécution dans les Cévennes. — Mémoire de Vauban. — Louvois en cette circonstance.

I

Le 1er avril 1684, Louvois fit paraître l'instruction pour le siège de Luxembourg. Ce document, précieux à plus d'un titre et signé par le roi, était l'œuvre du ministre de la guerre, qui avait sans doute consulté Vauban, car tout était prévu. Cependant, si Louvois n'eût rédigé cette instruction, ce passage ne s'y trouverait pas : « ... Sa Majesté recommande audit sieur maréchal de Créqui de donner au sieur de Vauban tout le temps nécessaire pour la conduite des travaux qui seront à faire pour la réduction de cette place, en sorte qu'elle se puisse faire avec le moins de perte qu'il se pourra. Elle recommande aussi audit sieur maréchal de donner de tels ordres, que l'on empêche que le sieur de Vauban ne s'expose inutilement. »

Cette fois, le roi ne commandant pas en personne, ce fut le maréchal, chef de l'armée de siège, qui eut la direction suprême, et non l'ingénieur. On revenait aux vrais principes.

Vauban avait sous ses ordres soixante ingénieurs, nous dirions aujourd'hui, officiers du génie.

Le 28 avril, l'armée du maréchal de Créqui entoura la place de Luxembourg. Cette armée se composait de trente-quatre bataillons d'infanterie, de huit mille chevaux, d'un parc d'artillerie considérable et de tous les approvisionnements nécessaires.

Il est impossible d'avoir vu la place de Luxembourg sans en conserver un éternel souvenir. On est frappé d'une admiration mêlée de terreur, à la vue de ces rocs gigantesques, bizarrement enchevêtrés, séparés par des gouffres, au fond desquels mugissent des torrents. La main de l'homme a perfectionné cette barrière naturelle. Ces masses de granit, dont les sommets se perdent dans les nuages, laissent dans l'âme une profonde émotion.

A l'aspect de cette ville, le voyageur ne saurait comprendre qu'elle puisse être enlevée autrement que par la famine.

Cependant le soldat français s'était emparé de Luxembourg au milieu du XVIe siècle, lorsqu'il reparut sous ses murs en 1684.

Les défenseurs de la place, commandés par le prince de Chimay, étaient au nombre de 2,500 hommes, tous vieux soldats espagnols ayant longtemps guerroyé, et d'une bravoure à toute épreuve.

Vauban était heureux en considérant le rocher qu'il fallait renverser par de savants calculs.

Au milieu de ses méditations, il n'oublie pas que Louvois veut être informé de tout, même avant le roi. Après avoir donné ses ordres, le grand ingénieur écrit à son ministre :

« 8 mai. Ce soir nous ouvrirons la tranchée par quatre endroits différents, ce qui, joint à la situation de la garde de cavalerie, fera une espèce de contrevallation à la place, qui les réduira tout d'un coup à ne pouvoir pas mettre le nez hors de la contrescarpe. Dans trois ou quatre jours, j'espère que nous serons maîtres de la ville basse, moyennant quoi il n'y aura plus que les oiseaux du ciel qui pourront y entrer et sortir; et tous seront enfermés et amoncelés dans la ville haute, où nous les écraserons à plaisir.

Toutes les batteries ensemble contiendront trente-cinq à trente-six pièces de canon, avec lesquelles nous ferons un terrible ravage. La disposition est la plus belle que j'aie faite de ma vie; les ingénieurs sont tous instruits, et les troupes savent ce qu'elles ont à faire... Les ingénieurs qui sont ici, s'attendent que vous aurez la bonté de leur faire payer le mois d'avril; de ma part je vous supplie très humblement de le faire, parce qu'ils sont d'une gueuserie qui n'est pas croyable. »

Louvois demande à Vauban l'époque précise où Luxembourg succombera. Vauban répond : « Quand je verrai jour à pouvoir vous faire des pronostics sur l'avenir avec quelque apparence de certitude, je ne manquerai pas de le faire ; mais trouvez bon que je ne m'érige pas en mauvais astrologue. Il y a de certains événements dont Dieu seul fait le succès et le temps qu'ils doivent arriver. C'est aux hommes à y apporter tout ce qu'ils savent de mieux pour les faire réussir, comme je ferai, Dieu aidant. »

C'est presque le mot si grand d'Ambroise Paré : « *Je le pansay, Dieu le guarit.* »

Les assiégeants firent des progrès dans la nuit du 13 au 14 mai, et Vauban écrivit à Louvois : « Cela a fait un grand bruit et produit une fort grande tiraillerie; cependant de tout ce tintamarre, il n'y a pas eu un seul des grenadiers de la gauche de blessé, et fort peu de la droite. Sans la mort du marquis d'Humières, le tout se serait passé en risée. Ce pauvre garçon était de garde avec son régiment; toute la soirée il m'avait suivi jusqu'à n'en pouvoir plus; ma disposition faite, je le laissai à la tête de son bataillon, d'où il ne sortit que par curiosité de voir cette action où, ayant fort longtemps regardé par-dessus le parapet, malgré tout ce que put lui dire M. de Maumont, qui fit tout ce qu'il put pour l'en dissuader aussi bien que le comte du Plessis, il y reçut enfin un coup de mousquet qui le tua tout raide. »

Le marquis d'Humières était le fils unique du maréchal d'Humières, ami particulier de Louvois, et l'un des courtisans préférés de Louis XIV.

Le maréchal de Créqui écrivait de son côté à Louvois, moins pour lui donner des nouvelles du siège que de la personne de Vauban : « Un de mes principaux objets, c'est de ménager M. de Vauban et de le contenir; mais je ne le fixe pas autant qu'il serait à désirer; il m'a pourtant promis fort sérieusement qu'il ne s'attacherait qu'au nécessaire, retranchant tout le reste. »

Louvois, inquiet à la seule pensée d'une telle perte, adresse à Vauban cette recommandation : « Conservez-vous mieux que vous n'avez fait par le passé, l'emploi que vous avez vous obligeant assez à vous exposer, sans que vous vous amusiez à carabiner de dessus les cavaliers. »

Vauban est d'une simplicité antique dans sa réponse : « La nécessité où je me trouve de faire, tous les jours, deux voyages à la tranchée, de six à sept heures chacun, me met dans l'impuissance de faire de longs discours. Présentement je fais percer pour entrer dans l'Arabie Pétrée, c'est-à-dire dans ce large avant-chemin couvert, où l'on ne trouve plus que le roc vif... »

Seul, et sans même consulter Vauban, Louvois avait arrêté les approvisionnements et tous les accessoires. Vauban lui adresse une sorte de reproche : « Si ceux qui ont réglé le nécessaire avec vous avaient été de bons assiégeurs de places, ils auraient dû prévoir que pour faire un siège de Luxembourg il fallait du moins douze ou treize milliers de poudre, avec cinquante pièces de batterie. »

La défense était vigoureuse, et les ruines s'amoncelaient d'heure en heure.

Le 28 mai, un assaut fut livré à l'un des principaux ouvrages. Quatre mille cinq cents grenadiers s'élancèrent par trois brèches, et l'on combattit corps à corps. Un magnifique spectacle s'offrit aux regards des combattants et suspendit pour un instant cette lutte héroïque. Quinze officiers espagnols, à cheval, magnifiquement vêtus, l'épée à la main, s'élancèrent d'une poterne et chargèrent dans le fossé. Saisis de surprise, les grenadiers français hésitèrent un instant, mais se précipitèrent enfin la baïonnette croisée sur les chevaux. Il y eut une mêlée comme en décrivait le poète. Frappés par les balles plongeantes qui tombaient de la crête du fossé, percés par le fer, entourés de toutes parts, ces braves cavaliers castillans se firent tous tuer pour ne pas survivre à la défaite.

Le 30 mai, Vauban, considérant le siège comme touchant à sa fin, écrit à Louvois : « Vous trouverez ci-joint un état des ingénieurs blessés (Cinq morts, sept hors de service pour toujours et trente blessés, soit quarante-deux sur soixante.) Comme les ingénieurs sont ceux qui s'exposent le plus de l'armée, et, à proprement parler, les victimes des autres, j'espère que vous voudrez bien avoir quelque bonté pour eux. Voici bientôt le siège qui va finir, ce qui m'oblige à vous demander en grâce de venir en poste faire un tour ici, pour la satisfaction de votre propre curiosité et pour ma justification; sans quoi je me brouille avec vous pour le reste de mes jours. Songez, Monseigneur, que je soutiens la plus grande fatigue du monde depuis le 23e d'avril, et que si vous ne me donnez pas deux ou trois jours de repos après le siège, je suis un homme confisqué, et de l'heure qu'il est, je suis si las et si endormi que je ne sais plus ce que je dis. »

Le gouverneur de Luxembourg, prince de Chimay, capitula le 7 juin, et la garnison, qui avait perdu 1,500 hommes, défila par la brèche, avec armes et bagages, drapeaux au vent, traînant quatre canons et un mortier.

L'armée française, rangée en bataille, présenta les armes, et les enseignes firent le salut militaire.

Invité de nouveau par Vauban à venir visiter Luxembourg, Louvois s'excusa, disant que le roi ne lui permettait pas d'absence. La lettre de Louvois à Vauban renferme un passage qui peint les mœurs du temps : « ... La satisfaction que Sa Majesté a du service que vous lui venez de rendre, l'a portée à vous donner trois mille pistoles par gratification. »

Une telle récompense avait un caractère mesquin. La seule qui fût digne de Louis XIV et de Vauban était le grade de lieutenant général. Ce grade, que Lauzun et tant d'autres trouvaient à la cour, Vauban n'avait pu le conquérir sur les remparts ennemis.

Il est impossible de mettre plus de grâce et d'esprit que ne fit Vauban pour demander ce grade. Après la prise de Luxembourg, il écrivit à Louvois, ministre de la guerre et en même temps surintendant des postes : « Je ne sais, Monseigneur, comme quoi le monde l'entend; mais je me trouve obligé de vous demander justice sur une forfanterie que l'on me fait depuis le siège de Luxembourg, et dont je ne peux arrêter le cours. On m'écrit de toutes parts pour me féliciter, dit-on, de ce que le roi a eu la bonté de me faire lieutenant général; même on l'imprime dans les gazettes de Hollande et le journal historique de Woerden; cependant ceux qui le doivent mieux savoir n'en mandent rien. Faites donc, s'il vous plaît, Monseigneur, ou qu'on me rende le port de quatre-vingts ou cent lettres que j'en ai payé, ou que tant de gens de bien n'en soient point dédits, en procurant à Sa Majesté que je le sois effectivement. Vous ne devez point appréhender les conséquences ; je n'en ferai aucune, et le roi n'en sera pas moins servi à sa mode. Tout le changement que cela produira est que j'en renouvellerai de jambes, et toute la suite que j'en attends est un peu d'encens chez la postérité, et puis c'est tout. Au reste, si vous doutez de ce que j'ai l'honneur de vous mander, je vous enverrai toutes mes lettres, car il ne m'en manque pas une. »

Deux raisons empêchèrent Louis XIV de nommer Vauban lieutenant général, quoique l'opinion publique fût favorable à cette promotion. La première vint du maréchal de Créqui, commandant du siège, et qui sollicita la dignité de maréchal général accordée à Turenne. Louvois conseilla au roi de ne pas faire revivre une charge dont les attributions mal définies pouvaient donner lieu à des difficultés. Louis XIV n'accorda donc pas la faveur sollicitée par M. de Créqui. Il jugea convenable de ne pas récompenser Vauban, qui, aux yeux de l'armée, aurait pu paraître plus méritant que son chef. La seconde raison était plus sérieuse.

La fonction d'ingénieur était nouvelle, et les préjugés nobiliaires avaient fait considérer la fortification comme une œuvre manuelle.

Enginiour, comme disait Michel Montaigne, venait de engin, machine. Les plus anciens écrivains militaires nommaient l'ingénieur *magister fabrum,* maître des ouvriers.

Pendant longtemps, les ingénieurs employés dans l'armée française étaient étrangers. Godefroy de Bouillon s'empara de Jérusalem à l'aide de Génois. Philippe-Auguste fit venir d'Italie des ingénieurs plus ou moins habiles en mathématiques. Ces ingénieurs, qui n'étaient pas officiers, mais seulement engagés pour un siège ou une entreprise déterminée, avaient sous leurs ordres des *piqueurs* et des *pionniers* étrangers à l'armée. Philippe de Clèves nous apprend que de son temps, en 1520, le maître de l'artillerie fait construire les *taudis* par un capitaine secondé de *pionniers.* Les *taudis* dans les xive et xve siècles signifiaient les tranchées, les places d'armes établies pour les sièges. Ces travaux grossiers permettaient de faire à couvert les approches. De là l'expression *taudisser,* pour élever des fortifications, construire des baraques. Le mot *taudis* a disparu de la fortification, mais il a été longtemps en usage dans la milice anglaise.

Bayard et Montluc employèrent, les premiers, quelques Français en qualité d'ingénieurs ou architectes. Les deux premiers ingénieurs habiles furent amenés d'Italie par Catherine de Médicis. Ils se nommaient Marini et Relogio. Sous Henri IV et sous Louis XIII, l'ingénieur n'existait pas encore, et l'on ne trouvait que difficilement des hommes capables pour les travaux de siège.

Sully, joignant en 1602 la surintendance des fortifications au titre de grand maître de l'artillerie, créa, à l'issue des guerres civiles, une sorte de corps d'ingénieurs. Ce n'était qu'une agrégation d'un petit nombre de chefs à paye fixe qui, pour les besoins du service, se complétaient momentanément en empruntant des officiers à l'infanterie.

Au nombre de ces chefs était Érard, le premier de nos théoriciens. La qualification de *surintendant des fortifications* fut donnée aux ministres de la guerre Servien, Sublet, le Tellier et Louvois, et la fortification entra dans les attributions du ministre. Le goût de Louis XIV pour les sièges encouragea un grand nombre d'officiers d'infanterie à étudier sérieusement la fortification. Des mathématiciens non militaires prirent place parmi ces officiers, mais ne constituèrent pas un corps spécial d'ingénieurs. Vauban dut prendre tous ses grades, jusqu'à celui de maréchal de camp, dans les régiments d'infanterie. Il était donc au siège de Luxembourg maréchal de camp dans l'armée, et remplissait les fonctions d'ingénieur. Il n'eut jamais plus de soixante employés sous ses ordres pour accomplir ses immenses travaux.

A la paix de Ryswick en 1697, le nombre des ingénieurs était devenu très considérable, puisqu'on en comptait près de six cents. Ils furent licenciés, et, quoique officiers d'infanterie pour la plupart, ils ne purent rentrer dans leurs anciens corps et n'obtinrent pas de pension de retraite. Alors ces hommes, élèves de Vauban, et qui connaissaient ses méthodes et ses secrets, passèrent à l'étranger. Ils servirent dans les armées allemandes, en Espagne, en Italie, en Angleterre, et y répandirent les doctrines de leur maître. Vauban devint ainsi le précepteur de tous les ingénieurs de l'Europe, et notre supériorité en fortifications ne tarda pas à s'effacer.

On est surpris que Louvois, qui lui aussi aimait la guerre de sièges, n'ait pas eu la pensée de créer un corps spécial d'ingénieurs militaires. Vauban lui en aurait tracé tout le plan.

Ces détails étaient nécessaires pour faire comprendre pourquoi Louis XIV refusait de nommer Vauban lieutenant général. Cet avancement eût créé des droits pour les autres ingénieurs, qui, suivant le grade qu'ils occupaient dans l'infanterie, fussent devenus capitaines ou colonels.

Rien n'aurait été plus juste, mais la puissance des préjugés est incalculable. Il appartenait à Louvois d'éclairer le roi et de lui montrer la justice; il n'en fit rien et se borna à donner à Vauban de banales consolations.

Vauban n'obtint le grade de lieutenant général qu'en 1688, quatre ans après le siège de Luxembourg.

Lorsque ce grand homme reçut le bâton de maréchal de France en 1702, Louvois était mort depuis douze ans. Saint-Simon devait sourire en écrivant ceci : « Vauban avait fait cinquante-trois sièges en chef, dont une vingtaine en présence du roi, qui crut se faire maréchal de France soi-même et honorer ses propres lauriers en donnant le bâton à Vauban. »

II

Il y avait dans les armées de Louis XIV un colonel nommé le comte de Mirabeau, officier d'une grande bravoure, d'un mérite exceptionnel et d'un esprit indépendant. Son neveu, l'orateur de la révolution, a laissé des notes fort intéressantes sur ce colonel, qui, par ses récits, a mis en lumière l'opinion des bons officiers sur le système bureaucratique établi par le Tellier et développé par Louvois.

Laissons parler Mirabeau l'orateur : « M. de Barbezieux, ministre de la guerre et fils du marquis de Louvois, était mort en 1701, à l'âge de trente-trois ans. Le roi ne lui avait pas encore nommé de successeur. Louis XIV avait trouvé à cet emploi le Tellier, qui l'avait transmis à son fils Louvois; celui-ci en fit, au grand préjudice de l'État et des affaires de son maître, le plus important des départements. Barbezieux, son fils, en hérita encore, et à sa mort, quand il fallut choisir, le roi, qui croyait avoir formé Louvois jeune et son fils enfant, nomma Chamillard, robin dont il était engoué, et qui ne manquait ni d'honnêteté ni de docilité, mais qui était incapable à l'excès. Dès lors tout s'en fut en lambeaux. Plus de plan, plus d'ordre, plus de règle. Augmentation énorme de troupes; expéditions éloignées partout, et partout pillage sur les vivres, les hôpitaux, les fournitures de toute espèce. L'épuisement était universel; et Chamillard, inepte et surchargé du département des finances, totalement anéanties, ne pouvait que laisser faire et devenir le prête-nom des signatures. *La suprématie des bureaux, qu'on a tant vue croître depuis, devient d'autant plus impérieuse qu'elle est moins respectée...* Les bureaux, représentant le ministre ou le faisant parler, eurent plus d'un débat avec le comte de Mirabeau, et voulurent lui donner des désagréments; en revanche il afficha le plus grand dédain pour le ministre et les bureaux; et désormais il adressa tous ses mémoires au roi, suivant, d'ailleurs, sa manière décisive et peu endurante. »

C'est là l'histoire de la plupart des chefs de corps des armées de Louis XIV; ils dédaignaient le ministre et les bureaux, et très souvent s'adressaient directement au roi. Les maréchaux s'accommodaient plus volontiers des façons de ses ministres, qui avaient l'oreille du roi, disposaient des faveurs et distribuaient les commandements.

Le roi souffrait volontiers que l'on vînt droit à lui, sans passer par les bureaux. Il était même flatté de cette confiance, qui à son caractère royal joignait une sorte de caractère de général en chef, caressant pour un esprit militaire.

Malgré son génie administratif, Louvois ne pouvait comprendre ces fiertés chevaleresques.

Si Louis XIV eût pris pour ministre de la guerre Turenne, ce grand génie de la guerre, ou Vauban, l'homme de savoir et de vertu, l'œuvre accomplie par Louvois n'eût pas été moindre. Mais la gloire personnelle de Louis XIV aurait souffert de la comparaison. Le roi préférait un commis, un jeune homme à former, un secrétaire. La fonction devenait même héréditaire, si bien que Louvois fut le fils et le père de secrétaires d'État. Sans doute ces fonctions ont été bien remplies, mais elles eussent été mieux remplies encore par des gens de guerre, animés de l'esprit militaire.

Depuis Louis XIV les armées ont succédé aux armées, et ce feu sacré s'est conservé sous les drapeaux, plus ou moins ardent, plus ou moins éclairé, mais toujours brûlant même sous la cendre. Des armées mal recrutées renfermaient dans leur sein de magnifiques caractères, et, dans les rangs les plus humbles, se trouvaient des cœurs pleins de noblesse. Nous n'en donnerons qu'un seul exemple, emprunté aux Mémoires de Mirabeau qui parle de son grand-père, colonel dans les armées de Louis XIV :

« En faisant sa revue, mon grand-père vit un soldat qui tenait mal son fusil sur l'épaule. Quand il voulut en faire la remarque, le major lui dit à demi-voix : « Monsieur, vous saurez ce que c'est. »

« Ils passèrent, et il lui raconta le fait suivant. « Le régiment était à Sarrelouis, et dans les places il était, comme il est, défendu aux soldats, par un ban général, de mettre l'épée à la main sous peine d'avoir le poing coupé. Cet homme trouve deux de ses camarades qui se battent, court à eux et, suivant la règle qui dit qu'il ne faut jamais séparer deux épées croisées qu'avec une épée, il tire la sienne, se jette entre eux et leur dit : « Amis! que faites-vous? » La garde accourt. Les deux coupables fuient, et le caporal, car c'en était un, qui reste parce qu'il n'avait rien à se reprocher, est saisi l'épée à la main, et conduit au corps de garde. Il raconte la chose telle qu'elle est. On assemble un conseil de guerre; il y paraît avec fermeté, et répète la vérité. On lui demande le nom des coupables, et, sur son refus de les dénoncer, on le menace de lui faire subir la peine qu'il a encourue, quoique avec de bonnes intentions. Il répond froidement : « Je les connais, Messieurs, mais je ne les nommerai pas, et moins encore pour les mettre à ma place. Qui de vous dénoncerait son camarade? Non, je sauverai deux hommes au roi. Peu de soldats sont sûrs de rendre un tel service. J'ai encouru la peine, je la subirai. Je demande seulement une grâce, c'est qu'on veuille bien ne me faire perdre que le poignet gauche, afin que je puisse encore tirer l'épée pour de plus belles occasions. »

« ... Ce digne soldat fut condamné, et remercia de l'échange du poignet, qui lui fut accordé. Arrivé au billot, il dit au bourreau : « J'ai subi l'humiliation et l'appareil pour l'exemple, c'est là la peine; le reste est ordre du roi, je l'exécute. Il doit l'être de la main d'un soldat, retire-toi et me donne le couteau. » Il le prend en effet, et d'un coup fait sauter son poignet gauche.

« C'était là le soldat qui tenait du moignon la crosse de son fusil. »

Ni le Tellier, ni Louvois, ni Barbezieux ne tressaillaient d'orgueil, et ne sentaient leurs yeux mouillés de larmes à de semblables récits. Ils administraient supérieurement, ils savaient plus sans doute que les généraux, mais le sang qui coulait dans leurs veines n'était pas le sang du soldat. Jamais, en lisant leur correspondance si habile, on ne se sent ému.

Ils n'ont pas une pensée de Bayard, pas un mot de Henri IV. Leur exemple est fatal, parce qu'ils ne font rien pour les armes.

Un vieil officier, rentré dans sa maison après la guerre, racontait son voyage en Languedoc : « J'avais vu dans ce pays un homme en habit, figure et perruque rousses, qui faisait travailler des ouvriers, en murs de pierre sèche. C'était M. de Pérignan, qui était dans sa terre. Qui m'eût prédit alors que trente-cinq ans plus tard je verrais cet homme, sans sortir de sa terre, devenir duc et pair et cordon bleu, et que moi, après m'être fait casser les bras, les jambes et le cou, je reviendrais faire, à mon tour, des murs de pierre sèche, m'aurait fort étonné. »

Tel était le langage tenu par la plupart des officiers de l'armée pendant les glorieuses guerres de Louis XIV.

Les secrétaires d'État, pris dans l'ordre civil, à l'âge de vingt et un ans comme Louvois, ou comme Barbezieux à vingt-trois ans, pouvaient se former au travail ; mais ni leurs séjours aux camps d'instruction, ni leurs relations avec les troupes, ne leur faisaient connaître l'armée. Ils n'en savaient que la surface et ne pouvaient en savoir mieux.

Rien n'est plus facile que la connaissance superficielle des troupes, mais rien de plus rare que de pénétrer dans l'âme de l'armée.

Nous ne saurions trop répéter que tous les progrès réels en armements et en formations tactiques sont l'œuvre de Turenne.

Il est incontestable que Louis XIV porta l'ordre dans une grande partie du militaire. Sa réforme la plus importante fut l'abandon des piques et des hallebardes, et l'adoption du fusil, qui devint la principale force de l'infanterie, et permit de diminuer le nombre des rangs ; le front des bataillons restant à peu près le même, la profondeur seule diminua sans inconvénient à cause des armes nouvelles. Le génie de Turenne chercha dans ce qui existait un élément pour former la division d'armée qu'il voulait introduire. Il choisit alors le bataillon et imagina la brigade, instrument de grande tactique.

Les véritables réformateurs, ceux qui ont constitué l'administration militaire, sont : Sully, le Tellier et Louvois ; mais les réels progrès sont dus aux hommes de guerre personnifiés par Turenne.

Michel le Tellier se proposa un problème : *Entretenir*

au meilleur marché possible le plus grand nombre de troupes possible. Il avait une confiance entière dans Turenne, qui lui traça un plan.

Le mérite de Louvois est d'avoir provoqué d'utiles règlements dont il surveilla l'exécution sans passion pour le métier des armes, mais par esprit d'ordre et par amour pour son œuvre ministérielle.

Son regard plonge dans les moindres détails. Un jour il écrit aux inspecteurs : « Le roi a été informé que les capitaines de la garnison de Casal ôtent à leurs soldats les souliers qu'ils leur donnent le jour de la revue, et les laissent aller nu-pieds. » — Un autre jour : « Le roi a été informé que la plupart des officiers d'infanterie retirent dans leurs chambres les habits avec lesquels leurs soldats paraissent en revue, et les laissent aller dans la ville et monter la garde avec des habits fort dépenaillés. » — Le 17 juin 1683, il écrit : « ... Sa Majesté désire qu'entre ci et le printemps prochain, les officiers de chaque régiment de cavalerie soient habillés uniformément, et que leur habillement soit réglé de manière qu'il leur cause le moins de dépense que faire se pourra. » — 10 décembre 1683 : « ... Il faudra mettre une pièce de cuir sur l'épaule gauche de chaque soldat, pour faire qu'il porte plus facilement son mousquet, et qu'il n'use point son justaucorps. » — 23 février 1685 : « Sa Majesté ne veut point que l'on mesure les soldats, et il ne faut point chasser un vieux soldat parce qu'il est trop petit, ni un jeune homme de belle espérance. »

La taille du soldat n'était pas encore déterminée par les règlements.

Louvois voulait que justice fût rendue aux simples soldats. La lettre suivante en est une preuve admirable. Cette lettre est adressée au gouverneur de Fribourg, M. Dufay, qui avait défendu Philippsbourg avec une grande bravoure. Malgré son étendue, nous reproduisons ce document qui met à nu les plaies honteuses qui rongeaient les armées de Louis XIV, et prouve mieux que tous les discours une corruption profonde parmi les officiers. Cette lettre est du 9 novembre 1683 :

« Le roi a appris avec la dernière surprise ce qui s'est passé à Fribourg, au sujet du soldat qui a été passé par les armes : et il a été nécessaire que Sa Majesté se soit souvenue de vos anciens services et de ce que vous avez fait à

CHAPITRE IV

Philippsbourg, pour ne pas vous priver de votre emploi et vous faire mettre en prison. Les exemplaires qui vous ont été envoyés des ordonnances du roi ne vous peuvent laisser ignorer que Sa Majesté désire que les capitaines donnent quatre sols par jour à leurs soldats, hors pour les jours qu'ils travaillent actuellement; ainsi vous n'avez pas pu souffrir, sans contrevenir à ses ordonnances, que les capitaines de la garnison de Fribourg se soient mis sur le pied de retenir un sol généralement à tous les soldats, soit qu'ils travaillassent ou non, et même pour les jours où il n'y avait aucun travail. Les soldats ont pu et dû s'adresser à vous, pour vous demander l'exécution des ordonnances du roi, et on n'a pu, sans une injustice manifeste, leur imputer à crime de l'avoir fait. Quand il y aurait eu quelque chose à dire sur ce qu'ils se sont assemblés en trop grand nombre, la prison de celui qui vous a présenté la requête suffisait, et il n'était rien arrivé d'assez pressant pour ne pas attendre les ordres de Sa Majesté sur ce que vous aviez à faire; et ç'a été sans nécessité qu'un jour comme le premier de ce mois (fête de la Toussaint), vous avez fait assembler les troupes pour mettre à la discrétion des officiers qui, en cette occasion, sont les parties, le jugement de trois soldats qui n'avaient aucunement failli.

« Sa Majesté a regardé comme un assassinat ce qui a été à l'égard du soldat qui a été passé par les armes sans avoir été entendu. Elle sait bien qu'il ne faut pas souffrir que les soldats se mutinent, et qu'il est des occasions où il en faut tuer ou faire exécuter sur-le-champ pour les contenir; mais en ce qui s'est passé, le premier de ce mois, il n'y avait rien qui méritât de pareilles démonstrations, et votre devoir vous obligeait à punir les officiers, lesquels, contre l'intention et la volonté de Sa Majesté, retenaient à leurs soldats une partie de leur solde. J'adresse à M. de la Chétardie (l'intendant) les ordres du roi nécessaires pour interdire les officiers qui ont assisté au conseil de guerre, et pour faire mettre en prison les commandants des corps qui ont souffert que l'on retînt aux soldats l'argent qui devait leur être délivré, suivant les ordres du roi. Sa Majesté ordonne à M. de la Grange de se rendre à Fribourg, et de faire faire, en sa présence, raison aux soldats de tout ce qu'on leur a retenu depuis le 1er juillet dernier; et, pour apprendre au commissaire Saint-Germain de souffrir de pareils désordres, le roi ordonne qu'il soit envoyé prisonnier au château de Lanscroon, et m'a défendu de le jamais employer... »

Sans la correspondance de Louvois, on ignorerait jusqu'où pouvait aller l'injustice dans l'armée. Le 15 septembre 1684, le ministre donne cet ordre : « Un capitaine prend le pain d'un soldat pour nourrir ses chiens. Le capitaine X... sera mis en prison, et ses appointements d'un mois seront donnés au soldat avec son congé. »

Lorsque les troupes étaient en marche, les officiers précédaient ou suivaient la troupe dans des chaises roulantes (petites voitures). En garnison, ils abandonnaient leurs postes pour aller jouer, souvent chez leurs supérieurs. Ils se mettaient entre deux draps pendant la nuit, et ne se montraient pas aux casernes pour voir leurs soldats. Le service et la discipline étaient abandonnés aux bas officiers (sergents).

Louvois ne cessait de rappeler les ordres du roi, mais le mal venait de haut. Faut-il dire que le ministre de la guerre ne possédait pas toute l'autorité morale pour l'accomplissement de son œuvre? Il eût fallu, au ministère de la guerre, un maréchal de France entouré d'un grand prestige. Sous ce ministre, le roi aurait placé un administrateur comme le Tellier ou Louvois.

L'institution des *cadets* avait fait porter le mousquet à une foule de jeunes gentilshommes, pauvres pour la plupart, sans éducation, et qui, par leur contact avec des soldats peu délicats, s'habituaient aux choses indignes d'un officier. En ce temps-là, la maraude n'avait rien de répréhensible. Les cadets devenus officiers conservaient les mœurs de la soldatesque. A ce point de vue, l'institution des cadets fut une faute. Il importe que le jeune homme destiné au commandement militaire reçoive une éducation sévère et pure, et soit préservé de tout contact grossier.

Ces compagnies de cadets gentilshommes étaient d'ailleurs mal composées. Une foule de bourgeois, subitement enrichis par des moyens peu avouables, faisaient entrer leurs fils dans les cadets pour effacer les traces de leur propre origine.

La haute noblesse dédaignait pour ses enfants ces places de cadets, que l'on abandonnait aux hobereaux. Un bon et vrai gentilhomme devenait officier et même colonel d'emblée, sans se fatiguer à porter le mousquet, et sans se compromettre en compagnie de bourgeois vaniteux.

Qui ne se souvient du marquis de Grignan, petit-fils de Mme de Sévigné? En 1689, il obtint d'être nommé colonel du régiment que commandait son oncle le chevalier de Grignan. Celui-ci devint maréchal de camp. Le jeune marquis était depuis trois mois capitaine de cavalerie, et allait atteindre sa dix-huitième année. Bon jeune homme, d'ailleurs, parfaitement élevé, et n'ayant pas mauvais air à la tête de ses vieux cavaliers bronzés par la guerre. Mme de Sévigné écrit à sa fille : « Mon fils est en peine de voir un jeune enfant de dix-sept à dix-huit ans à la tête d'une si grosse troupe; il se souvient assez du temps passé pour savoir que c'est une affaire à cet âge que de commander d'anciens officiers. » De son côté, le marquis de Sévigné adresse à sa sœur ses félicitations presque critiques : « Votre enfant me paraît bien jeune, bien neuf, bien peu fait pour soutenir un aussi grand fardeau que celui dont il est chargé, un régiment de douze compagnies à dix-huit ans. Sera-t-il doux, on lui passera la plume par le bec; sera-t-il rigoureux et hautain, mais qu'il prenne garde d'avoir raison invinciblement, car d'user d'autorité et avoir tort, fait retomber dans de grandes humiliations. S'il est obligé de faire quelque action de rigueur, c'est une grande extrémité; s'il évite cette extrémité, les conséquences en sont dangereuses, surtout avec des *moustaches* et des *chamois* (les vieux officiers; chamois, culottes de peau). Enfin je le plains ; il est avancé de trop bonne heure, et cet avancement fait son malheur. »

Louvois corrigeait des abus et en laissait subsister d'autres plus graves. Il ne menait pas de front une grande réforme, et n'avait point un projet complet, bien arrêté. Il perfectionne les détails, mais l'ensemble lui échappe.

III

Un homme, quel que soit son génie, ne crée pas, n'improvise pas une institution. Il la complète, la perfectionne, et sait la mettre en rapport avec l'état de la société de son temps. Mais les institutions les plus larges, les plus utiles, ont eu un commencement fort modeste; beaucoup les ont améliorées progressivement, jusqu'au jour où quelque esprit plus élevé, plus clairvoyant, s'est emparé de l'idée et l'a conduite à sa perfection.

Ainsi, par exemple, l'institution des cadets venait de la chevalerie. Tout chevalier avait à sa suite des jeunes gens qu'il dressait pour la guerre. L'arrière-ban n'était, dans le principe, qu'un appel adressé aux vassaux par le seigneur, dans une circonstance critique et passagère. Le premier invalide fut un serviteur mutilé à la bataille et dont le châtelain soutenait la vieillesse à son propre foyer. Plus tard, ces serviteurs hors d'état de servir trouvèrent asile dans les couvents.

Louvois eut le talent et le mérite de perfectionner un grand nombre d'institutions; mais de là à être créateur, il y a loin.

Parmi les institutions anciennes qu'il perfectionna on doit placer la milice. Le nom, aussi bien que la chose, vient des Romains. *Milæ* signifiait la levée qui, dans le principe, avait lieu en prenant un homme sur *mille* par tribu. La milice existait en France sous Clovis, sous Charles Martel et sous Charlemagne. Elle disparut avec les maires du palais. Philippe-Auguste lui rendit son éclat; mais la chevalerie rejeta dans l'ombre la modeste milice, qui se déshonora aux croisades. Sous le roi Jean et sous Charles VI, la milice est sans courage; par un miracle, Jeanne d'Arc lui met dans l'âme une bravoure indomptable.

Charles VIII conduit sa milice en Italie, et François Ier envoie trois mille hommes de la milice au roi de Danemark Christiern, qui les fait massacrer par les Suédois. A Pavie, la milice compromet l'existence du royaume.

Il y avait donc autre chose que les milices locales, et Louvois n'eut même pas le mérite de généraliser une institution qui n'appartenait qu'à une portion du territoire. Son œuvre n'en est pas moins digne d'une sérieuse attention.

Le 9 décembre 1688, Louvois fit paraître une ordonnance royale en vertu de laquelle les intendants des provinces devaient lever dans chaque paroisse un ou plusieurs miliciens. Le nombre dépendait de la contribution foncière de la paroisse, qui devait pourvoir à l'armement et à l'habillement. Les célibataires de vingt à quarante ans contribuaient à ce recrutement. Ils recevaient une solde de deux sols par jour, payée par la paroisse.

Les dimanches et jours de fête, les miliciens étaient exercés au maniement des armes.

Les paroisses voisines les unes des autres formaient des compagnies et des régiments. Le total fut de trente régiments, donnant un effectif de 25,000 hommes.

Les officiers, choisis dans la province, étaient des gentilshommes retirés du service, qui touchaient une solde très faible.

Si une troupe de miliciens était appelée au service actif, on la traitait comme l'armée royale, soldée au même chiffre et soumise à la même discipline. Le service de la milice durait deux ans.

Dans le principe, les miliciens étaient choisis dans la commune, mais le peu d'empressement des villageois ne tarda pas à obliger au tirage au sort.

De tout temps, les miliciens avaient prêté à rire aux soldats de l'armée régulière. Il existe encore des recueils de chansons des XVe et XVIe siècles contre les miliciens. Il en fut de même sous le règne de Louis XIV. Une lettre de Louvois, du 1er septembre 1689, prouve que l'estime dont ils jouissaient comme corps militaire, n'était pas grande : « Le roi a été averti que les cavaliers et soldats insultent les soldats de la milice, en les appelant *paysans*, et proférant contre eux d'autres injures de cette nature. Il faut que cela cesse. »

La résurrection de la milice par Louvois ne dura que de 1688 à la paix de Ryswick, en 1697.

Rien n'est plus séduisant que l'espoir de trouver des hommes, citoyens en temps de paix, soldats en temps de guerre. La chose n'est pas impossible dans les sociétés jeunes encore. Mais, lorsque la civilisation est avancée et que les guerres sont meurtrières et savantes, le seul instrument de combat est le soldat de l'armée permanente. Ni l'arrière-ban, ni la milice, ni les levées en masse n'ont suppléé au manque d'instruction et de discipline.

L'année même où Louvois s'occupait activement des milices, il donnait ses soins à l'organisation du dépôt de la guerre. Ce serait commettre une erreur que de supposer que Louvois fut le fondateur de ce dépôt. Un grenier du château de Versailles recevait les lettres adressées au ministre de la guerre et les rapports, en un mot, tous les documents concernant la force publique. Aucun ordre ne régnait dans cette collection, fort incomplète d'ailleurs, où les recherches étaient impossibles. Louvois y mit en 1688 une grande régularité, fit réunir les cartes, les mémoires et tout ce qui était nécessaire au mécanisme de l'administration. Il fit collationner la correspondance des généraux et le plan des places fortes. Ce fut au commencement du xviii° siècle que cette collection fut transportée de Versailles à l'hôtel des Invalides à Paris. Mais il fallut de longues années pour que le dépôt de la guerre rendît de véritables services. Quelques commis y furent placés sous la régence pour rechercher les comptes des entrepreneurs des vivres. Cet établissement était tellement dépourvu de cartes que, dans la guerre de 1741, le maréchal de Saxe, et, dans celle de 1756, le maréchal de Richelieu ne purent en découvrir.

Louvois eut une heureuse pensée en réunissant les archives de son ministère. Cependant le dépôt de la guerre n'a été fondé que par des expériences lentes et successives, sous la direction du maréchal de Maillebois, de M. de la Vallière et de M. Devaux; Voltaire y puisa les matériaux militaires du règne de Louis XIV.

Aucun détail n'échappe à Louvois. Ses lettres aux maréchaux, aux généraux, aux intendants, sont pleines de recommandations relatives à l'uniforme, au tir du fusil, à la poudre, à l'équipement, à l'armement, et même à la tactique : témoin une lettre à Vauban sur les chevaux de frise et sur les feux de bataillon.

Louvois a nécessairement recours aux hommes spéciaux, qu'il consulte franchement, dans l'intérêt de l'armée. Ainsi, lorsque Vauban invente la baïonnette à douille et un nouvel équipement, Louvois lui écrit : « Le roi a entendu avec beaucoup d'attention la lecture de la lettre que vous m'avez écrite. Sa Majesté approuvera que lorsque vous viendrez vous fassiez apporter l'équipage de soldat dont elle fait mention. Cependant je vous prie de m'expliquer comment vous imaginez une baïonnette au bout d'un mousquet, qui n'empêche point que l'on ne le tire et que l'on ne le charge, et quelle dimension vous voudriez donner à ladite baïonnette... » Louvois écrit encore au marquis d'Humières, qui devint maréchal de France : « Je vous supplie de m'envoyer au plus tôt la platine à laquelle vous avez ajouté quelque chose de nouveau, avec la baïonnette dont la douille est différente de celle que j'ai vue, afin qu'après l'avoir examinée l'on puisse régler incessamment la manière dont les troupes en devront être armées. »

On doit remarquer que même à l'occasion des questions

techniques, Louvois prend pour intermédiaires des personnages qui ne font point partie de la hiérarchie militaire. N'étant pas lui-même officier général, il avait une tendance à s'écarter de certaines règles qui tiennent plus qu'on ne pense à la discipline.

Pourquoi ne pas adresser aux généraux ou aux chefs de corps, et non aux intendants, des lettres de cette nature qui concernaient les cadets? « 18 août 1682. Sa Majesté approuve que vous fassiez marché avec quelque chirurgien de la ville de Valenciennes de bonne volonté pour peigner, faire les cheveux et prendre soin de cette jeunesse. » — « 25 décembre 1682. Il serait à craindre, si l'on permettait aux cadets d'aller à la comédie, que, sous ce prétexte, ils ne se débauchassent, d'autant plus que, comme elle ne commence que sur les trois ou quatre heures après midi, ils ne pourraient pas être de retour dans la citadelle avant la fermeture des portes. » Deux ans plus tard, en 1468, Louvois revient aux principes de la hiérarchie. C'est au maréchal de Schomberg qu'il adresse des ordres sur le même sujet : « Le roi a été informé du refus que vous avez fait à une troupe de comédiens de leur permettre de suivre l'armée. Sa Majesté m'a commandé de vous faire savoir qu'elle approuvait fort ce que vous avez fait, et elle vous recommande de ne pas souffrir qu'il s'y en établisse aucune. »

Plus tard, le maréchal de Saxe appelait au contraire des comédiens aux armées, dans le but de distraire les officiers et les soldats. Il faisait même composer des pièces militaires pour exalter les sentiments généreux, développer le courage et mettre en scène des personnages qui débitaient ses propres harangues ou chantaient des couplets guerriers.

L'une des grandes préoccupations de Louvois était la justice militaire. Il existe un grand nombre de lettres de lui relatives aux conseils de guerre, qui prouvent la faiblesse et l'ignorance des juges, officiers pris au hasard et pour une seule affaire.

Il existait un grand nombre d'édits sur la justice militaire. François 1er et les derniers Valois rendirent des ordonnances pénales, datées de 1534, 1550, 1553, 1557. Louis XIV lui-même promulgua, le 4 novembre 1651, une ordonnance sur la discipline. Cette ordonnance était loin d'offrir un corps de jurisprudence. Si elle s'occupait de réprimer, elle laissait indéterminée la manière de rendre la justice; l'application des peines était abandonnée à l'arbitraire, les jugements se prononçaient sans évocation des témoins, sans étude des preuves et sans appel.

Il se rendait peu de jugements sans que Louvois eût de justes observations à adresser aux juges. Il arriva plus d'une fois qu'il les punit sévèrement de la prison. Le roi faisait connaître qu'il ne trouverait pas mauvais un acquittement ou une condamnation. Donnons un exemple qui prouve l'intervention du roi et celle du ministre, la faiblesse des officiers et l'indiscipline des soldats.

Un cadet qui avait tué en duel son camarade fut condamné à mort. Sa compagnie le délivra au moment de l'exécution et l'escorta jusqu'au delà des frontières. Les officiers ne s'opposèrent pas à ce désordre. Bientôt la révolte fut générale. Il fallut passer par les armes deux autres cadets et licencier la compagnie. Cette affaire donna lieu à une correspondance fort étendue. Louvois écrivit au capitaine, le 4 juin 1685 : « Le roi a appris avec indignation la sédition de la compagnie que vous commandez et le peu de diligence qu'ont fait les officiers de cette compagnie pour charger ceux qui se sont soulevés. Sa Majesté n'a pas vu avec moins de chagrin que vous ayez manqué à faire arrêter les coupables aussitôt après qu'ils sont rentrés dans la place, et qu'après deux séditions arrivées en un même jour, vous ayez fait garder avec assez peu de précautions celui qui y avait donné lieu, pour qu'il se pût sauver. Sa Majesté a encore été très mal satisfaite de voir le peu de soin que vous avez pris pour remettre le cadet au prévôt, qui ne pouvait point être conduit sûrement avec trois archers, et elle m'a commandé de vous marquer que si vous aviez pris les mesures convenables en pareille rencontre, qui eussent pu être de demander de la cavalerie au commandant de Philippeville, de faire prendre les armes à la garnison, auparavant que de parler de faire sortir le cadet de prison, pareille chose ne serait point arrivée. Sa Majesté ordonne à M. Fautrier de se transporter sur les lieux pour informer de ce qui s'est passé, afin que, sur les procédures qu'il enverra, elle puisse prendre les résolutions qu'il estimera à propos contre ceux qui n'ont pas fait ce qu'ils devaient dans cette occasion. Cependant Sa Majesté veut que vous fassiez monter à Charlemont le bataillon de Guyenne, que vous l'y fassiez loger tout entier, que vous fassiez désarmer entièrement votre compagnie, tant de mousquets, fusils, piques que d'épées, fassiez remettre le tout dans le magasin jusqu'à nouvel ordre, et fassiez arrêter les principaux auteurs de cette sédition, pour faire instruire le procès aux dix plus coupables, *les jugiez avec M. de Crénan, les officiers du régiment de Guyenne et ceux de la compagnie*, et fassiez exécuter *sur-le-champ* le jugement qui sera rendu contre deux des dix qui pourront être condamnés, que vous ferez tirer au billet pour cet effet. »

Une lettre de Louvois à l'intendant Fautrier, sur cette même affaire, montre les imperfections des conseils de guerre : « 4 juin 1685. L'intention du roi est que les dix auxquels on fera le procès, et qui apparemment seront tous condamnés à mort, soient menés sur le champ de bataille, comme s'ils devaient y être tous exécutés, et qu'ils ne tirent au billet que dans le moment de l'exécution ; que les huit autres soient reconduits en prison, où ils demeureront jusqu'à nouvel ordre du roi, et que, jusqu'à ce que Sa Majesté permette qu'on rende les armes à la compagnie, aucun ne sorte du château fort de Charlemont. »

Trois jours après, Louvois, très préoccupé, écrit au même intendant Fautrier : « J'ai reçu des lettres de Charlemont qui me donnent lieu de connaître que le procès-verbal que M. de Reveillon m'a envoyé n'est point véritable, et qu'après que la dernière sédition a été passée, on a laissé aux cadets la liberté de sortir de la place comme s'il ne s'était rien passé. Le roi veut savoir jusqu'à la moindre circonstance du bien et du mal que chacun a fait. On ajoute que les cadets ont fait un feu de joie, le soir. »

Cette affaire des conseils de guerre dura longtemps, et Louvois écrivit à Fautrier : « ... Sa Majesté ne trouvera point mauvais que le conseil de guerre absolve ceux de ce nombre, ou que par leur trop bas âge, ou par la qualité des dépositions, il ne jugera pas devoir être punis, et qu'à l'égard des autres qui se trouveront coupables, soit que leur nombre soit plus ou moins grand que celui de dix porté par ma lettre du 4 de ce mois, ils doivent être jugés par le conseil de guerre et condamnés à la peine que le conseil croira que leur faute mérite, laquelle ne devra être exécutée que contre deux sur lesquels le mauvais sort tombera... »

On pourrait être surpris qu'avec son esprit si lucide et son désir d'améliorer l'institution militaire, Louvois n'ait pas créé le code de l'armée.

IV

L'orgueil de Louvois planait, pour ainsi dire, sur la société entière. Il admettait bien que Turenne entendît la guerre, et Vauban la fortification, mais il ne les croyait pas capables d'autres chose. Lui seul était propre à tout. Nous en voulons donner un exemple singulier et qui porte la lumière dans les recoins cachés du cœur humain.

Vauban, à côté de sa supériorité d'ingénieur, en avait beaucoup d'autres. Il étudiait les impôts, les travaux publics, les ressources nationales; en un mot, Vauban était un homme politique, dans le sens moderne de cette expression.

Un jour il s'avisa d'adresser à Louvois un mémoire sur un sujet économique. La question bien étudiée méritait quelque attention. Louvois répondit : « Quant au mémoire que je vous renvoie afin que vous puissiez le supprimer, aussi bien que la minute que vous en avez faite, je vous dirai que si vous n'étiez pas plus habile en fortification que le contenu en votre mémoire donne lieu de croire que vous l'êtes sur les matières dont il traite, vous ne seriez pas digne de servir le roi de Narsingue, qui, de son vivant, eut un ingénieur qui ne savait ni lire, ni écrire, ni dessiner. S'il m'était permis d'écrire sur une pareille matière, je vous ferais honte d'avoir pensé ce que vous avez mis par écrit; et comme je ne vous ai jamais vu vous tromper aussi lourdement qu'il paraît que vous l'avez fait par ce mémoire, j'ai jugé que l'air de Basoche (maison de campagne de Vauban) vous avait bouché l'esprit, et qu'il était à propos de ne vous y guère laisser demeurer. »

On ne saurait comprendre comment un seul homme put suffire aux travaux de Louvois. De sa correspondance, sur cent sujets divers, on composerait une bibliothèque, ce qui ne l'empêchait pas de donner des audiences nombreuses, d'assister au conseil et de voyager souvent. Voici son itinéraire de 1687, écrit de sa main : « Le dernier avril, à Fontainebleau, si je puis; le 1er mai, à Auxerre; le 2, à Ancy-le-Franc; le 3, à Auxonne; le 4, à Besançon; le 5, à Belfort; le 6, séjour; le 7, à Huningue; le 8, à Brisach; le 9, à Fribourg; le 10, à Strasbourg; le 11, séjour; le 12, au fort du Rhin; le 13, à Bitche; le 14, à Hombourg; le 15, à Kirn; le 16, à Traerbach; le 17, séjour; le 18, à Sarrelouis; le 19, sur le chemin de Metz; le 20, à Thionville; le 21, à Luxembourg.

Puis il se souvient qu'il est surintendant des bâtiments et fait construire des palais. Il veut conduire à Versailles la rivière d'Eure, et fait mourir des milliers de soldats à creuser les terres, à rouler les pierres, aux environs de Maintenon. Au milieu de tant de choses, il a sa correspondance privée, intime, qui le tient au courant des moindres événements. Lui-même raconte tout au long ceux qui l'intéressent. Il fait ainsi le récit de la mort de la reine Marie-Thérèse. Louvois écrit au marquis de la Trousse, le 30 juillet 1683 : « Je ne doute point que vous n'appreniez avec la dernière surprise et beaucoup de douleur la perte que le roi a faite aujourd'hui. Il y a trois jours que la reine se trouva mal; on dit que c'était un clou qui se formait sous son aisselle dont la douleur lui donnait un peu de fièvre. Hier, sur le midi, avant de partir de Versailles pour venir ici (à Meudon), j'allai dans son antichambre, où l'on me dit que la fièvre était un peu augmentée, mais qu'il ne s'en fallait pas inquiéter, parce que la douleur la causait. Ce matin, sur les onze heures et demie, M. de Gourville, venant de Paris, a passé par ici et m'a dit qu'il venait de rencontrer M. de Briolle, qui allait à Paris avertir monseigneur le prince que la reine était plus mal et qu'il y avait du péril. Un moment après, j'ai reçu une lettre de M. Béringhen, qui portait que la reine avait rêvé cette nuit, qu'il lui avait paru quelques marques de pourpre qui avaient disparu peu après; que l'on la devait saigner du pied, la faire communier, et puis lui donner de l'émétique. Aussitôt après dîner, je suis parti dans ma chaise et me suis rendu fort vite à Versailles, où j'ai appris que la reine avait communié sur les dix heures du matin, avait été saignée du pied, contre l'avis de Fagon et des deux chirurgiens, vers les onze heures, et avait pris de l'émétique peu de temps après midi. Je n'ai pas été un demi-quart d'heure dans l'antichambre, que l'on a entendu du bruit dans la chambre, dans laquelle étant entré, j'ai trouvé que la pauvre princesse venait de passer. Le roi est touché au dernier point; il est parti une demi-heure après de Versailles pour aller à Saint-Cloud, où monseigneur l'a suivi. Madame la Dauphine est restée à Versailles, et y demeurera apparemment jusqu'à ce que les neuf jours depuis sa saignée soient passés. »

Comment au milieu de ses grandes préoccupations, en présence d'un tel événement, Louvois a-t-il la liberté d'esprit nécessaire pour un tel récit?

Sévère pour les officiers qui se permettaient de s'emparer du bien d'autrui, Louvois pensait cependant qu'il était avec la cour des accommodements. A l'occasion, le ministre fermait les yeux. Bien plus, il fournissait aux puissants les moyens de s'enrichir aux dépens du public et des soldats. Il nommait cela « faire plaisir dans les rencontres ».

Mme de Maintenon, que Louvois ménageait, avait un frère, M. d'Aubigné, personnage peu recommandable, besogneux et sujet à caution. Louvois le ménageait d'autant plus que, si nous en croyons Saint-Simon, Mme de Maintenon avait quelques raisons d'être mécontente de Louvois. Celui-ci se serait jeté aux pieds de Louis XIV pour le supplier de ne pas déclarer le mariage secret que l'on sait. Mais il est permis de mettre en doute les histoires racontées par Saint-Simon.

Quoi qu'il en soit, Mme de Maintenon connaissait Louvois depuis longtemps, et celui-ci connaissait d'Aubigné, avec lequel il était en relations, tout en le méprisant. Ce billet de d'Aubigné au ministre explique la nature de ces relations : « 18 juillet 1673. Je ne reçois point de lettre de Mme Scarron qu'elle ne m'assure que vous continuez, Monseigneur, toujours à nous obliger, et que je puis espérer la continuation de votre protection, en servant bien le roi. »

La protection de Louvois consista à faire placer d'Aubigné aux postes où le pillage était facile. S'enrichir et ne pas se battre plaisaient fort au frère de Mme de Maintenon, qui d'ailleurs ne l'estimait guère. Le duc de Luxembourg avait confié le commandement d'Elbourg à d'Aubigné, parce que le poste ne sera pas attaqué et « qu'on lui laisse faire de petites choses pour l'intérêt, qu'on ne souffrirait pas à un autre ; et il aura là et à Amersfort gagné quelque chose ».

De son côté, l'intendant Robert écrivait à Louvois : « Je ne sais pas pourquoi M. d'Aubigné a souhaité que je vous écrivisse quelque chose sur son sujet, parce que je sais bien que cela n'est pas nécessaire ; mais enfin il l'a souhaité, et je m'en acquitte ; et, comme j'ai été obligé de me rendre à Zwoll, je l'ai prié d'achever la négociation que j'avais commencée pour exempter Elbourg du feu, et lui ai promis le quart de la somme qu'il en tirera, ne doutant pas que vous n'approuviez la chose, tant parce que c'est le vrai moyen de faire monter la somme plus haut, que parce que vous m'avez recommandé plus d'une fois de lui faire plaisir dans les rencontres. »

A force de faire plaisir au frère, Louvois conquit les bonnes grâces de la sœur. Mais ces complaisances pour d'Aubigné sont-elles d'une parfaite délicatesse ?

Il y aurait beaucoup à dire sur les cas de conscience de Louvois. Il se donne parfois de singulières libertés. En voici un exemple.

Le prince de Conti et le prince de la Roche-Guyon, son frère, quittèrent un jour la cour sans permission du roi, et allèrent en Hongrie, où l'on se battait. Ces princes entretinrent une correspondance avec quelques jeunes gentilshommes, qui s'amusèrent à tourner en ridicule des personnages dignes de respect.

Louis XIV se trouva mécontent et chargea Louvois, surintendant des postes, de découvrir le mystère. Celui-ci donna des ordres pour que les courriers fussent surveillés sur le chemin d'Allemagne à Versailles.

Le prince de Conti se servait pour courrier d'un gentilhomme, qui se laissa arrêter à Strasbourg par ordre de Louvois. Toutes ses lettres furent saisies et envoyées au ministre, qui les communiqua au roi. Dangeau nous apprend que « le roi trouva dans les lettres de M. de la Roche-Guyon, de M. de Liancourt et de M. d'Alincourt tant d'imprudences par plusieurs endroits et tant de libertinage, qu'après avoir fait voir à M. de la Rochefoucauld et au duc de Villeroy les folies de leurs enfants, il les exila par l'avis même de leurs pères ».

Ces lettres, d'après Saint-Simon, étaient remplies de plaisanteries sur le roi et sur les revues de troupes auxquelles assistait Mme de Maintenon.

Louvois ne se fit aucun scrupule de faire arrêter des courriers sur le grand chemin, et, pour laisser supposer que ces arrestations étaient le fait de voleurs, les agents du ministre enlevaient l'argent des malheureux courriers.

Cette façon d'agir n'était pas nouvelle pour Louvois. Il écrivait au baron de Montclar : « Le roi a été averti qu'il doit passer, dans peu de jours, par Strasbourg un courrier de l'Empereur, venant d'Espagne. Il doit apparemment passer par Paris ; car, en allant en Espagne, il y a passé et a pris un billet de moi pour ordonner aux maîtres de poste de lui fournir des chevaux. Sa Majesté juge important, dans la conjoncture présente, de faire dévaliser ce courrier et d'avoir ses dépêches. Ainsi, elle vous ordonne d'établir en quelque village voisin de la route de la poste, entre Saverne et Strasbourg, trois ou quatre gens assurés qu'ils puissent, lorsque vous le leur manderez, dévaliser ledit courrier, prendre ses dépêches qu'il faut chercher avec grand soin, tant sur lui que dans sa selle, sous prétexte de chercher de l'argent, et que vous chargiez l'un d'eux de gagner Vic par la montagne, pour y prendre la poste par la route de Metz, et m'apporter en toute diligence ce qu'il lui aura pris; et à l'égard des autres, vous devez leur donner ordre de se retirer du côté d'Ensisheim par des chemins détournés. Sa Majesté désire que pour l'exécution de ce que dessus, vous vous rendiez, aussitôt cette lettre reçue, à Saverne, sous prétexte d'y jouir de la beauté de la saison; et si le courrier y passait sans avoir passé à Paris, vous pouvez le retenir quelques heures, sous prétexte qu'il ne vous montrera point de billet de moi, pendant lesquelles vous enverrez avertir vos gens de l'attendre sur le chemin, et leur enverrez son signal de manière qu'ils ne le puissent méconnaître. Que s'il passe à Paris et qu'il me voie, je le retiendrai sept ou huit heures, sous prétexte de prendre l'ordre du roi pour lui expédier son passeport, et je vous en avertirai par un courrier exprès, qui vous portera son signal à Saverne. Il sera bien à propos que ceux que vous commettrez pour dévaliser ce courrier ne manquent pas de lui prendre tout son argent, afin de mieux faire croire que ce sont des voleurs, lui laissant seulement quelques pistoles comme par charité, pour lui donner moyen d'arriver à la première ville. »

Cette façon de pénétrer les intentions de l'Empereur et du roi d'Espagne se nommait un moyen politique.

V

On peut se montrer surpris de l'apparente indifférence de Louvois pour les questions religieuses. Ce grand ministre, qui écrit tantôt à Vauban, tantôt à Colbert, semble éviter toute rencontre avec Bossuet.

Il est impossible que la déclaration de 1682 n'ait pas ému un homme de l'importance de Louvois; il est impossible que l'évêque de Meaux ne se soit pas trouvé en rapport avec Louvois, ne serait-ce qu'à l'occasion des différends avec la cour de Rome.

Cependant Louvois ne fait pas connaître ses sentiments. Plus tard il faudra bien soulever le voile, mais on ne se prononcera qu'au nom de l'ordre public.

L'histoire accuse Louvois d'avoir conseillé la révocation de l'édit de Nantes, d'être l'inventeur des dragonnades. On accuse aussi Mme de Maintenon, sans connaître cette lettre à son frère d'Aubigné : « On m'a porté sur votre compte des plaintes qui ne vous font pas honneur. Vous maltraitez les huguenots; vous en cherchez les moyens, vous en faites naître les occasions; cela n'est pas d'un homme de qualité. Ayez pitié de gens plus malheureux que coupables. Ils sont dans des erreurs où nous aurions été nous-mêmes, et don la violence ne nous aurait jamais tirés. Henri IV a professé la même religion, et plusieurs grands princes. Ne les inquiétez donc point. Il faut attirer les hommes par la charité; Jésus-Christ nous en a donné l'exemple, et telle est l'intention du roi. »

Les sentiments exprimés dans cette lettre sont les mêmes que ceux du roi. On lit dans les *Mémoires de Louis XIV pour l'instruction du Dauphin* un document reproduit par M. Camille Rousset et qui est intitulé *Conduite à tenir à l'égard des protestants; les ramener sans violence* : « Je crois, mon fils, que le meilleur moyen pour réduire peu à peu les huguenots de mon royaume était, en premier lieu, de ne les point presser du tout par aucune rigueur nouvelle contre eux, de faire observer ce qu'ils avaient obtenu de mes prédécesseurs, mais de ne leur rien accorder au delà, et d'en renfermer même l'exécution dans les plus étroites bornes que la justice et la bienséance pouvaient permettre. Mais, quant aux grâces qui dépendaient de moi seul, je résolus, et j'ai assez ponctuellement observé depuis, de ne leur en faire aucune, et cela par bonté, et non par aigreur, pour les obliger par là à considérer de temps en temps, d'eux-mêmes et sans violence, si c'était par quelque bonne raison qu'ils se privaient volontairement des avantages qui pouvaient leur être communs avec tous mes autres sujets. Cependant je résolus aussi d'attirer, même par récompenses, ceux qui se rendraient dociles. Mais *il s'en faut encore* beaucoup que j'aie employé tous les moyens que j'ai dans l'esprit pour ramener ceux que la naissance, l'éducation et, le plus souvent, un zèle sans connaissance tiennent de bonne foi dans ces pernicieuses erreurs... »

Ce morceau étant de l'année 1671, on ne saurait comprendre que, peu de temps après, Louis XIV ait déployé autant de rigueurs.

On n'a pas craint d'accuser Bossuet. Ce grand homme fut toujours étranger aux mesures politiques contre les protestants. Il ne convertissait que par son éloquence, et sa bienveillance l'éloignait de toutes les rigueurs. Il fut surtout étranger à la révocation de l'édit de Nantes. Bien plus, il adoucit le sort d'un grand nombre d'exilés. Il rédigea des instructions pour calmer le zèle trop ardent des intendants. Ainsi M. de Lamoignon de Basville, intendant du Languedoc, demandait que les protestants fussent contraints d'aller à la messe pour y recevoir l'instruction catholique. Bossuet repoussa cette demande. Ses réponses furent pleines de douceur. Bossuet traitait les protestants avec amour, comme ses enfants égarés, trompés, mais toujours ses enfants. « Vous êtes mes enfants, leur disait-il, veuillez-le, ne le veuillez pas. » Il n'y a pas un acte, pas une parole de Bossuet qui ne soient empreints de charité catholique.

A notre époque, Bossuet apparaît comme despotique et farouche, tandis qu'en réalité il était doux et plein de tendresse. Ce qui nous trompe est cette controverse qui domine tout. Bossuet, avant de mourir, apprit ce que pouvait être la liberté de l'Église soumise à la domination de l'État.

Ainsi ni Louvois, ni Mme de Maintenon, ni Louis XIV, ni Bossuet ne voulaient révoquer l'édit de Nantes. Qui donc le voulait? Étaient-ce les jésuites? Quelle preuve en donne-t-on? Les confesseurs du roi appartenaient à la compagnie de Jésus; mais existe-t-il contre eux un témoignage, une lettre, un écrit quelconque? Non.

Cependant l'édit de Nantes fut révoqué. Il fallait une puissance formidable pour dominer la pensée royale; une puissance supérieure à Louvois, à Mme de Maintenon, à Bossuet, à Louis XIV lui-même. Cette puissance sans nom est celle du peuple. Dans le moindre village des provinces les plus éloignées, les paysans et les bourgeois voulaient secouer le joug des réformés. Ceux-ci, avec une ardeur, pour ne pas dire un acharnement déplorable, poursuivaient les catholiques d'une haine farouche.

Or le peuple de France est profondément attaché au catholicisme. Il aime les cérémonies de l'Église, ses chants aux jours de fête, ses tableaux dans le mystère de la chapelle, ses autels parfumés de fleurs, ses prêtres aux vêtements bibliques, ses longues processions à l'ombre des bannières, l'encens enivrant et la parole plus enivrante encore du prédicateur.

Les réformés détruisaient tout cela. Ils venaient froidement, sèchement, remplacer toute la sublime poésie du catholicisme par une sorte de philosophie aride qui brisait l'âme, sans consoler le cœur et sans calmer la raison. Comment fermer au repentir la grille du confessionnal? Comment éteindre les cierges qui brûlent pour les âmes du purgatoire?

Et, ce n'est pas tout, comment de vieux catholiques, maîtres chez eux depuis de longs siècles, vont-ils subir le joug apporté d'Allemagne ou de Suisse par des renégats, traîtres au Dieu de leur enfance?

Paris et Versailles, le monde et la cour furent frappés du mouvement qui se produisait dans l'esprit des classes populaires, de l'agitation qui régnait dans les campagnes. Le roi et les ministres eurent de vagues pressentiments de guerre civile.

Les huguenots étaient, en ce temps, animés d'une ardeur qui s'est évanouie depuis. Ils voulaient dominer, et leurs prêches ne se renfermaient pas dans les limites posées par les édits; ils mêlaient la politique à la religion, et ne respectaient pas plus l'autorité royale que la voix de la papauté.

Les consciences catholiques se révoltèrent, et le peuple voulut défendre ses églises, ses pasteurs et les tombes souvent outragées de ses pères.

Bossuet nourrissait l'espoir de ramener ses enfants égarés, parce qu'il embrassait de son regard d'aigle l'histoire de l'humanité, et savait que les épreuves fortifient les sociétés comme l'orage mûrit les fruits. Mais le paysan, sous le chaume, ne voyait que les huguenots de la ville voisine parcourant le pays le blasphème aux lèvres, mutilant la statue du saint patron, et arrachant des mains de l'enfance le catéchisme et l'image bénite par le prêtre.

D'un autre côté, la bourgeoisie, plus instruite que le peuple, se souvenait de la minorité de Charles IX. Il n'y avait pas tellement loin de 1562 à 1662, que la tradition eût été remplacée par l'histoire. On se souvenait sous Louis XIV des guerres de religion, et les vieillards racontaient que le prince de Condé, chef des huguenots, avait tenu tête aux armées royales. On se rappelait que sans le duc de Guise, le connétable de Montmorency et le maréchal de Saint-André sur le champ de bataille de Dreux, le catholicisme aurait été proscrit du royaume de France; on n'avait pas oublié qu'il fut une heure critique où trente villes étaient au pouvoir des protestants. Mais le souvenir le plus douloureux était cette alliance des réformés avec l'étranger. Le soir à la veillée, les paysans racontaient les cruautés commises par les Allemands et les Anglais soudoyés par les huguenots. Les bourgeois disaient de leur côté que le pillage de Saint-Martin de Tours par les huguenots leur avait donné douze cent mille livres d'or et d'argent, sans compter les pierreries, les vases sacrés, les châsses des saints et les ornements d'église.

Tous ces événements nous apparaissent dans le lointain historique; les passions ont été calmées par le temps, et les protestants vivent au milieu de la société catholique, sans même que leurs croyances soient connues. D'autres sujets de troubles ont marqué la fin du xviiie siècle; l'indifférence religieuse a envahi les âmes, et nous condamnons sévèrement la révocation de l'édit de Nantes.

N'oublions cependant pas que cette révocation fut l'œuvre du peuple français, et non de tel ou tel ministre. En déclarant que Louvois fut étranger à cette mesure, nous ne cherchons pas à justifier l'habile politique, mais à rétablir la vérité des faits.

Qu'était-ce que l'édit de Nantes? et pouvait-il autoriser les protestants à se considérer comme jouissant des mêmes droits que les catholiques?

Entrant dans Paris, après avoir abjuré le calvinisme. Henri IV vit le royaume se soumettre. Le pape Clément VIII lui donna l'absolution, et, pour établir la paix, le roi publia en 1598 l'édit de Nantes en faveur des protestants. Déjà, en 1591, Henri IV avait rendu l'édit de Mantes en faveur des huguenots. Cet édit leur parut suffisant tant qu'ils virent le Béarnais à leur tête; mais lorsque Henri IV, d'après le conseil de Sully, eut embrassé le catholicisme, les ministres huguenots déclamèrent contre lui et firent leur possible pour lui aliéner les cœurs de leurs coreligionnaires. Quelques grands seigneurs, entre autres Turenne, nouveau duc de Bouillon, voulurent profiter de cette disposition des esprits pour se mettre à la tête du parti huguenot et renouveler la guerre civile. Alors Henri IV accorda l'édit de Nantes, qui fut une transaction. D'après cet édit, les protestants obtinrent une pleine et entière amnistie pour tout ce qui s'était passé, et le libre exercice de leur religion. Cependant ils ne jouissaient de cette liberté que dans les villes ou lieux où cet exercice avait été établi par les précédents édits; ils pouvaient en outre établir leurs prêches dans le faubourg d'une ville ou d'un village par bailliage. De ce libre exercice étaient exemptés les résidences du roi, la ville de Paris avec un rayon de cinq lieues à la ronde, et les camps militaires.

Cet édit de Nantes, qui avait quatre-vingt-douze articles, éprouva une vive résistance de la part du parlement de Paris, qui ne l'enregistra qu'à la suite des démarches personnelles du roi. Les protestants encouragés ne tardèrent pas à se remuer en 1617, et surtout en 1622, lorsque le duc de Rohan devint le chef du parti calviniste. Les hostilités, un instant apaisées, recommencèrent en 1625 et 1628. Enfin la prise de la Rochelle par Richelieu porta un rude coup au protestantisme, comme parti politique.

L'édit de Nantes reçut de sérieuses atteintes pendant les troubles de la Fronde, et Mazarin se vit forcé de publier plusieurs édits pour rappeler aux protestants leurs devoirs et leurs droits.

Louis XIV ne songeait nullement à révoquer l'édit de Nantes, et Louvois n'avait jamais appelé son attention sur ce sujet. Le roi voulait le faire exécuter et arrêter les empiétements des réformés; mais l'opinion publique allait plus loin. Tous les ordres de l'État, le clergé des campagnes, les magistrats municipaux, les corps de métiers, les cultivateurs, le petit commerce, la bourgeoisie, la noblesse pauvre, sollicitaient des mesures plus sévères contre les réformateurs. On écrirait des volumes avec les arrêts du conseil donnés depuis 1656 jusqu'en 1685.

Ce n'est pas le père la Chaise qu'il faut accuser d'avoir provoqué l'abolition de l'édit de Nantes, mais tout le monde. Si un homme fut plus ardent que les autres, ce fut peut-être le Tellier.

Il était déjà vieux et très expérimenté. L'autorité royale lui semblait menacée, et ce n'était pas sans terreur qu'il entrevoyait, dans un avenir prochain, la France divisée en deux partis. Le Tellier, moins confiant que Louvois, craignait la destruction de la religion de l'État. Il voulait une France catholique, et, tout en admettant le protestantisme, il le tolérait seulement.

Par cela même qu'un grand nombre de huguenots revenaient au catholicisme sous le règne de Louis XIV, les ministres devenaient plus ardents et plus audacieux dans leurs prêches. Ils ralliaient autour d'eux tous les mécontents, et l'on peut affirmer qu'il devenait impossible, à cette époque, de faire vivre, l'une près de l'autre, ces deux religions tour à tour maîtresses impitoyables ou victimes ensanglantées.

Un historien a dit : « Qui sait ce qu'eût pu faire la réforme pendant les désastres de la vieillesse de Louis XIV? Qui sait comment elle eût profité de l'époque critique de la régence, et des mécontentements produits par le règne faible et désordonné de Louis XV? Ceci suffirait pour démontrer que le coup qui frappa les protestants ou plutôt le protestantisme, lors de la révocation de l'édit que leur avait accordé Henri IV, fut nécessaire. Peut-être nous apercevrons-nous plus tard qu'il fut tardif. »

VI

Non seulement Louvois ne cherchait pas à convertir les huguenots, mais il se montrait même fort tolérant. L'évêque de Tournay et l'intendant de Flandre l'avertirent, au mois d'août 1673, que les habitants de Lille et de Tournay étaient irrités de ce que les Suisses du régiment d'Erbach faisaient prêcher publiquement leur ministre, et qu'ils chantaient des psaumes. La réponse de Louvois fut positive : « Les sujets des villes de Flandre n'ont aucun sujet de se plaindre, quand il n'y a que les troupes qui font l'exercice de leur religion. Si les peuples font insulte au ministre, on les punira (les peuples) comme perturbateurs du repos public. »

Mais, dira-t-on, Louvois est l'inventeur des *dragonnades*. Nous avons sous les yeux une *Histoire des dragonnades*, publiée en Hollande à la fin du XVIIe siècle. L'auteur, huguenot d'Amsterdam, donne de minutieux détails sur la dragonnade. « Les soldats, dit-il, étaient logés à discrétion chez les calvinistes. Ils faisaient danser leurs hôtes jusqu'à ce que la fatigue les fît évanouir; pour les ranimer, ils les plaçaient sur une couverture tenue aux quatre coins par des dragons, et les lançaient en l'air. Ils forçaient ces malheureux réformés à fumer et les obligeaient à avaler du tabac. Souvent ils les enivraient, et, lorsqu'ils avaient perdu la raison, les dragons leur faisaient réciter un *Pater* et un *Ave*, puis les déclaraient catholiques. Ces soldats employaient l'eau et le feu, la pendaison et la privation de sommeil pour convertir leurs hôtes. Ils faisaient coucher leurs chevaux dans des draps de Hollande. Il est vrai de dire, ajoute l'auteur, que de véritables brigands se déguisaient en dragons et emportaient les meubles et l'argent. » Ce récit est exagéré.

Il existait une ordonnance qui exemptait pendant deux années les nouveaux convertis du logement des troupes. Le logement, à cette époque, était une charge très lourde, parce qu'elle se prolongeait, et que l'indiscipline du soldat rendait sa présence très pénible au foyer d'une famille. Louvois écrivit à M. de Marillac, intendant de Poitiers, homme zélé pour les conversions : « L'ordonnance pourrait causer beaucoup de conversions dans les lieux d'étape, si vous teniez les mains à ce qu'elle fût bien exécutée, et que, dans les répartements qui se feront des troupes qui y passeront, il y en ait toujours la plus grande partie logée chez les plus riches des coreligionnaires. Mais Sa Majesté désire que vos ordres sur ce sujet soient, par vous ou par vos subdélégués, donnés de bouche aux maires et échevins des lieux, sans leur faire connaître que Sa Majesté désire par là violenter les huguenots à se convertir, et leur expliquant seulement que vous donnez ces ordres sur les avis que vous avez eus que, par le crédit qu'ont les gens riches de la religion dans ces lieux-là, ils se font exempter au préjudice des pauvres. »

Il faut reconnaître que, malgré le peu de franchise de cette façon d'agir, Louvois ne donne pas encore aux dragonnades un caractère bien féroce; mais bientôt le désappointement fera naître la colère.

Un régiment de dragons se rendit dans le Poitou, sans consigne particulière, ignorant même qu'il allait être un instrument secret de conversion. Les soldats, logés chez l'habitant, se permirent quelques désordres qui ne furent pas réprimés. L'intendant Marillac encouragea même les actes les plus répréhensibles. Les protestants se plaignirent d'abord à Marillac, qui ne fit pas rendre justice. Ils allèrent jusqu'à Louvois, qui adressa des reproches à l'intendant : « Les députés des coreligionnaires se plaignent fort de ce qui s'est passé en dernier lieu dans votre département, pendant le séjour des compagnies du régiment du Saussay, qu'ils assurent avoir été toutes logées chez les coreligionnaires. Je leur ai voulu répondre qu'assurément il y en avait eu chez les catholiques, et ils se sont offerts de prouver le contraire; de quoi ayant rendu compte à Sa Majesté, elle m'a commandé de vous faire savoir qu'elle désire que ce que je vous ai mandé de son intention à cet égard soit ponctuellement exécuté, et que vous ne souffriez jamais que l'on décharge entièrement les catholiques du logement des gens de guerre pour les mettre chez les religionnaires. Je vous ai expliqué si clairement la volonté de Sa Majesté sur cela que je n'ai qu'à vous en recommander l'exécution. »

Marillac n'en continue pas moins sa persécution. Mais les protestants avaient près des ministres un représentant officiel, M. de Ruvigny, homme fort honorable, énergique, et que Marillac n'intimidait pas. Il porta plainte au roi, et Louvois écrivit à Marillac : « Je vous envoie des mémoires qui ont été donnés au roi par M. de Ruvigny, lequel a assuré à Sa Majesté que ceux qui les ont apportés veulent se soumettre à toutes sortes de châtiments s'ils ne prouvent pas ce qui y est exposé; et, comme il n'y a rien de si contraire aux intentions de Sa Majesté que les violences qui y sont énoncées, elle m'a ordonné de vous les adresser et de vous recommander de prendre de telles mesures qu'elles cessent absolument, désirant même que vous fassiez faire des exemples des cavaliers qui les ont commises, si vous pouvez en avoir des preuves. »

Marillac cherche à s'excuser; mais Louvois, qui ne se laisse pas tromper, répond immédiatement : « Sa Majesté a fort bien connu, au travers du déguisement de celui qui a dressé les réponses aux plaintes que M. de Ruvigny lui a présentées, qu'il y avait beaucoup de véritable; et, comme rien n'est plus contraire à ce que je vous ai expliqué plusieurs fois de ses intentions, elle m'a commandé de vous faire savoir qu'elle veut absolument que vous fassiez cesser toutes les violences des cavaliers, faisant pendre le premier qui en fera, quand même les violences qu'ils auraient faites auraient produit des conversions. A quoi Sa Majesté m'a commandé d'ajouter qu'elle a appris avec beaucoup de surprise que, quoique je vous aie mandé plusieurs fois par son ordre qu'elle ne voulait pas que vous souffrissiez que les officiers et cavaliers exigeassent quoi que ce soit, vous leur avez réglé non seulement une nourriture sans payer, mais encore trente sols par place, et aux officiers à proportion. Vous avez un grand intérêt de remédier à ces désordres et de les faire absolument cesser, Sa Majesté me paraissant disposée à prendre quelque résolution fâcheuse contre vous, si elle apprenait que cela continuât. »

Tant de recommandations diminuaient le mal sans le faire cesser. Le roi prit enfin le parti de retirer les troupes du Poitou. Voici la lettre écrite à cette occasion par Louvois à Marillac : « Je commencerai par vous dire que Sa Majesté jugeant, par de bonnes considérations, qu'il ne convient pas de continuer à tenir, à l'égard des religionnaires, la conduite qui a été observée jusqu'à présent, elle a résolu de retirer du Poitou la cavalerie qui a été jusqu'à présent à votre disposition ; et, afin que les religionnaires ne puissent point inférer de là que Sa Majesté désapprouve ce qui a été fait, ou qu'elle ait résolu d'empêcher que cela ne se continue, elle a pris occasion de l'assemblée des troupes qu'elle fait faire du côté de Bayonne, pour y faire marcher la cavalerie qui est présentement dans la province, suivant les ordres de Sa Majesté, lesquels elle désire que vous fassiez exécuter sans retardement. »

Marillac ne se conforma pas à cet ordre si formel ; il feignit d'avoir besoin d'explications. Louvois les donna, et nous remarquons dans sa réponse cette recommandation bien peu cruelle : « Sa Majesté veut que vous portiez les huguenots à se convertir par des gratifications et par des décharges de taille, et de n'y employer nulle autre voie que celle-là. » Marillac, ne se soumettant pas aux intentions du roi, fut privé de sa charge, et M. de Basville le remplaça en qualité d'intendant du Poitou.

On a donné les noms de *dragonnade* et de *mission bottée* à la faute toute personnelle d'un intendant. Non seulement Louvois n'encourage pas cet intendant, mais il désapprouve sa conduite jusqu'à le priver de son emploi.

Un grand nombre d'historiens ont cru devoir donner de longs récits des dragonnades. Ils présentent de sanglants tableaux où les dragons à cheval poursuivent à travers la plaine de malheureux villageois, dont les cabanes sont incendiées.

Il en est des dragonnades comme de l'incendie du Palatinat. De regrettables fautes ont été changées en crimes abominables, et la mémoire de Louvois est souillée par la calomnie.

9

Non, Louvois ne dirigea pas les dragonnades, qui, d'ailleurs, furent un événement tout local, œuvre d'un intendant puni pour avoir méconnu la volonté du roi.

Comment s'expliquer que ces dragonnades soulevèrent l'indignation de l'Europe entière? Les protestants qui, en si grand nombre, abandonnèrent la France pour émigrer en Allemagne et en Angleterre, partirent le cœur ulcéré et l'esprit troublé par la douleur. Ils firent des récits que les imaginations se plurent à assombrir. Ils créèrent la légende trompeuse qui est venue jusqu'à nous.

Il faut défendre Louvois de toute participation aux dragonnades, avec d'autant plus de raison que nous allons le voir impitoyable.

Les mesures de douceur qui signalèrent l'année 1682, loin de calmer les protestants, leur firent supposer que le roi les redoutait. Une vaste conspiration couvrit le midi de la France. A jour fixe, les temples protestants devaient tous se rouvrir; les ministres, appelant à eux les religionnaires, proclameraient que la réforme se protégerait désormais elle-même. Le complot ne put s'exécuter complètement; mais les villes de Nîmes et d'Uzès furent le théâtre de graves désordres.

Il ne s'agissait plus, pour Louvois, d'une querelle religieuse, mais d'une révolte à main armée contre l'autorité royale. Quinze cents dragons et deux mille fantassins partirent, au mois d'août 1683, pour le Dauphiné, sous les ordres d'un maréchal de camp, M. de Saint-Rhue. Louvois écrivit à cette occasion à M. de Boufflers : « Les nouvelles que le roi a eues du Vivarais, lui faisant juger que la canaille qui s'est rassemblée sera dissipée facilement, Sa Majesté a résolu de n'y envoyer qu'un maréchal de camp. »

Louvois avait donné de sévères instructions à M. de Saint-Rhue : dissiper les rassemblements des réformés, s'emparer de leurs personnes et les livrer à la justice expéditive des intendants, raser les maisons des condamnés, détruire les temples, imposer des contributions aux communautés, et faire vivre les troupes chez elles et à leurs frais.

Le Dauphiné fut promptement soumis, et lorsque M. de Saint-Rhue voulut entrer dans le Vivarais, les protestants opposèrent une vive résistance. Louvois en accusa M. d'Aguesseau, intendant de Languedoc, qui avait, par miséricorde, cherché à substituer la magistrature civile aux exécutions militaires. Dans sa colère, Louvois écrivit à d'Aguesseau : « L'on ne peut rien faire de plus préjudiciable que tout ce que vous avez exigé de M. de Saint-Rhue, depuis qu'il a passé le Rhône, toutes négociations de la part du souverain avec les peuples n'étant bonnes que pour les rendre plus insolents. »

Le duc de Noailles, lieutenant général en Languedoc, reçut de son côté cette lettre de Louvois, non plus le ministre assez indifférent aux questions religieuses, mais l'implacable défenseur de l'autorité royale : « Il est difficile de comprendre comment il ait pu tomber dans l'esprit à M. d'Aguesseau d'imposer à M. de Saint-Rhue la patience qu'il a eue de soutenir les insultes de ces canailles, dès que, ayant eu connaissance de l'amnistie, l'on a vu qu'ils ne voulaient pas poser les armes... L'intention du roi n'est pas que l'amnistie ait lieu pour les peuples du Vivarais qui ont eu l'insolence de continuer leur rébellion après qu'ils ont eu connaissance de la bonté que Sa Majesté avait pour eux; et elle désire que vous ordonniez à M. de Saint-Rhue d'établir les troupes dans tous les lieux que vous jugerez à propos, de les faire subsister aux dépens du pays, de se saisir des coupables et de les remettre à M. d'Aguesseau, pour leur faire leur procès, de raser les maisons de ceux qui ont été tués les armes à la main, et de ceux qui ne reviendront pas chez eux, après qu'il en aura été publié une ordonnance; que vous lui donniez ordre de faire raser les huit ou dix principaux temples du Vivarais, et, en un mot, de causer une telle désolation dans le dit pays que l'exemple qui s'y fera contienne les autres religionnaires et leur apprenne combien il est dangereux de se soulever contre le roi... Son intention est que vous défendiez dans tout ce pays-là, aux catholiques comme aux religionnaires, le port d'armes..., l'intention de Sa Majesté étant que vous leur défendiez d'en conserver chez eux. »

M. de Châteauneuf avait dans son département les affaires de la religion. Louvois, qui usurpait volontiers sur les attributions des autres ministres, évitait de se mêler des questions qu'examinait Châteauneuf. Le Tellier y mettait moins de discrétion. En ces délicates circonstances, le père et le fils agissaient chacun de son côté, affectant de ne pas s'entendre. Une lettre de Mme de Maintenon, du 13 août 1684, le prouverait au besoin : « Le roi a le dessein de travailler à la conversion entière des hérétiques; il a souvent des conférences là-dessus avec M. le Tellier et M. de Châteauneuf, où l'on voudrait me persuader que je ne serais pas de trop. M. de Châteauneuf a proposé des moyens qui ne conviennent pas; il ne faut pas précipiter les choses; il faut convertir et non pas persécuter. M. de Louvois voudrait de la douceur, ce qui ne s'accorde point avec son naturel et son empressement de voir finir les choses. Le roi est prêt à faire tout ce qui sera jugé le plus utile au bien de la religion. »

Mme de Maintenon, qui avait dans sa jeunesse fait partie de l'Église réformée, et s'était convertie au catholicisme, agissait avec une extrême prudence, quoique les historiens la représentent comme l'âme de la persécution.

Le plus ardent pour les conversions était le vieux chancelier le Tellier, qui espérait détruire le protestantisme par la terreur. Louvois voulait l'acheter, et faisait entendre aux intendants qu'il fallait conquérir les consciences à beaux deniers comptants.

M. de Basville, intendant du Poitou, successeur de Marillac, trouva de son côté un expédient qui eut quelque succès. On vérifia les titres de noblesse des gentilshommes protestants. Il y en avait bon nombre qui n'eussent pu soutenir le moindre examen. Beaucoup se convertirent par vanité pour ne pas reprendre leur roture.

Tant de moyens réunis multipliaient les conversions, dont Louis XIV se réjouissait, sans savoir toutes les violences employées par les intendants. La ville de Pau se convertit tout entière en une heure, à la suite d'une délibération publique.

Cette grande conversion ne trompa nullement Louvois, auquel un intendant proposait de convertir Montauban par le même procédé. Louvois écrivit à cette occasion : « Quoique Sa Majesté souhaitât fort que les religionnaires de son royaume se convertissent tous en un jour, elle ne croit point qu'il convienne à son service de vouloir, par un grand nombre de troupes, obliger les communautés à se convertir comme l'a fait la ville de Pau... »

Louvois s'effrayait du départ pour l'étranger des riches marchands et des hommes adonnés à l'industrie. Il voulait les ménager et adressait cette recommandation à l'intendant de Rouen : « A l'égard des plus gros marchands, négociants sur mer, Français ou naturalisés, et des chefs des grosses manufactures, il faut, s'ils se contiennent chez eux et ne se mêlent pas de conforter les autres, surseoir de leur donner des troupes, et vous mettre dans l'esprit que ce n'est pas tout le monde que le roi veut convertir quant à présent, mais seulement la plus grande partie. »

VII

Il ne faut pas croire que l'édit de Nantes fut révoqué parce que la religion protestante contrariait les croyances des catholiques; mais, sortant peu à peu du domaine religieux, la question de la réforme pénétrait hardiment dans le monde politique. Les théories les plus audacieuses se proclamaient hautement, et toutes les institutions étaient discutées. Le respect des traditions disparaissait, et le doute s'emparait de la société. Blessé dans ses croyances, le peuple résistait par la force.

Il allait y avoir un État dans l'État. La France était entraînée fatalement vers un démembrement; des villes catholiques et des villes protestantes se trouvaient en présence, rivales toujours et souvent ennemies. Les ministres de la réforme, animés de cette ardeur aveugle propre aux nouveaux venus en toute cause, attaquaient sans mesure les vieilles croyances. Le catholicisme était en péril, et l'unité nationale s'affaiblissait de jour en jour.

L'édit de Nantes aurait dû donner satisfaction aux réformés, qui, protégés par les catholiques, jouissaient de la liberté pour laquelle ils avaient combattu. Loin de se considérer comme vaincus, ils abusèrent de cette liberté pour attaquer l'Église catholique. En entrant dans cette Église, Henri IV y avait trouvé la couronne royale; mais, en prenant cette couronne, il proclamait que la France était catholique.

Les protestants ne l'entendirent pas ainsi et cherchèrent à réveiller les passions, au risque d'ensanglanter le pays par la guerre civile. Malgré Richelieu et Mazarin, il se fit un travail souterrain, habilement conduit, dont les ministres de Louis XIV ignoraient les progrès. Ils pensèrent que la religion était seule en cause, et, assez indifférents de ce côté, ne s'en préoccupèrent que médiocrement. Le peuple, au contraire, qui entendait les prédications, assistait aux conciliabules, voyait la marche de la réforme, réclama hautement la protection royale pour l'Église catholique.

Il ne faut pas juger la révocation de l'édit de Nantes au point de vue des idées modernes. Jusqu'à la fin du XVIIe siècle et surtout depuis l'édit de Nantes, une ligne de démarcation existait entre les catholiques et les protestants. Les uns et les autres avaient leurs quartiers dans la même ville, leurs villages dans la même campagne, leurs cités dans le même royaume. Telle profession était exercée par les catholiques, telle autre par les réformés.

Tôt ou tard, l'une des Églises devait absorber l'autre. Louis XIV se trouva dans la cruelle nécessité de prévenir un conflit très prochain.

Sans doute il en coûta au roi de révoquer un édit donné par son aïeul; mais cet édit n'était plus respecté et ne pouvait plus l'être. Fallait-il laisser aux catholiques le soin de se défendre? Mais la guerre civile aurait désolé la France avant la première année du xviiie siècle. Était-il possible d'abandonner au hasard des combats l'existence de l'Église catholique? La France n'était-elle pas la fille aînée de l'Église? Notre génie n'est-il pas essentiellement catholique?

Louis XIV le comprit sans que Bossuet, Louvois ou Mme de Maintenon eussent à le guider. Il entendit la voix de son peuple et arrêta les empiètements du protestantisme, qui menaçaient l'existence nationale. Il fut douloureux pour le roi de voir s'éloigner du sol de la patrie des familles honorables et utiles, mais il fallait se condamner à cet immense sacrifice pour le salut de la religion et de la France.

Sans la révocation de l'édit de Nantes, le royaume fût devenu une confédération de provinces protestantes, une sorte de république sans cesse agitée par les discussions religieuses et politiques.

La liberté de la pensée n'a jamais été mise en question. Mais la pensée se traduit toujours en discours, et les discours se traduisent en actions. Les révolutions modernes ne l'ont que trop prouvé. En poursuivant le raisonnement jusqu'à ses dernières limites, il serait facile de prouver que Luther est le grand révolutionnaire politique et social, traînant tous les autres à sa suite. Il prétendait à la liberté de la pensée, ses disciples ont parlé, et les disciples de ses disciples ont agi.

La révocation de l'édit de Nantes fut un malheur inévitable, tandis que l'édit de Nantes était une faute que Henri IV pouvait éviter.

Voilà ce qu'il faut reconnaître, sans tenir compte des déclamations des prétendus philosophes qui ne voient que la surface des choses. Le Tellier, en conseillant la révocation de l'édit de Nantes, se montra plus homme d'État que Louvois, dont l'indifférence témoigne en cette circonstance de l'absence de lumières ou de courage.

C'est à tort que les historiens modernes représentent Louvois comme servant la haine de Louis XIV contre les protestants. Louvois ne cessait, au début, de recommander la modération au nom du roi. Des lettres extrêmement nombreuses en font foi. Il écrivait le 12 octobre à l'intendant Foucault : « Sa Majesté vous recommande d'user avec beaucoup de modération de la permission qu'elle vous a donnée de loger chez les gentilshommes ; et elle ne veut point absolument que l'on loge chez ceux qui sont d'une qualité distinguée, non plus que ceux qui sont dans le service ou qui ont des enfants. En un mot, Sa Majesté, qui souhaite encore plus la conversion de la noblesse que celle du peuple, ne juge pas à propos que l'on se serve des mêmes moyens pour y parvenir, et vous recommande d'y employer beaucoup plus d'industrie et de persuasion que toute autre chose. »

L'intendant Foucault déployait un zèle ardent qui dépassait de beaucoup les instructions de Louvois. Aussi le ministre écrivait-il sévèrement : « Le roi a appris avec chagrin que l'on a logé à Poitiers, chez une femme, une compagnie et demie de dragons. Je vous ai mandé tant de fois que ces violences n'étaient pas du goût de Sa Majesté, que je ne puis que m'étonner beaucoup que vous ne vous conformiez pas à ses ordres, qui vous ont été si souvent réitérés. Vous avez grand intérêt de n'y pas manquer à l'avenir. »

Les conversions des protestants ne souffraient pas de grandes difficultés. Ils rentraient dans l'Église aussi facilement qu'ils en étaient sortis. Louvois écrivait au contrôleur général le 7 septembre : « La nouvelle que je reçus hier soir est trop considérable pour ne vous en pas faire part. Elle porte que, depuis le 15 août jusqu'au 4 de ce mois, il s'est fait soixante mille conversions dans la généralité de Bordeaux et vingt mille dans celle de Montauban ; et l'on assure qu'auparavant que le mois soit passé, il ne restera pas dix mille religionnaires dans la généralité de Bordeaux, où il y en avait cent cinquante mille. Les ecclésiastiques ne peuvent pas suffire à recevoir les abjurations, et les villes et les bourgades envoient des délibérations de se convertir, de dix et douze lieues, et si quelqu'une attend l'arrivée des troupes, elle se convertit auparavant qu'elles soient entrées, de manière qu'il faut que les troupes campent en attendant les ordres de M. de Boufflers. L'on demande partout que le roi fasse bâtir des églises qui soient capables de contenir le nombre des nouveaux convertis... »

Louvois écrivait à son frère Maurice le Tellier, archevêque de Reims : « Il paraît que les trois quarts des habitants du Dauphiné se sont convertis... Dans le Languedoc, Castres, Montpellier, Lunel, Aigues-Mortes, Sommières, Bagnols et pour le moins trente autres petites villes... se sont converties en quatre jours de temps. Nîmes avait aussi résolu de se convertir, et cela se devait exécuter le lendemain. Les dernières lettres de Saintonge et d'Angoumois portent que tout est catholique. »

Le comte de Tessé fut chargé de se rendre à Orange avec quelques troupes pour aider aux conversions; il écrivit à Louvois : « Non seulement, dans la même journée, toute la ville d'Orange s'est convertie, mais l'État a pris la même délibération, et messieurs du parlement, qui ont voulu se distinguer par un peu d'obstination, ont pris le même dessein vingt-quatre heures après. Tout cela s'est fait doucement, sans violence et sans désordre. Il n'y a que le ministre Chambrun, patriarche du pays, qui continue de ne point vouloir entendre raison ; car M. le président, qui aspirait à l'honneur du martyre, fût devenu mahométan, aussi bien que le reste du parlement, si je l'eusse souhaité... Vous ne sauriez croire combien tous ces gens-ci sont encore infatués du prince d'Orange, de son autorité, de la Hollande, de l'Angleterre, et des protestants d'Allemagne... »

Cette dernière phrase prouve que les protestants français étaient *infatués* de l'étranger. A elle seule cette tendance devait préoccuper le gouvernement du roi.

Lorsque les conversions s'opéraient aussi facilement, que des villes entières rentraient dans le sein du catholicisme, que les parlements avec leurs présidents renonçaient au protestantisme, il ne faut pas être surpris que Louis XIV pensât que l'édit de Nantes était désormais inutile, et qu'il devenait même nécessaire de l'abolir.

L'édit de révocation fut dicté par le Tellier. Le vieux chancelier était fort malade et ne pouvait plus écrire. Ce fut son œuvre dernière. Le 15 octobre 1685, le roi signa la révocation de l'édit de Nantes, qui fut publiée dans tout le royaume, excepté en Alsace.

Les parlements enregistrèrent l'édit, sans protestations et même sans observations.

Nul ne fut exilé, excepté les ministres.

Pendant que le nouvel édit se répandait, le chancelier le Tellier approchait de sa fin, convaincu que son dernier acte était le plus grand de sa vie. Enfin le Tellier mourut le 30 octobre 1685, dans les bras de Louvois. Celui-ci écrivait à son second fils, le marquis de Souvré, qui guerroyait contre les Turcs dans les troupes du roi de Pologne : « Le 15 du mois passé, M. le chancelier s'étant trouvé indisposé à Chaville, il est venu à Paris où, après avoir demeuré pendant douze jours dans une chaise, sans pouvoir se coucher, il est mort le 30 du même mois, avec une fermeté et une piété sans exemple, ayant conservé la connaissance jusqu'au dernier soupir. Vous avez assez connu la tendresse et le respect que la famille avait pour lui pour juger de l'état où cette perte nous a laissés. Ayez soin d'écrire à Mme la chancelière pour lui en faire vos compliments. »

Bossuet prononça l'oraison funèbre de le Tellier. Cette puissante voix, qui s'était fait entendre sur les tombes d'Henriette d'Angleterre, de la reine Marie-Thérèse, de la princesse palatine, ne dédaigna pas le grand ministre, père de Louvois. A côté des vertus modestes de Marie-Thérèse, de la constante fidélité d'Anne de Gonzague et des tourments d'une vie agitée, l'orateur chrétien place l'homme qui représentait en quelque sorte le triomphe de l'autorité royale. Cette oraison funèbre de le Tellier par Bossuet rappelle certaines pages de Tacite, mais purifiées par le christianisme. C'est un grand honneur pour la mémoire de le Tellier que le soin que prit Bossuet de proclamer ses éminents services. Un ministre qui n'eût été qu'habile, un courtisan favorisé du maître, auraient-ils obtenu un tel honneur? Certes non.

Cette oraison funèbre se distingue de toutes les autres. Bossuet n'a pas ces éclats de tonnerre qui font frémir, il ne jette pas l'un de ces cris sublimes : *Madame se meurt! Madame est morte!* Il parle de le Tellier avec un calme complet; il le juge froidement, et ses louanges sont mesurées par les mérites vrais du ministre. Dans cet éloge de le Tellier, Bossuet semble appelé à prononcer un jugement. Son langage, tout puissant qu'il soit, n'est pas ardent, ni entrecoupé d'images.

Bientôt après, dans l'oraison funèbre du prince de Condé,

Bossuet retrouvera les ardeurs de l'éloquence; mais nous préférons, au point de vue historique, la manière de l'orateur chrétien parlant d'un ministre de la monarchie.

Bossuet a marqué la vie de le Tellier de son immortelle empreinte.

Voyant le nombre prodigieux des conversions, le Tellier crut que le protestantisme n'avait plus de racines en France. Les correspondances des intendants le déclaraient positivement, et l'on conçoit que les conseillers du roi furent trompés, d'autant plus que le protestantisme s'était établi sans convictions, par une sorte d'entraînement. Les foules qui se laissent si aisément séduire par les nouveautés, se précipitent dans les voies inconnues avec un singulier fanatisme, sans raison, sans réflexion, se jouant des croyances, des traditions et de leurs propres intérêts, comme des enfants capricieux qui font l'essai de leurs forces, au risque de se blesser mortellement.

La révocation de l'édit de Nantes, on ne saurait trop le répéter, ne fut pas une persécution ordonnée par la cour, mais une mesure défensive inspirée par le peuple. Les états d'Artois, « célébrant la destruction de l'hérésie, résolurent d'offrir tous les ans un présent considérable à Louvois. » Nous devons ajouter que celui-ci refusa ce don, qui aurait augmenté sa fortune.

L'édit de révocation permettait aux protestants de vivre en France comme les catholiques, d'y exercer leurs professions, d'y jouir de leurs biens, à la seule condition de ne faire aucun exercice public de leur culte.

La liberté de conscience n'était donc pas atteinte. Cette liberté ne suffit pas aux réformés. L'intendant Basville écrivit à Louvois : « Cet édit, auquel les nouveaux convertis ne s'attendaient pas, et surtout à la clause qui défend d'inquiéter les religionnaires, les a mis dans un mouvement qui ne peut être apaisé de quelque temps. Ils s'étaient convertis, la plupart, dans l'opinion que le roi ne voulait plus qu'une religion dans son royaume; quand ils ont vu le contraire, le chagrin les a pris de s'être si fort pressés; cela les éloigne, quant à présent, des exercices de notre religion. »

On pourrait penser, en lisant cette lettre, que l'édit de révocation aurait produit plus d'effet s'il eût été moins doux. Louvois, si modéré jusqu'alors, crut voir dans la résistance des protestants un défi à l'autorité royale. Il s'irrita et devint persécuteur. Privé des conseils de le Tellier, qui savait le modérer, Louvois se laissa aller aux emportements, aux violences, aux injustices les plus criantes. Il écrit à Boufflers, le 7 novembre 1685, moins d'un mois après l'édit de révocation : « Sa Majesté désire que l'on essaye par tous moyens de leur persuader (aux gentilshommes) qu'ils ne doivent attendre aucun repos ni douceur chez eux, tant qu'ils demeureront dans une religion qui déplaît à Sa Majesté ; et on doit leur faire entendre que ceux qui voudront avoir la sotte gloire d'y demeurer des derniers pourront encore recevoir des traitements plus fâcheux s'ils s'opiniâtrent à y rester.

« Les bourgeois et les paysans doivent s'attendre à toutes sortes de dureté de la part des officiers qui commandent les troupes du roi... Il eût été à désirer que M. du Saussay eût fait tirer par les dragons sur les femmes (protestantes) de Clérac, qui se sont jetées dans le temple lorsqu'on en a commencé la démolition, et Sa Majesté a été surprise de voir qu'il y ait encore une si grande quantité de huguenots dans cette ville... »

Le 17 novembre, Louvois adresse cette lettre à Beaupré au sujet des protestants de Dieppe : « Le roi a été informé de l'opiniâtreté des gens de la R. P. R. (religion prétendue réformée) de la ville de Dieppe, pour la soumission desquels il n'y a pas de plus sûr moyen que d'y faire venir beaucoup de cavalerie, et de la faire vivre chez eux fort licencieusement. Comme ces gens-là sont les seuls dans tout le royaume qui se sont distingués à ne se vouloir pas soumettre à ce que le roi désire d'eux, vous ne devez garder à leur égard aucune des mesures qui vous ont été prescrites, et vous ne sauriez rendre trop rude et trop onéreuse la subsistance des troupes chez eux ; c'est-à-dire que vous devez augmenter le logement autant que vous croirez le pouvoir faire sans décharger de logement les religionnaires de Rouen, et qu'au lieu de vingt sols par place et de la nourriture, vous pouvez en laisser tirer dix fois autant, et permettre aux cavaliers le désordre nécessaire pour tirer ces gens-là de l'état où ils sont, et en faire un exemple dans la province qui puisse être autant utile à la conversion des autres religionnaires qu'il y serait préjudiciable, si leur opiniâtreté demeurait impunie. »

Comme ministre de la guerre, Louvois avait cassé ou chassé de l'armée tous les officiers protestants ; il n'en restait pas un seul au mois de février 1686.

Après des excès de zèle qui sont odieux, Louvois revient tout à coup à la modération. Il recommande de ne pas obliger les nouveaux convertis à aller à la messe; il excuse ceux qui n'ont pas communié ou ne se sont pas confessés; puis de nouveaux accès de colère lui inspirent des ordres barbares.

VIII

S'il y a des pages brillantes dans la vie de Louvois, il en est aussi de bien sombres; celles dont nous allons parler sont de celles-là.

Pendant que Louvois est impitoyable pour les protestants, les évêques se montrent doux, patients, pleins de charité, et d'une modération que les historiens n'ont pas célébrée autant qu'elle le méritait. L'évêque de Saint-Pons repousse les conversions obtenues par la violence. Le Camus, évêque de Grenoble, va jusqu'à résister aux ordres de Louvois et lui écrit une lettre admirable de fermeté religieuse. Louvois répond, le 23 juillet 1686 : « Vous avez grande raison de croire que l'intention de Sa Majesté n'est pas que l'on oblige les nouveaux convertis, par logement des gens de guerre, à fréquenter les sacrements; mais aussi Sa Majesté, qui peut loger ses troupes où il lui plaît, ne veut pas souffrir que les habitants de Grenoble, nouveaux convertis, aient l'insolence de tenir une conduite qui n'ait point de rapport avec l'abjuration qu'ils ont faite; et c'est pour cela qu'elle avait donné l'ordre que l'on fît entrer des troupes dans Grenoble, et que l'on les logeât chez ceux qui avaient fait gloire de ne point fréquenter les églises, et qui avaient tenu des discours insolents sur cela. Mais, puisque vous désirez si ardemment que les troupes qui y sont en sortent, et que vous assurez si positivement du bon effet que cela pourra produire, Sa Majesté a trouvé bon de les en retirer; mais elles y entreront pour tout l'hiver si ces gens-là se conduisent mal. »

Les évêques ne voulaient pas de troupes dans leurs diocèses, déclarant au roi qu'il ne fallait employer que la parole et donner la preuve, par des exemples, que le catholicisme avait plus de tendresse pour le peuple que le protestantisme.

La réclamation de l'évêque de Grenoble contre l'emploi

des troupes pour les conversions eut un plein succès, mais tardivement, car Louvois avait adressé cet ordre à Tessé : « Il ne faut point écouter la remontrance que fait M. l'évêque de Grenoble pour empêcher qu'il n'entre des troupes dans cette ville, pour réduire les religionnaires et obliger les nouveaux convertis à faire leur devoir, parce que la charité lui fait désirer des choses qui ne feraient pas de bons effets. Ainsi vous devez y faire entrer des troupes, et faire connaître par là à ceux qui s'y sont retirés qu'ils n'y trouveront point de protection, s'ils ne font ce que le roi désire. »

Les Cévennes sont peuplées d'une race industrieuse, de mœurs simples et d'un courage à toute épreuve. Cette race était animée depuis longtemps des idées d'indépendance religieuse et politique. Sans remonter aux guerres de religion de 1206 à 1220 qui, d'après Chateaubriand, sont un abominable épisode de notre histoire, nous pouvons rappeler que le pape Alexandre III fut forcé d'employer la force contre les nouveaux sectaires qui méconnaissaient le pouvoir de l'Église romaine. L'abbé de Sainte-Geneviève de Paris, que Philippe-Auguste avait envoyé en mission dans les Cévennes, écrivait au roi : « ... Je passe à travers des montagnes et des vallées, au milieu des déserts, où je ne rencontre que des villes consumées par le feu, ou des maisons entièrement démolies. »

On connaît la cruauté de Simon de Montfort, qui fit couler des torrents de sang dans les Cévennes pour convertir les Albigeois.

Lorsque, au XVIe siècle, Zwingle et Calvin prêchèrent en Suisse une réforme plus radicale encore que celle de Luther, le Dauphiné et les Cévennes adoptèrent des principes qui avaient une frappante analogie avec leurs antiques doctrines. La persécution commença sous François Ier. En 1546, le midi de la France était en feu ; après la Saint-Barthélemy, un grand nombre de protestants se réfugièrent dans les Cévennes, qui devinrent le foyer le plus ardent de la résistance après la révocation de l'édit de Nantes.

Louvois ne tarda pas à savoir que, dans les Cévennes, les réformés se réunissaient pour l'exercice de leur culte. Sa colère ne connut plus de bornes, et ses lettres respirent une barbarie sans exemple jusqu'alors. Il écrit à la Trousse, le 10 juin 1686 : « Sur ce que j'ai représenté au roi du peu de cas que font les femmes du pays où vous êtes des peines ordonnées contre celles qui se trouvent à des assemblées,

Sa Majesté ordonne que celles qui ne seront pas demoiselles (c'est-à-dire nobles) seront condamnées par M. de Basville au fouet et avoir la fleur de lys (marquées comme les galériens). »

Quelques jours après, le 22 juillet, il écrit : « Le roi ayant jugé à propos de faire expédier une déclaration, le 15 de ce mois, par laquelle Sa Majesté ordonne que tous ceux qui se trouveront dorénavant à de pareilles assemblées seront punis de mort, M. de Basville ne recevra point l'arrêt que je vous ai mandé contre les femmes, l'arrêt devenant inutile au moyen de cette déclaration. »

A l'exemple des évêques, les généraux et même les intendants voudraient ramener Louvois à des sentiments plus humains. Il venait d'ordonner de faire charger les assemblées de protestants par les dragons, d'en tuer autant que possible, d'amener les survivants à l'intendant, qui en ferait pendre quelques-uns et enverrait le reste aux galères.

L'intendant Basville, fatigué de ce rôle de bourreau, écrit, le 29 octobre 1686, à Louvois que le 27 il y a eu une réunion de quatre cents réformés dans le diocèse de Mende, que plusieurs étaient armés, et qu'il serait bon de renoncer à cette extrême sévérité; qu'il deviendrait dangereux de la continuer, parce que tant de condamnations à mort irritent les esprits. Il y a dans cette lettre un passage qui mérite l'attention : « L'on ne peut assez s'étonner que ces mêmes gens qui s'exposent à être tués par les troupes ou à être pendus, pour aller aux assemblées, meurent catholiques la plupart, ainsi que dix sont morts des onze des derniers qui ont été condamnés; ce qui fait connaître que, dans leur conduite, il y a plus de légèreté et d'inclination à la révolte que d'attachement sincère à leur religion. » Ce fait, que les historiens passent sous silence, est extrêmement remarquable. Il prouve que l'on aurait plus obtenu par la douceur et la persuasion que par la persécution. L'intendant Basville exprime la crainte que des secours étrangers ne donnent à cette révolte le caractère d'une guerre civile.

Le duc de Noailles adresse, de son côté, des représentations à Louvois. Il s'afflige des traitements rigoureux et complètement inutiles, et propose de déporter en Amérique les habitants des Cévennes qui ne font aucun commerce. Il demande quatre bataillons pour enlever les futurs déportés. Louvois avait déjà eu cette pensée en écrivant à Basville, le

21 octobre : « Le roi se résoudra à changer tous les peuples des Cévennes, s'il continue à s'y faire des assemblées, n'y ayant point de parti que Sa Majesté ne prenne pour mettre ce pays-là sur le pied d'être soumis à ses ordres. »

Le marquis de la Trousse est chargé de dresser la liste des déportés. Il termine une lettre par cette phrase : « Ce sont des canailles qui ne valent rien et qui sont malintentionnés. » Puis, dans une autre lettre, il annonce qu'il a composé un convoi de cent personnes pour les îles, et que le convoi sera suivi de trois autres.

Tout en encourageant les déportations, Louvois ne renonce pas à la peine de mort contre les protestants. Il écrit à Basville, le 10 janvier 1687 : « Sa Majesté n'a pas cru qu'il convînt à son service de se dispenser entièrement de l'exécution de la déclaration qui condamne à mort ceux qui assisteront à des assemblées. Elle désire que de ceux qui ont été à l'assemblée d'auprès de Nîmes, deux des plus coupables soient condamnés à mort, et que tous les autres hommes soient condamnés aux galères. Si les preuves ne vous donnent point lieu de connaître qui sont les plus coupables, le roi désire que vous les fassiez tirer au sort, pour que deux d'iceux soient exécutés à mort. »

Louvois écrit un peu plus tard au marquis de la Trousse : « Sa Majesté désire que vous donniez ordre aux troupes qui pourront tomber sur de pareilles assemblées, de ne faire que fort peu de prisonniers, mais d'en mettre beaucoup sur le carreau, n'épargnant pas plus les femmes que les hommes... »

Les habitants de Metz furent traités de la même manière. Louvois leur donna, le 20 août 1686, vingt-quatre heures pour se convertir ; ceux qui refusèrent furent transportés aux Antilles et au Canada.

La barbarie allait jusqu'à traîner sur la claie les corps des nouveaux convertis qui, au moment de la mort, refusaient les derniers sacrements. Il est juste de dire que Louvois désapprouva ce sacrilège par une lettre du 9 décembre 1686, à M. Charuel.

Mais les scrupules du ministre n'étaient pas grands. Ainsi on encourageait les paysans à arrêter et à dépouiller sur les chemins les protestants qui gagnaient la frontière, et Louvois écrivait à Fautrier, le 30 janvier 1686 : « Il n'y a point d'inconvénient de dissimuler les vols que font les paysans aux gens de la religion prétendue réformée qu'ils trouvent en désertant, afin de rendre leur passage plus difficile, et même Sa Majesté désire que l'on leur promette, outre la dépouille des gens qu'ils arrêteront, trois pistoles pour chacun de ceux qu'ils amèneront à la plus prochaine place. »

L'émigration dépeuplait la France encore plus que la déportation.

Vauban eut le courage d'écrire un mémoire qu'il adressa à Louvois, pour être mis sous les yeux du roi. Il présente ainsi les pertes du royaume : 1° l'émigration de 80 ou 100,000 personnes de toutes conditions, qui ont emporté avec elles plus de 30,000,000 de livres d'argent ; 2° les arts et les manufactures particulières, la plupart inconnus aux étrangers, qui attiraient en France des sommes considérables de toutes les contrées de l'Europe ; 3° la ruine de la plus considérable de toutes les contrées de l'Europe ; 4° l'augmentation des flottes ennemies qui ont reçu 9,000 de nos meilleurs matelots, émigrés pour cause religieuse ; 5° l'augmentation des armées de l'Europe, qui ont reçu 5 à 600 officiers et 10 à 12,000 soldats beaucoup plus aguerris que les leurs...

La conclusion de Vauban est de rappeler les huguenots, de proclamer une amnistie et de rétablir l'édit de Nantes.

Louvois répondit à Vauban : « J'ai lu votre mémoire, où j'ai trouvé de fort bonnes choses ; mais, entre nous, elles sont un peu outrées, j'essayerai de le lire à Sa Majesté. »

Nous n'écrivons pas l'histoire de l'édit de Nantes, mais la vie du ministre Louvois. Nous n'avons donc pas à discuter les mesures qui furent adoptées par Louis XIV, mais à constater la conduite de Louvois en cette grave circonstance.

Il se montra homme d'État médiocre, politique sans vues généreuses, et conseiller du roi sans amour pour le peuple.

Dans cette immense question, Louvois ne se préoccupe que de l'autorité royale.

Il aurait pu répéter le mot du connétable Anne de Montmorency, après l'édit de pacification du 19 mars 1563 : « La réforme n'est que la chasse à l'autorité. »

CHAPITRE V

1686-1690

Effets de la révocation de l'édit de Nantes. — Les Barbets. — Catinat. — Les Vaudois résistent. — Lettre de Catinat à Louvois. — La bourgeoisie sous Louis XIV. — Le prince d'Orange. — Le Dauphin en campagne. — Siège de Philippsbourg. — Manheim. — La bravoure allemande, d'après Vauban. — Le Dauphin revient à la cour. — Promotion dans l'ordre du Saint-Esprit. — Dons à Vauban. — Raser une place? — Incendie du Palatinat. — La princesse Palatine. — Administrateurs et généraux. — Ligue d'Augsbourg. — Indiscipline du fils de Louvois. — Jacques II. — Sa désastreuse entreprise. — Il revient en France. — Les Stuarts. — Défaite de Valcourt. — Lettres de Louvois et de Chamlay. — Siège de Mayence par le duc de Lorraine. — Chamlay. — Les officiers d'alors. — Les soldats perdent toute discipline. — Le maréchal de Duras reçoit l'ordre de secourir Mayence. — Le maréchal de Lorges, frère du maréchal de Duras. — Louvois veut partager le commandement entre les deux frères. — Sa lettre au maréchal de Lorges. — Le marquis d'Uxelles, défenseur de Mayence. — Capitulation de Mayence. — Reddition de Bonn. Mort du baron d'Asfeld. — Grave accusation contre Louvois. — Louis XIV va chasser à Meudon, chez Louvois. — Défaveur de Louvois. — Origine de la guerre de 1688, d'après Saint-Simon. — Mouvement des réformés. — Catinat est nommé général du corps expéditionnaire en Italie. — Les instructions que lui donne Louvois. — Les Barbets sont attaqués. — Catinat entre en Piémont. — Mort affreuse de M. de Parat, lieutenant-colonel du régiment d'Artois. — Commencement des hostilités. — Chamlay conseille un manifeste. — Victor-Amédée, duc de Savoie. — Mouvement stratégique de Catinat.

I

Le mémoire adressé par Vauban à Louvois, mémoire qui résume les immenses pertes faites par la France, prouverait au besoin que l'émigration fut provoquée par les persécutions et non par l'édit de révocation. Louis XIV avait révoqué l'édit de Nantes en octobre 1685, et le mémoire de Vauban est du mois de décembre 1689, après les actes de cruauté commis envers les huguenots.

Au lieu de révoquer l'édit de Henri IV, peut-être eût-il été préférable de le modifier; car, tel qu'était cet édit, il ne pouvait être conservé sans péril pour l'autorité royale et l'unité nationale. L'édit de révocation eût été accepté par les protestants, tout en soulevant les colères des ardents catholiques; les passions se fussent promptement calmées, si Louvois eût suivi les conseils de modération, de patience, de charité de Bossuet et des évêques. Mais l'irascible ministre voulut une obéissance aveugle et immédiate; il abusa de la force et révolta les consciences. Il ne faut pas confondre l'édit de révocation avec les dragonnades: celles-ci furent barbares; celui-là peut, à plusieurs points de vue, être parfaitement justifié.

Quoi qu'il en soit, l'effet fut immense en Europe. L'Allemagne protestante se crut menacée dans ses croyances, et l'Angleterre vit son nouveau roi, Jacques II, aller publiquement à la messe après s'être déclaré en faveur de l'Église anglicane.

Les réformés, en quittant la France, emportaient une haine profonde contre ceux qu'ils nommaient leurs persécuteurs. Dispersés dans toute l'Europe, et appartenant aux diverses classes de la société, ils excitèrent contre Louis XIV les plus mauvaises passions. Une foule d'écrits propagèrent le mensonge; des libelles attaquèrent la personne du roi, et, dans ce concert d'imprécations, la France ne fut pas épargnée. Son influence en Europe diminua considérablement. D'un autre côté, la plupart des catholiques désapprouvaient l'acharnement de Louvois, et l'affection des Français pour leur roi fut mêlée d'une crainte vague et d'une singulière méfiance.

Malheureusement Louis XIV, convaincu que son devoir était d'arrêter la marche croissante du protestantisme, ne s'arrêta pas aux frontières.

Le Piémont, principauté italienne, professait la religion catholique; cependant les habitants de plusieurs vallées, connus sous le nom de *Barbets* ou *Vaudois*, étaient protestants. Doux, paisibles, ils n'avaient jamais songé à la résistance, et leur influence ne pouvait porter ombrage ni à la cour de Turin, ni au roi de France. Louis XIV voulut cependant les convertir, et fit connaître son intention au duc de Savoie. Celui-ci ne se conforma pas aux vœux de son puissant voisin.

Louis XIV insista tellement que Victor-Amédée publia

un édit semblable à celui qui révoquait en France l'édit de Nantes. Mais, trop faible pour le faire exécuter, le duc de Savoie accepta les secours de Louis XIV, qui lui envoya, pour la conversion des Barbets, cinq régiments d'infanterie et dix escadrons de cavalerie. Ce corps expéditionnaire fut confié à Catinat, que protégeait Louvois.

La plupart des historiens ont fait de Catinat un frondeur; ils lui ont prêté un esprit indépendant, fier et toujours en révolte contre l'arbitraire. Ils ajoutent qu'en cette circonstance Catinat fut mécontent du rôle auquel il était appelé. Ces choses ne sont pas exactes. Catinat écrit à Louvois : « Je ne saurais rien dire, Monseigneur, que vous exprimer mes sentiments sur l'honneur que vous m'avez procuré d'un si beau commandement. Je ne songe au monde qu'à m'en bien acquitter, pour mériter avec quelque justice cette marque de votre estime. »

Il ne faut pas oublier que les protestants des Cévennes n'étaient que les continuateurs des Albigeois du XIIIe siècle. Les Vaudois protestants, au temps de Louis XIV, formaient une secte opposée à l'Église, dès le XIIe siècle. Bossuet, dans son *Histoire des variations*, nous apprend que ces sectaires, nommés *pauvres de Lyon, léonistes, insabbatés*, commencèrent à faire parler d'eux en 1160. Cette secte existe encore aujourd'hui, mais dans les trois vallées du Piémont, où ils forment une population de 20,000 âmes environ. Par lettres patentes du roi Charles-Albert de Sardaigne, du 17 février 1848, ils ont obtenu la complète liberté civile et religieuse et sont assimilés à la population catholique.

Tels étaient ces sectaires devenus protestants, et que Louis XIV voulait convertir au catholicisme. Bien décidés à la résistance, les Vaudois barricadèrent leurs villages. Les hostilités commencèrent le 21 avril. Le duc de Savoie avait sous ses ordres près de 4,000 hommes, et Catinat le même nombre de troupes. Le lendemain, le seul village de Saint-Germain, dans la vallée de Luzerne, fut pris après un rude combat. Mais les montagnards, comprenant qu'ils seraient toujours vaincus par des troupes régulières, adoptèrent une autre tactique plus en rapport avec leurs habitudes. Ils se séparèrent en petites troupes et firent la guerre de partisans. Ils surprenaient les colonnes, les suivaient pas à pas, tiraillant nuit et jour, enlevant les traînards, détruisant les routes, invisibles et insaisissables.

Cette guerre ne pouvait durer, et les malheureux Barbets fuyaient leur pays dévasté. Un grand nombre tomba au pouvoir de M. de Tessé, qui commandait à Grenoble et les faisait enchaîner pour les livrer aux juges du duc de Savoie. Le 9 mai, Catinat écrivait à Louvois : « Ce pays est parfaitement désolé. Il n'y a plus du tout ni peuple ni bestiaux. Les troupes ont eu de la peine par l'âpreté du pays; mais le soldat a été bien récompensé par le butin... J'espère que nous ne quitterons point ce pays-ci que cette race de Barbets n'en soit entièrement extirpée. J'ai ordonné que l'on eût un peu de cruauté pour ceux que l'on trouve cachés dans les montagnes, qui donnent la peine de les aller chercher, et qui ont soin de paraître sans armes lorsqu'ils se voient surpris étant les plus faibles. Ceux que l'on peut prendre les armes à la main, et qui ne sont pas tués, passent par les mains du bourreau. »

Telle est la philosophie de Catinat, de ce général comparé aux héros de Plutarque.

Chose incroyable : Victor-Amédée, vainqueur de ses sujets, se fatigua de les tenir en captivité; il songea à les vendre aux Vénitiens, qui en avaient offert un bon prix, afin de les mêler aux Turcs qui formaient leur chiourme.

Ils étaient bien malheureux ces paysans qui n'avaient pas été éclairés, et que l'on poursuivait à coups de fusil comme des bêtes fauves, puis que l'on emprisonnait sans pitié. Voici ce qu'en disait Catinat dans une lettre à Louvois : « 19 juin. La maladie et l'infection s'est mise dans ce malheureux peuple; la moitié en périra cet été. Ils sont mal couchés, mal nourris, et les uns sur les autres; et celui qui se porte bien ne peut respirer qu'un air empesté. Par-dessus tous ces maux, la tristesse et la mélancolie, causées avec justice par la perte de leurs biens, par une captivité dont ils ne voient pas la fin, la perte ou au moins la séparation de leurs femmes et de leurs enfants, qu'ils ne voient plus et qu'ils ne savent ce qu'ils sont devenus... »

Le marquis d'Arcy, représentant de Louis XIV en Piémont, écrit au roi, à la fin d'octobre, que les prisonniers calvinistes à Verrue meurent en grand nombre, et que sur neuf cents il n'en reste plus que cent cinquante; une douzaine seulement n'est pas atteinte par la maladie.

A cette nouvelle qui aurait dû troubler sa conscience et affliger son cœur, Louis XIV répond par une lettre qui fait tache dans l'histoire de ce grand roi; cette lettre est du

8 novembre : « Je vois que les maladies délivrent le duc de Savoie d'une partie de l'embarras que lui causait la garde des révoltés des vallées de Luzerne, et je ne doute point qu'il ne se console facilement de la perte de semblables sujets, qui font place à de meilleurs et de plus fidèles. »

Ces meilleurs et plus fidèles étaient des étrangers au pays, qui recevaient du duc de Savoie les maisons et les biens des malheureux déportés.

Luther et Calvin sont les deux hommes qui ont fait le plus de mal sur la terre. Tous les conquérants réunis, tous les tyrans assemblés, ont fait couler moins de sang et de larmes que ces deux hommes.

Les plaies qu'ils ont faites au monde moderne ne se cicatriseront jamais; ils ont versé dans les cœurs un poison ardent et mortel; ils ont porté le doute dans les consciences, ils ont armé le fils contre le père et troublé la paix des tombeaux.

Ces deux hommes sont les génies du mal.

La révocation de l'édit de Nantes avait donc été conseillée par le Tellier, qui, pour le malheur de la France et du roi, mourut lorsque l'édit paraissait. Non seulement il n'eût pas approuvé les persécutions, mais il s'y fût opposé. Louvois, qui n'avait pas l'esprit calme et méditatif de son père, se laissa entraîner dans une voie sanglante. Dès ce jour tout changea, non seulement dans le royaume, mais en Europe. La persécution produit des plaies que le temps même ne peut cicatriser. Le persécuteur ne pardonne jamais à ses victimes d'avoir mis à découvert ses colères et ses faiblesses. Presque toujours le persécuteur a plus à rougir que sa victime, parce que l'abus de la force prépare le remords.

Les écrivains du XVIIIe siècle et de la fin du XIXe ont fait un crime à la monarchie de l'édit de révocation et ont fait partager à la noblesse la responsabilité de cet acte. L'édit de révocation frappait la noblesse tout autant que le peuple, sinon plus profondément.

Il ne faut pas oublier d'ailleurs que les conseillers de Louis XIV appartenaient à la bourgeoisie. Sous ce roi si superbe, la noblesse demeurait étrangère aux affaires publiques. La bourgeoisie donnait aux armées Fabert, Gassion, Vauban, Catinat, tous maréchaux de France. « Le chancelier Voisin, dit Saint-Simon, avait essentiellement la plus parfaite qualité sans laquelle nul ne pouvait entrer et n'est jamais entré dans le conseil de Louis XIV, en tout son règne, *qui est la pleine et parfaite roture,* si l'on en excepte le seul duc de Beauvilliers. » Les ambassadeurs n'étaient pas choisis parmi les grands seigneurs, et les intendants, si puissants, venaient des bourgeois. Le Tellier, Louvois, Colbert n'appartenaient pas à la noblesse. La plupart des évêques sortaient des rangs obscurs, et ces évêques se nommaient Massillon et Bossuet.

On peut donc dire avec vérité que si la France fut grande sous Louis XIV, grande par les armes, l'éloquence, les sciences, les lettres, l'administration, cette grandeur venait en grande partie de la bourgeoisie; mais aussi nous devons reconnaître que cette bourgeoisie ne saurait échapper à la responsabilité des fautes.

La bourgeoisie favorisa outre mesure le penchant qu'avait le roi à se considérer comme le maître des consciences et des fortunes.

II

Les galères de France, les prisons de la Savoie étaient encombrées de huguenots. Dans les chemins détournés, pendant l'obscurité de la nuit, on voyait fuir dans l'ombre des familles au désespoir et cherchant une autre patrie.

Toujours impitoyable, Louvois ne voyait même pas l'émotion des peuples de l'Europe. Il ne pouvait cependant ignorer que les souverains formaient des projets hostiles à la France affaiblie, et que le prestige de Louis XIV s'évanouissait. Mais ce ministre, si grand administrateur, n'avait pas l'âme assez élevée pour chercher ses inspirations au-dessus de la terre. Pourvu que le roi fût obéi, peu lui importait qu'il fût aimé.

On croirait, si l'on s'en tenait aux surfaces de l'histoire, que Louis XIV, si ardent contre les réformés, est animé d'un respectueux dévouement envers l'Église catholique. Il n'en est rien. Les querelles du roi de France avec le pape Innocent XI ne sauraient trouver place dans un récit de la vie de Louvois, quoique la main de ce ministre ait dirigé bien des intrigues peu honorables pour la France et dangereuses pour l'Église.

Ces intrigues, fort compliquées, durèrent jusqu'en 1688. Ce fut alors que Jacques II perdit la couronne d'Angleterre, qui passa aux mains du prince d'Orange, roi de la Grande-Bretagne, sous le nom de Guillaume III.

Louis XIV fut accusé de n'avoir pas soutenu par sa flotte le souverain de l'Angleterre. En cette circonstance, Vauban écrivit à Louvois, le 25 février 1689 : « Les gens qui ne voient les affaires que par un trou, sont sujets à se tromper souvent quand ils se veulent mêler d'en parler. C'est peut-être ce qui fait que je me suis trompé de m'imaginer qu'on a eu tort de n'avoir pas équipé quarante vaisseaux pour joindre ou ne pas joindre la flotte du roi d'Angleterre, aussitôt que l'entreprise du prince d'Orange fut découverte ou seulement soupçonnée. »

Ce prince d'Orange causait de vives inquiétudes à Louis XIV. Maître absolu de la Hollande et roi d'Angleterre, il était pour Louvois comme un spectre menaçant nos frontières. La cour de France voyait déjà la guerre sur le Rhin. Louis le Grand, penché sur les cartes, comprit que Philippsbourg était l'entrée de son royaume ouverte aux Allemands. Il fut donc décidé que le roi s'emparerait de cette place. Dès ce moment, Louvois ne cesse d'écrire ; il donne des ordres, fait partir des courriers, et prépare tout pour la guerre. Il était dans son élément et ne subissait pas ces troubles qui l'égaraient, chaque fois qu'il abandonnait les questions matérielles.

Louis XIV voulut confier au dauphin l'honneur de prendre Philippsbourg. Il lui dit : « En vous envoyant commander mon armée, je vous donne des occasions de faire connaître votre mérite ; allez le montrer à toute l'Europe afin que, quand je viendrai à mourir, on ne s'aperçoive pas que le roi soit mort. »

Tout prince commandant une armée est accompagné d'un mentor qui le guide. Turenne et Condé n'étaient plus, Créqui venait de mourir, et le maréchal de Schomberg avait quitté la France avec les réformés, pour offrir son épée à l'électeur de Brandebourg. Luxembourg vivait encore, mais flétri par l'opinion.

Le maréchal de Duras fut chargé de guider le dauphin. Autour de ce prince se réunissaient Catinat le tacticien, Vauban l'ingénieur, le Frezelière l'artilleur, Chamlay le clairvoyant et Saint-Pouange l'administrateur. L'état-major était supérieur à l'armée.

Le 25 septembre, la déclaration de Louis XIV étonna l'Europe, et, le jour même, le maréchal d'Humières envahit le pays de Liège à la tête de douze mille hommes, tandis que Boufflers pénétrait dans le Palatinat et que le marquis d'Uxelles marchait sur Spire. La garnison de Strasbourg franchissait le Rhin, mais sans succès, comme le prouve cette lettre de Vauban à Louvois : « 28 septembre. On a débuté assez grossièrement avant-hier matin, par vouloir entrer dans Offenbourg, avec un détachement de quatre cents hommes qui, ayant marché toute la nuit, et bien fait japper et hurler tous les chiens des villages où l'on passa, trouva les habitants sur leurs gardes et les portes fermées qu'on ne leur voulut pas ouvrir; ce qui l'obligea à s'en revenir, sans avoir fait autre chose que de fournir matière aux gazettes de faire de beaux discours. Je suis le plus trompé du monde, si le marquis d'Uxelles ne réussit de même à Spire et à Neustadt. Toutes les villes de ce pays-ci, qui sont fermées, ont leurs murailles bien entretenues, et rarement y en a-t-il dont la clôture ne soit double; c'est pourquoi il ne faut jamais s'y présenter sans canon et sans être en état de les forcer. C'est s'abuser que de penser d'en venir à bout autrement. »

Cependant d'Uxelles entra dans Spire sans canons, et Kaiserslautern ne résista que faiblement.

Le siège fut mis devant Philippsbourg. Le maréchal de Duras commandait les troupes, sous la direction de Vauban. Louvois avait écrit au maréchal, le 17 septembre : « Sa Majesté s'attend que vous suiviez entièrement les avis de M. de Vauban pour la conduite des tranchées et ce qui regarde le détail des attaques. Comme vous connaissez son expérience et sa capacité, l'intention de Sa Majesté est que vous empêchiez qu'il ne soit contredit. »

Située sur la rive droite du Rhin, Philippsbourg était liée au rivage par une bande de terrain étroite, et facilement inondée par les eaux du fleuve. Les Allemands, maîtres de cette place depuis le siège de 1676, la considéraient comme imprenable, à cause des inondations.

Le dauphin arriva le 6 octobre, lorsque le siège était avancé. Sa suite se composait de jeunes gentilshommes étourdis, ne doutant de rien et quelque peu impertinents.

Vauban se sentit au cœur un grain de courtisanerie, lorsqu'il écrivit à Louvois que monseigneur le dauphin ne baissait pas la tête comme les autres lorsque sifflait un boulet de canon. Courtenvaux, fils de Louvois, était aussi dans l'armée assiégeante. Vauban ne laisse pas échapper l'occa-

sion de plaire au ministre, en louant le courage de son fils :
« ... M. le marquis de Courtenvaux descendit hier au soir la tranchée où il avait commandé seul; je lui ai l'obligation de m'avoir fait faire une très belle place d'armes, dont j'ai aujourd'hui rendu compte à Monseigneur... »

Louvois s'impatientait de la longueur du siège de Philippsbourg et gourmandait Vauban, lui reprochant de multiplier sans nécessité ses opérations. A cette occasion, Louvois écrit à Saint-Pouange : « Le roi ne désire point que l'on précipite rien, ni que l'on fasse tuer des gens mal à propos; mais aussi il serait fâcheux que, pour vouloir prendre Philippsbourg dans les règles, l'on perdît dix jours de temps. C'est ce que je vous prie de faire entendre doucement à M. de Vauban, et de lui faire comprendre l'importance qu'il y a de ne pas consommer le reste de la belle saison à prendre Philippsbourg... Je ne sais ce que l'on veut faire de quarante-huit pièces de batterie contre une place comme Philippsbourg. Je vous prie de solliciter M. de Duras de contenir la démangeaison des officiers d'artillerie de consommer des munitions inutilement, et de porter M. de Vauban à ne faire faire que des batteries nécessaires, celles que l'on veut mettre aux deux fausses attaques n'étant bonnes qu'à détruire des ouvrages qu'il faudra refaire dès que la place sera rendue... »

Louvois écrivait en même temps au maréchal de Duras et à Catinat pour blâmer l'artillerie et les ingénieurs. Il demande des renseignements à Catinat : « Sa Majesté ayant une très grande foi à vos relations, et me les ayant demandées souvent. »

Le ministre oubliait les règles de la discipline et de la hiérarchie, en demandant de tous côtés des renseignements sur les dispositions prises par Vauban. Un ami particulier de Louvois, le chevalier de Tilladet, lui déclarait que Vauban agissait parfaitement bien. Celui-ci, fatigué de cette surveillance et des critiques du ministre, lui écrivit le 13 octobre 1688 : « Si l'on avait beau temps et que l'on pût être servi comme il faut, tout irait le mieux du monde; mais avoir un front à attaquer d'un quart de lieue d'étendue et très bien fortifié, dont les accès sont tous entrecoupés de flaques d'eau et de marais sédentaires, un temps de pluie qui désespère, beaucoup de nouvelles troupes, des munitions qui ne viennent que par pièces et morceaux, je vous assure que ce n'est pas une petite affaire. Cependant espérezen bien, Monseigneur; nous en avons surmonté d'autres, et j'espère que nous viendrons à bout de celle-ci. Au reste, je vous demande excuse d'avoir été trois jours sans vous écrire. Je suis si terriblement affairé, que si les jours avaient trente-six heures au lieu de vingt-quatre, je trouverais à les remplir jusqu'à la dernière minute. »

Le 17 du même mois, Vauban écrit de nouveau à Louvois : « Je suis bien fâché, Monseigneur, de ne pouvoir vous rendre compte plus souvent de ce que nous faisons, car je sais que cela vous ferait plaisir, et que de ne le point faire, c'est vous très mal faire ma cour. J'en suis au désespoir, mais il n'y a pas de remède; car je suis, pour ainsi dire, nuit et jour à mon fait, d'une manière qui ne peut pas souffrir de distraction, sans que le service du roi en pâtisse... Toutes les difficultés, pourvu que le beau temps nous veuille un peu favoriser, *et que vous vouliez bien nous laisser faire*, j'espère que nous surmonterons tout, Dieu aidant; mais il faut se modérer, et dans les affaires où l'on reçoit contrariété de toutes parts, on n'en vient à bout qu'avec de la patience. »

La patience de Louvois n'était pas mise à de trop cruelles épreuves, car les conquêtes allaient grand train. Le marquis de Sourdis et le baron d'Asfeld s'emparaient des places de l'électorat de Cologne; le marquis de Boufflers allait vite de son côté. Neustadt, Oppenheim, Worms, Bingen, Altezey, Kreutznach, Baccarat ouvraient leurs portes.

Chamlay, ayant adressé à Louvois une lettre pour conseiller la modération, reçut cette réponse : « Otez-vous de l'esprit que vous ayez rien à ménager avec les Allemands, ni par amitié, ni par modération; bien du canon et des places dans leur pays les réduiront mieux que toute autre chose, et il n'y a de bons partis à prendre que ceux qui vous procureront des avantages. »

Une garnison française entra dans Mayence, ce qui réjouit Louvois; mais sa joie fut troublée par une nouvelle qui lui parvint de Philippsbourg. Le fils de son ancien ami Courtin, jeune homme fort estimé, avait reçu une grave blessure. Deux jours après, Vauban écrivait à Louvois : « Le pauvre M. Courtin est mort en bon-chrétien et en véritable homme de bien. Je suis aussi touché de sa perte que si c'était mon propre fils. Cela sera cause que je ne me chargerai jamais des gens de condition en pareille affaire. Je ne sais comment écrire à son père; je vous supplie vouloir bien le faire pour moi. » Dans la même lettre, Vauban donne des éloges au dauphin : « Monseigneur a visité aujourd'hui la tranchée du bas Rhin, où il a demeuré trois ou quatre heures. Il ne tient pas à lui qu'il n'y aille tous les jours, mais le canon y a été si dangereux que je me suis cru obligé de faire toutes sortes de personnages pour l'en détourner. Je n'ai osé vous mander que la seconde fois qu'il y a été, aux grandes attaques, un coup de canon donna si près de lui, que M. de Beauvilliers, le marquis d'Uxelles et moi, qui marchaient devant, en eûmes le tintouin un quart d'heure, ce qui n'arrive jamais que quand on se trouve dans le vent du boulet; jugez du reste. »

C'est à ce siège que Vauban inventa le tir à ricochet.

Enfin Philippsbourg capitula le 29 octobre, sans que l'assaut eût été donné. Le roi en reçut la nouvelle le 1er novembre, jour de la Toussaint, dans la chapelle de Fontainebleau, où Sa Majesté entendait un sermon du père Gaillard. Louvois apporta lui-même la lettre du maréchal commandant le siège et une autre de monseigneur le dauphin.

Le roi se leva et, par un geste, suspendit la parole de l'orateur chrétien; puis, d'une voix forte mais un peu émue, annonça cette nouvelle victoire, et, se tournant vers le grand christ, remercia le Dieu des armées. Reprenant la parole, le père Gaillard prononça, non plus son sermon, mais une chaleureuse improvisation sur les faveurs dont le Ciel comblait le roi de France. Mme de Sévigné écrivit, à cette occasion, deux charmantes lettres à sa fille.

Mais les discours de Louis XIV et du père Gaillard, et même les lettres de Mme de Sévigné ne sauraient effacer du souvenir ce que le duc de Montausier, ancien gouverneur du dauphin, écrivit à ce prince : « Monseigneur, je ne vous fais point de compliment sur la prise de Philippsbourg : vous aviez une bonne armée, des bombes, du canon, et Vauban. Je ne vous en fais point aussi sur ce que vous êtes brave : c'est une vertu héréditaire dans votre maison. Mais je me réjouis avec vous de ce que vous êtes libéral, généreux, humain, et faisant valoir les services de ceux qui font bien; voilà sur quoi je vous fais mon compliment. »

La reine, fière de son fils, exprima le désir de le revoir; mais Louis XIV, faisant violence à ses sentiments de père, répondit que le dauphin avait encore des services à rendre en prenant Manheim. Le dauphin, que Vauban ne quittait pas, se rendit donc devant Manheim, d'où Vauban écrivit à

Louvois : « C'est une ville belle à peindre; la citadelle en est plus grande que Philippsbourg. Je l'ai déjà reconnue par deux endroits, sur l'un desquels, qui est le bord du Rhin, du côté de Frankenthal j'ai réglé l'établissement d'une batterie de huit pièces à ricochet, qui fauchera la plus grande partie des palissades du chemin couvert, des fossés et de la berme, enfilera ledit chemin couvert..., et labourera les talus de leurs remparts, qui sont tous de terre, fort polis, bien verts et bien entretenus, mais dont les talus sont si grands que les moutons y paissent depuis le haut jusqu'en bas. Ce n'est point raillerie; Renault et Clément, qui ont été hier lever le plan de cette avancée, m'ont assuré d'en avoir vu plus de cent. »

L'attaque de Manheim commença dans la nuit du 8 novembre, et donna lieu à cette lettre intéressante de Vauban à Louvois : « Si c'était des Français, j'en attendrais une sortie dès le matin; mais comme la grande bravoure des Allemands ne se fait bien sentir qu'après midi, cela fait que je ne les appréhende pas, parce que la tranchée sera fort bien en état, et que nous aurons dîné aussi bien qu'eux. Ce sont, au fond, de fort braves gens; car pendant que nous leur coupions, cette nuit, tout doucement la gorge du côté de la citadelle, ce n'était de leur part que fanfares de trompettes, timbales et hautbois du côté de l'attaque. Il n'y a point de menuets, ni d'air de nos opéras qu'ils n'aient fort bien joués; et cela a duré tout le temps qu'ils ont trouvé le vin bon, c'est-à-dire toute la nuit. Présentement, soit qu'ils se donnent le loisir de cuver leur vin, ou qu'ils se soient aperçus de la supercherie qu'on leur a faite du côté de la citadelle, il me parait qu'ils sont un peu rentrés en eux-mêmes. Espérez bien, s'il vous plaît, du reste, et soyez persuadé que je n'omettrai rien pour me rendre digne de la grâce qu'il a plu au roi de me faire, en m'honorant d'une lettre de sa main. »

Le siège fut de courte durée, car la garnison se révolta contre le gouverneur et l'obligea à capituler.

Alors on voulut prendre Frankenthal, et le dauphin préféra les fatigues de la tranchée aux plaisirs de la cour. Aussi Vauban écrivait-il à Louvois le 17 novembre : « Monseigneur ne s'ennuie point du tout, et s'il ne tenait qu'à lui et à moi, nous ferions fort bien le siège de Coblentz. »

Mais Frankenthal ne résista pas plus que n'avait fait Manheim. La place se rendit à la première attaque, ce qui fit dire à Vauban, dans sa lettre à Louvois : « C'est encore pis qu'à Manheim. Je n'ai jamais vu gens si braves, tant qu'on ne leur tire pas, que ces troupes palatines ; mais quand on commence à les rechercher un peu vivement, le nez leur saigne aussitôt, et dans le fond on ne trouve que des maroufles où l'on s'était imaginé, par toutes leurs façons de faire, trouver de braves gens. »

Ces sièges manqués désolaient Vauban, qui, disait-il, ne pouvait terminer ses expériences.

Pendant ce temps, Boufflers brûlait Coblentz et commettait des excès inutiles. Excepté Vauban, qui apportait dans la guerre une véritable humanité, les généraux de Louis XIV procédaient par la destruction. Ils incendiaient les palais et les villes, détruisaient les moissons, exterminaient les peuples.

La campagne de 1688 étant terminée, monseigneur le dauphin revint à la cour, estimé des troupes et admiré par la cour et la ville. Il s'était montré modeste et brave. Ce qu'il écrivait à Louis XIV fait comprendre sa situation : « Nous sommes fort bien, Vauban et moi, parce que je fais tout ce qu'il veut. » Pendant cette campagne, le maréchal de Duras avait suivi l'exemple du dauphin, en faisant tout ce que voulait Vauban.

Le retour de monseigneur le dauphin fut l'occasion de grandes fêtes. Louis XIV, voulant donner un caractère militaire à ces réjouissances, fit une grande promotion dans l'ordre du Saint-Esprit. Soixante-quatorze chevaliers furent nommés, presque tous choisis dans l'armée par Louvois lui-même. M. de Grignan eut l'honneur d'être de la promotion, et Mme de Sévigné adressa cet avis à sa fille : « On vous conseille d'écrire à M. de Louvois et de lui dire que l'honneur qu'il vous a fait de demander de vos nouvelles vous met en droit de le remercier, et qu'aimant à croire au sujet de la grâce que le roi vient de faire à M. de Grignan, qu'il y a contribué au moins de son approbation, vous lui en faites encore un remerciement. Vous tournerez cela mieux que je ne pourrais faire. Cette lettre sera sans préjudice de celle que doit écrire M. de Grignan. »

Après la campagne, le dauphin donna mille louis à Vauban, et le roi deux mille pistoles. Ces dons d'argent étaient dans les vieilles mœurs. On voit même, dans la correspondance de Duplessis-Mornay, qu'au temps de Henri IV, les grands seigneurs les plus considérés écrivaient au roi pour lui demander la somme nécessaire au rétablissement de leurs affaires. A ces époques éloignées, on se ruinait pour le service du souverain; il n'était donc pas malséant qu'à son tour le souverain fît quelques sacrifices pour ceux qui contribuaient à sa gloire.

Outre les mille louis qu'il donna à Vauban, Monseigneur le pria d'accepter quatre pièces de canon. Un tel honneur se renouvela plus tard pour le maréchal de Saxe.

III

Pendant que ces choses se passaient, le roi d'Angleterre, fugitif, sans couronne et sans armée, débarquait sur les côtes de France et demandait l'hospitalité à Louis XIV. Le prince d'Orange, ennemi de la France en Hollande, ne cessait pas d'être un implacable adversaire en montant sur le trône de la Grande-Bretagne.

Une guerre européenne semblait inévitable au commencement de 1639. Toutes les puissances se liguaient contre Louis XIV. Louvois se préparait à cette lutte avec son activité ordinaire. Il augmentait l'effectif des régiments, appelait les milices et même l'arrière-ban pour le service des places. Vauban eut le commandement de Dunkerque; le maréchal d'Estrées fut nommé gouverneur de la Bretagne; le maréchal de Lorges eut un grand commandement au-dessous de la Loire.

L'émotion était grande en France, et chacun jetait un regard inquiet vers le Rhin. C'est que l'on redoutait l'Allemagne, trop dédaignée jusqu'alors. Louvois décida la ruine du Palatinat. Une lettre de Louvois à l'intendant Lagrange fait connaître ses projets : « 17 novembre 1688. Je vois le roi assez disposé à faire raser entièrement la ville et la citadelle de Manheim, et, en ce cas, d'en faire détruire entièrement les habitations de manière qu'il n'y reste pas pierre sur pierre, qui puisse tenter un électeur, auquel on pourrait rendre ce terrain pendant une paix, d'y faire un nouvel établissement. Sa Majesté ne juge pas encore à propos que ce projet vienne à la connaissance de personne. »

Interrogé par Louvois sur la signification des mots *raser une place*, Vauban avait répondu : J'appelle *raser une place*, quand on en démolit généralement toutes les fortifications et toutes les clôtures, en sorte que, ne pouvant plus s'en servir, ladite place demeure ouverte, demeurant pour lors bourg ou village. »

Louvois jugea cette définition incomplète. Il pensa que raser une place était non seulement la destruction des fortifications, mais le pillage et la démolition de la ville. En conséquence, Louvois donna l'ordre au baron de Monclar de faire piller et raser dans le Wurtemberg Stuttgard, Eslingen, Tubingen et autres places, et de soudoyer des gens du pays pour incendier la nuit les maisons et les fermes, afin de répandre la terreur. M. de Monclar étendit un peu trop ses troupes, qui furent ramenées par les cavaliers allemands. Louvois écrivit alors à Monclar, le 18 décembre : « Sa Majesté vous recommande de faire bien ruiner tous les lieux que vous quitterez, tant sur la hauteur du Necker que sur le bas, afin que les ennemis, n'y trouvant aucun fourrage, ni vivres, ne soient pas tentés d'en approcher. »

On ne recula même pas devant la destruction du splendide château de Heidelberg, une des merveilles de l'architecture. M. de Monclar eut l'ordre de le brûler.

Il semblerait que ces exécuteurs étaient aveuglés par la colère, comme le prouverait une lettre de Louvois à Monclar : « Le roi veut que l'on avertisse les habitants de Manheim de se retirer en Alsace, et que l'on rase tous les bâtiments de la ville, sans y laisser aucun édifice sur pied. » En recevant cet ordre, « l'intendant Lagrange fit venir les magistrats de Manheim, pour leur dire qu'il avait cet ordre de faire raser leurs maisons; cela les surprit beaucoup, et, quoique l'on ait essayé de leur persuader qu'ils doivent le faire eux-mêmes pour éviter le désordre, ils sont dans une telle consternation qu'il ne sera pas possible de les y obliger. »

Voilà ce qu'écrit Monclar à Louvois, et tous deux s'étonnent avec l'intendant Lagrange que les magistrats ne mettent pas le feu à leurs maisons, pour détruire leur ville.

Quelques consciences se révoltent. Ainsi le comte de Tessé, qui avait détruit Heidelberg, fait entendre à Louvois combien il en coûte de se soumettre à ses ordres : « Je ne crois pas que de huit jours mon cœur se retrouve dans sa situation ordinaire. Je prends la liberté de vous parler naturellement; mais je ne prévoyais pas qu'il en coûtât autant pour faire exécuter soi-même le brûlement d'une ville peuplée, à proportion de ce qu'elle est, comme Orléans. Vous pouvez compter que rien n'est resté du tout du superbe château de Heidelberg. Il y avait, hier à midi, outre le château, quatre cent trente-deux maisons brûlées; le feu y était encore. Le pont est si détruit, qu'il ne pourrait l'être davantage. Je ne doute pas que M. l'intendant ne vous rende compte des meubles qui se sont trouvés dans le château et que je lui ai fait remettre. Dieu merci, je n'ai été tenté de rien. J'ai seulement fait mettre à part les tableaux de famille de la maison palatine. Cela s'appelle les pères, mères, grand'-mères et parents de Madame; avec intention, si vous me l'ordonnez ou me le conseillez, de lui en faire une honnêteté, et les lui faire porter, quand elle sera un peu détachée de la désolation de son pays natal; car, hormis elle, qui peut s'y intéresser, il n'y a pas de tout cela une copie qui vaille douze livres. J'ai encore fait prendre dans la chapelle un grand tableau d'une Descente de croix qu'on dit qui est bon; mais je ne me connais point en tableaux; je voudrais de tout mon cœur qu'il fût dans la chapelle de Meudon. »

Ce château de Heidelberg, si impitoyablement traité, privait de sa demeure l'électeur palatin, père de Madame, épouse du frère de Louis XIV. Cette princesse de Bavière était la seconde femme de *Monsieur*, et les historiens lui donnent le nom de *princesse palatine*. Elle a écrit ses mémoires, où elle trace ainsi son portrait : « Il faut bien que je sois laide; je n'ai point de traits, de petits yeux, un nez court et gros, des lèvres longues et plates; tout cela ne peut former une physionomie; j'ai de grandes joues pendantes et un grand visage; cependant je suis très petite de taille, courte et grosse; somme totale, je suis vraiment un petit laideron. Si je n'avais pas bon cœur, on ne me supporterait nulle part. Pour savoir si mes yeux annoncent de l'esprit, il faudrait les examiner au microscope... On ne trouverait probablement pas sur toute la terre des mains plus vilaines que les miennes. »

Cette princesse avait remplacé à la cour de France la charmante Henriette d'Angleterre.

Élisabeth-Charlotte de Bavière, qui se disait si peu séduisante, fut cependant la cause de cette guerre du Palatinat qui a terni le nom de Louvois. Le frère de la duchesse étant mort sans héritier direct, en 1685, un héritier collatéral, le duc de Neubourg, avait pris possession du Palatinat. La France protesta au nom de Madame, et demanda que tous les biens allodiaux de sa famille lui fussent remis, aussi bien que les meubles. Le nouveau palatin refusa, et Louvois ordonna de tout brûler. Le feu fut donc mis à Spire, Worms, Heidelberg, Manheim, à une multitude de bourgades, de villages et de maisons de campagne. Les châteaux forts furent rasés, les églises pillées, les champs dévastés, les archives anéanties. La princesse palatine, désolée de tant de maux, écrivait le 20 mars 1689 : « Dût-on m'ôter la vie, il m'est cependant impossible de ne pas regretter, de ne pas déplorer d'être, pour ainsi dire, le prétexte de la perte de ma patrie. Je ne puis voir d'un seul coup, dans ce pauvre Manheim, tout ce qui a coûté tant de soins et de peines au feu prince électeur mon père. Oui, quand je songe à tout ce qu'on y a fait sauter, cela me remplit d'une telle horreur que chaque nuit, aussitôt que je commence à m'endormir, il me semble être à Heidelberg ou à Manheim, et voir les ravages qu'on y a commis. Je me réveille en sursaut, et je suis plus de deux heures sans pouvoir me rendormir. Je me représente comme tout était de mon temps et dans quel état on l'a mis aujourd'hui; je considère aussi dans quel état je suis moi-même, et je ne puis m'empêcher de pleurer à chaudes larmes. Ce qui me désole surtout, c'est que le roi a précisément attendu pour tout dévoiler que je l'eusse imploré en faveur de Heidelberg et de Manheim; et l'on trouve encore mauvais que je m'en afflige. »

Le château de Heidelberg n'est pas sorti de ses ruines, et deux siècles n'ont pu effacer les traces de la colère de Louvois. Cependant ce qui reste encore de l'antique manoir fait l'admiration du voyageur. Louvois a disparu depuis longtemps, les exécuteurs de ses vengeances sont passés, Louis XIV et les palatins dorment du sommeil éternel, tandis que les murs déchirés par les boulets, les voûtes crevassées par les bombes se dressent toujours, comme un défi jeté aux colères de l'homme.

Cependant ce château était une œuvre sortie de la main des artistes, ce qui semblerait prouver que le génie peut braver la force.

Un poëte qui voyageait sur les bords du Rhin s'arrêta, pendant une soirée d'automne, devant les ruines du château de Heidelberg. Après une longue méditation, il écrivit sur ses tablettes : « Pour qui ont-ils donc travaillé, ces admirables architectes? Hélas! pour le vent qui souffle, pour l'herbe qui pousse, pour le lierre qui vient comparer ses feuillages

10*

aux leurs, pour l'hirondelle qui passe, pour la pluie qui tombe, pour la nuit qui descend. »

Puis, après une nouvelle méditation, le poète, qui se nommait Victor Hugo, écrivit encore ceci : « Sur le frontispice d'Othon-Henri, les boulets n'ont guère brisé que des corniches ou des architraves. Les Olympiens immortels qui l'habitent n'ont pas souffert. Ni Hercule, ni Minerve, ni Hébé n'ont été touchés. Les boulets et les pots à feu se sont croisés, sans les atteindre, autour de ces statues invulnérables.

« Tout au contraire, les seize chevaliers couronnés qui ont des têtes de lion pour genouillères, et qui font si vaillante contenance sur le palais de Frédéric IV, ont été traités par les bombes en gens de guerre; presque tous ont été blessés. L'Empereur a été balafré au visage; Othon-Henri, le palatin, a eu la main emportée; une balle a défiguré Frédéric le Preux; un éclat de bombe a coupé en deux Frédéric II et a cassé les reins à Jean-Casimir...; Charlemagne a perdu son globe et Frédéric IV son sceptre.

« Rien de plus superbe que cette légion de princes, tous mutilés et tous debout... Ils sont là le poing sur la hanche, la jambe tendue, le talon solide, la tête haute.

« Ce dut être un merveilleux spectacle que ce palais vu à la lueur du bombardement... Les obus fouillaient le pavé de leur crâne de fer; les boulets ramés et les boulets rouges passaient parmi des traînées de feu, et, à cette clarté, se dessinaient sur la façade, dans leur posture de combat, les colosses des palatins et des empereurs cuirassés, comme des scarabées, l'épée à la main, tumultueux et terribles ; tandis qu'à côté d'eux, sur l'autre façade, nus, sereins et tranquilles, vaguement éclairés par le reflet des grenades, les dieux rayonnants et les déesses rougissantes souriaient sous cette pluie de bombes. »

Louvois ne tenait pas compte des larmes et des prières de la belle-sœur du roi.

Il écrivait à Monclar le 16 mai 1689 : « Le moyen d'empêcher que les habitants de Manheim ne s'y rétablissent, c'est, après les avoir avertis de ne point le faire, de faire tuer tous ceux que l'on trouvera vouloir s'y faire quelque habitation. »

Condamner à mort un homme parce qu'il cherche à reconstruire sa maison, n'est-ce pas le comble de la barbarie!

Chamlay, dont le nom a souvent paru dans ces pages, était un fort habile homme que Louvois appréciait.

M. Camille Rousset, après avoir cité une longue lettre de Chamlay, fait des observations vraies et profondes. Ces observations pouvaient être inspirées par d'autres que par Chamlay, excellent militaire :

« Quelle doctrine et quelle assurance! Voilà, pris sur le vif, ce type mi-parti d'administrateur et d'homme d'épée, ce tacticien de cabinet, qui fait bon marché des vrais hommes de guerre, qui leur en remontre sur leur propre métier, qui règle des plans de campagne avec le succès au bout, et qui en répond sur sa tête; et, ce qu'il y a de plus triste, c'est que celui-ci est un esprit juste et sage et qu'il est ici parfaitement sincère. Ah! les grands généraux ont bien fait de s'éloigner ou de mourir, puisque aussi bien on les tient pour inutiles ou pour dangereux même. Hélas! bientôt viendra le temps où les grands administrateurs ne seront pas comptés davantage, où Louis XIV, débarrassé de Louvois, débarrassé de Chamlay, prendra le premier venu, l'incapable Chamillard pour administrer la guerre que fera l'incapable Villeroi. C'est à cette chute qu'aboutit le penchant qui, dès le commencement du règne, a porté les administrateurs avant les militaires, et fait dériver la guerre de campagne pour laisser à la guerre de siège le milieu du courant. Louvois est sans doute au départ, au sommet de cette pente; mais n'oublions pas que ce sont toujours les disciples qui poussent à l'absurde les principes du maître, et que celui-ci ne doit pas nécessairement répondre des aberrations de ceux-là. »

Ces vérités si bien exprimées le sont peut-être un peu tardivement. Louvois n'est pas plus coupable en 1689 qu'au début de sa carrière de ministre. En tous temps son esprit dominateur a porté le trouble dans les pensées, tout en maintenant l'ordre dans les choses. Le jour où lui, administrateur, cherchait à dominer Turenne et Condé, l'avenir appartenait à Chamillard et à Villeroi.

Louvois grand administrateur a ouvert la carrière aux commis sans valeur, qui ont tout oublié de la science du maître, excepté le mot d'ordre : l'administration d'abord, le commandement ensuite.

Dans cette immense correspondance de Louvois, presque entièrement consacrée à la guerre, on voit presque toujours les généraux pleins d'humanité et les administrateurs cruels jusqu'à la férocité. C'est que la guerre est une bonne école pour le cœur. Celui qui hasarde sa vie à toute heure apprécie mieux le prix du sang que celui qui, dans son cabinet, dispose sans danger de la vie des hommes. Les meilleurs princes, parmi les empereurs romains, furent ceux qui connaissaient la guerre : Vespasien, Titus, Nerva, Trajan, Adrien, Antonin, Marc-Aurèle, Tacite, Probus et Claude.

Les plus grands des capitaines modernes étaient aussi les meilleurs des hommes. Il suffit de rappeler Gustave-Adolphe, Turenne, Catinat, Vauban.

Pour faire la guerre, deux éléments sont indispensables : l'homme et la machine. Que cette machine se nomme place forte, catapulte, baliste, canon, mortier, caisson, ce n'est qu'un engin. Cet engin est un puissant auxiliaire, quelquefois même il a donné la victoire et conquis des provinces. Mais les limites de toute machine sont promptement atteintes, tandis que l'influence morale est sans bornes.

Le génie de Louvois, quelque vaste qu'il fût, ne dépassait pas les limites de l'accessoire, tandis que Turenne et Condé agissaient sur l'âme humaine, exaltaient les cœurs et produisaient des miracles de courage, de dévouement, de résignation et de vertus viriles.

IV

La ligue d'Augsbourg, dirigée contre la France, obligea Louis XIV à se mettre sur la défensive. L'Empereur, les rois de Suède et d'Espagne, l'électeur de Bavière, les princes de la maison de Saxe, les cercles de Bavière, de Franconie et du Haut-Rhin formaient une alliance pour la conservation de l'Allemagne et l'exécution des traités de Westphalie et de Nimègue.

Louvois organisa la défense du royaume. Le duc de Noailles commandait dans le Midi; le maréchal d'Humières dans le Nord l'armée de Flandre; le maréchal de Duras avait l'armée d'Allemagne; le marquis de Boufflers était à Metz; d'Uxelles à Mayence; le baron de Monclar en Alsace; Catinat à Luxembourg; et le baron d'Asfeld à Bonn.

Vauban était le conseiller de Louvois, qui ne suivait pas toujours ses avis; car Vauban aurait voulu quelques mouvements, tandis que Louvois était pour une complète immobilité. Il en donne la raison dans cette lettre au maréchal d'Humières : « 15 avril 1689. Sa Majesté estime que, dans la multitude d'ennemis qui se sont joints pour lui faire la guerre, il n'est pas de sa prudence de faire aucune entreprise, et pourvu qu'elle empêche que les ennemis n'en fassent, et qu'elle puisse conserver son armée, il y a sujet d'espérer que les différends qui ne manqueront pas de survenir entre les princes, et l'impuissance pour la plupart d'entretenir leurs troupes sans subsides, contribueront fort à séparer la ligue qui s'est formée contre Sa Majesté. »

Peu de temps après, le 3 mai, Louvois écrivait au maréchal de Duras : « Sa Majesté est persuadée qu'il ne convient point de s'exposer à donner un combat..., mais que vous vous teniez toujours sur la défensive; elle estime inutile que vous teniez seize à dix-sept mille chevaux ensemble. »

Le commandant de l'armée d'Allemagne était le maréchal de Duras, qui avait Chamlay pour maréchal général des logis. Ce grade, ou plutôt cette fonction, correspondait au sous-chef d'état-major. Abolis en 1789, les maréchaux des logis ont subsisté dans les armées royales, et l'on sait qu'à Quiberon M. d'Hervilly était le maréchal des logis du corps expéditionnaire.

Quoi qu'il en soit, Chamlay, homme de mérite, était le correspondant de Louvois, qui ne tenait aucun compte du maréchal de Duras. Ce détail serait sans importance, s'il ne prouvait le dédain du ministre pour le commandement militaire et la hiérarchie des grades. Chamlay, créature de Louvois, écrivait les dépêches et prenait les décisions. Or ce personnage était bien autrement ardent que Duras pour les exécutions et les violences.

Il excitait Louvois en faisant signer par le maréchal de Duras des dépêches irritantes, et savait plaire au ministre qui les lisait à Louis XIV. En ordonnant les incendies, le roi pensa peut-être qu'il se laissait aller aux conseils de M. de Duras. Oppenheim et Worms furent livrés aux flammes le 31 mai, et Spire le 1er avril. Non seulement les maisons, mais les palais et les églises devinrent la proie des flammes. Le 4 avril, ce fut le tour de Bingen.

Cette page de l'histoire de Louvois qui a pour titre : *Incendie du Palatinat,* domine tout, efface les plus grands services et ternit toutes les gloires.

Une armée ne commet pas impunément de tels crimes. Si l'on transforme le soldat en incendiaire, si on l'arme de la torche pour brûler les autels, si on lui ordonne le pillage, s'il apprend à outrager le bourgeois désarmé, l'homme de guerre disparaît pour faire place au bandit.

L'armée française perdit ses vertus. Un mois ne s'était pas écoulé, que Louvois recevait cette lettre de M. de Lafond : « 10 juin. On n'a ouï parler d'aucun désordre jusqu'au jour que les villes de Spire, Worms et Oppenheim ont été brûlées. Les cavaliers, grenadiers et dragons qui ont travaillé à la destruction desdites villes ont tant bu de vin que cela leur a fait faire mille désordres; les autres voisins sont venus profiter du vin qui était à l'abandon, et tous ont cru que le pays était au pillage; ce qui leur a fait prendre chevaux et vaches dans les villages voisins des lieux où ils fourragent. J'ai fait rendre les chevaux et j'ai fait payer les vaches. Ces troupes, et surtout les grenadiers, ont fait un gros butin dans la ville de Worms, ayant trouvé, en démolissant les maisons, quantité de meubles, nippes, habits, jusqu'à de l'argent monnayé qui était caché ou en terre, ou en des doubles caveaux. Le désordre des troupes a été jusqu'à un tel excès qu'il n'était pas sûr aux voituriers de marcher sur le grand chemin. J'ai fait mon possible pour pouvoir faire punir tous les coupables; mais il n'y a pas eu moyen jusqu'à présent.

Louvois fut cruellement puni. Les officiers, au lieu de maintenir la discipline, encourageaient le désordre, et le propre fils du ministre, l'aîné de sa race, le marquis de Courtenvaux, imitait la soldatesque avinée. En apprenant ce malheur, Louvois écrivit à M. de Monclar : « Envoyez mon fils aîné en prison au fort Louis pour quinze jours, et faites-lui faire ensuite de telles réparations à l'homme qu'il a maltraité de paroles, qu'il veuille bien les lui pardonner pour l'amour de moi. »

Le marquis de Courtenvaux recevait en même temps cette lettre de son père : « Le régiment de la reine doit donner l'exemple, et vous me le mandez ainsi; cependant les soldats font des mutineries sur les travaux; vous les appuyez et vous traitez indignement un gentilhomme chargé de la conduite des ouvrages, que vous deviez autoriser contre vos soldats. Vous apprendrez par M. de Monclar la punition que le roi a trouvé bon que vous subissiez; après quoi, si vous n'allez pas demander pardon à ce gentilhomme-là, chez lui, de manière et avec tant de soumission qu'il en soit content, vous verrez que nous n'aurons pas grand commerce ensemble. »

Ce marquis de Courtenvaux avait eu, de Louis XIV, la survivance de la charge de Louvois, comme celui-ci avait succédé à le Tellier. Mais Courtenvaux n'était pas de taille à continuer la dynastie. Ce fut son frère cadet qui prit le poste et ne fit que passer.

Louvois avait un autre fils à l'armée, M. de Souvré, qui faisait assez mal la guerre, et avait pour le repos le goût le plus prononcé. Après avoir réprimandé l'aîné, le père écrivait à Tilladet, le 21 juin : « Je vois que mon fils de Souvré se conduit mieux que son frère. Sollicitez-le, je vous prie, d'être un peu moins paresseux et de suivre les généraux le plus souvent que faire se pourra. »

Cependant le marquis de Courtenvaux, malgré les réprimandes de son père et les quinze jours de prison infligés par le roi, continuait à scandaliser l'armée par son esprit frondeur et son indiscipline; il était à la tête des mécontents et les encourageait à critiquer les actes de son père. Louvois lui écrivit : « M. de Tilladet m'a fait part des conversations que vous avez eues avec lui, qui sont remplies d'une infinité de sottises. Je sais encore que vous dites à qui veut l'entendre que vous ne savez pas comment l'on peut souffrir les mortifications que l'on reçoit dans le service. Si vous étiez capable de réflexion, vous connaîtriez combien ce discours est impertinent en soi, et combien il l'est encore plus dans votre bouche. Au surplus, comme je n'ai pas lieu d'espérer que vous vous corrigerez de vos défauts, je vous déclare pour la dernière fois que si vous ne le faites, votre charge et votre régiment vous seront ôtés, et que je vous ferai mettre en lieu où vous ne serez point en état de continuer toutes les sottises que vous avez faites depuis votre départ. »

Aux grandes préoccupations politiques Louvois joignait les chagrins domestiques, qui le frappaient au cœur bien cruellement.

La révolution d'Angleterre, commencée en 1625, durait toujours et prenait de jour en jour un caractère violent qui inquiétait Louis XIV et préoccupait Louvois. Autoritaire par-dessus tout, il suivait d'un regard inquiet les progrès des parlements et les humiliations de la royauté. Il voyait clairement que les mesures adoptées par Charles Ier avaient excité la lutte. Louvois, dans l'intimité, parlait souvent du long parlement, de Stafford et des massacres d'Irlande. La sombre figure de Cromwell l'épouvantait, et la hache qui avait tranché la tête d'un roi lui apparaissait comme un défi, comme une sanglante menace.

Pendant les brillantes fêtes de la cour de France, Louvois songeait que quatre-vingts membres des communes avaient suffi pour abolir la royauté en Angleterre. Non pas qu'il crût à la puissance des parlements, encore moins à la vertu des parlementaires. Sa pensée se reportait vers les scènes étranges où Cromwell, entrant au parlement, disait : « Le Seigneur, que j'ai invoqué, n'a plus besoin de vous, sortez. »

Et les voyant défiler devant lui, l'un après l'autre, Cromwell ajoutait : « Toi, tu es un ivrogne; toi, un voleur : toi, un débauché. »

Ils passaient en silence, le front courbé. Alors Cromwell ferma la porte et mit la clef dans sa poche.

Louvois revoyait aussi cette autre séance de la chambre des communes où les orateurs avaient attaqué Cromwell. Il entra en faisant sonner ses éperons sur les dalles. « Je sais, dit-il, que vous voulez m'ôter mes lettres de protecteur, les voici : je voudrais bien savoir si parmi vous il y en a un assez hardi pour les prendre. »

Le pouvoir, disait Louvois, appartient toujours aux audacieux.

Le prince d'Orange, stathouder de Hollande, plus ambitieux que Louis XIV, suivait autant que Louvois les mouvements politiques de l'Angleterre. Il avait épousé la fille du roi Jacques, qu'il voulut détrôner. Mais il fallait affaiblir la France. Alors se forma cette ligue d'Augsbourg qui menaça Louis XIV; toute l'Europe fut contre lui.

Successeur de Charles II, son frère, Jacques, était catholique et voulut rétablir le catholicisme en Angleterre. Le prince d'Orange pensa que l'œuvre religieuse d'Élisabeth serait un prétexte favorable à ses desseins.

Le prince d'Orange, après un heureux débarquement en Angleterre, chassa le roi son beau-père, qui vint implorer la protection de Louis XIV.

Le roi de France alla au-devant du monarque fugitif jusqu'à Chatou et mit à sa disposition le château de Saint-Germain. Il l'entoura de ses propres officiers et confia sa sûreté à ses gardes particuliers.

Le jour vint où le roi Jacques comprit que son honneur autant que son intérêt l'obligeaient à reconquérir sa couronne, dont le prince d'Orange s'était emparé. Louis XIV fournit les armes, les munitions, l'argent et la flotte.

On conçoit combien de travaux et de soucis Louvois eut à soutenir et à vaincre. Ce fut lui qui organisa l'expédition, désigna les généraux et les officiers qui devaient diriger l'armée irlandaise destinée à chasser Guillaume III.

L'ambassadeur de Louis XIV près de Jacques II, M. d'Avaux, écrit d'Irlande à Louvois, au sujet de l'armée du prétendant : « Les voleurs pillent impunément tout le pays et le ruinent à un point qu'il ne pourra se remettre de dix ans, les paysans, qui vont en armes de tous les côtés, ayant pris, depuis l'arrivée du roi seulement, plus de cinq mille bœufs qu'ils ne tuent que pour avoir la peau, les laissant pour la plupart au milieu des champs. Jamais on n'a vu un pays si désolé, si dénué de toutes choses, et avec cela si peu d'ordre à y faire apporter ce qui est nécessaire. Il n'y a point de pain, ni de farine pour en faire; ainsi il faut se réduire au pain d'avoine. Le roi a fait apporter de Dublin un peu de farine pour lui, et je lui ai donné mon boulanger, qui fait du pain pour sa table; on n'y trouve ni vin ni bière, de sorte que, excepté ceux qui mangent à la table du roi, auxquels on donne le pain et le vin par mesure, les autres sont obligés de manger du pain d'avoine et de boire d'assez méchante eau. »

Si Jacques II avait suivi les avis des généraux français qui l'avaient accompagné, MM. de Rosen, lieutenant général, de Maumont, maréchal de camp, et des brigadiers, MM. de Boisseleau, de Pusignan et de Léry, il eût congédié ces bandes confuses, ne conservant qu'une vingtaine de mille hommes, qu'on se chargeait de lui organiser militairement. Mais Jacques Stuart était entouré d'une sorte de cour qui le dirigeait vers les entreprises folles. A la tête de cette cour se trouvait Lauzun, qui ne pouvait laisser échapper une aussi belle occasion d'intriguer.

Louvois jugea promptement la situation et comprit que Jacques II allait se perdre. Il écrivait à son ami Tilladet, le 4 juillet : « Je n'ai pas le courage de vous rien dire d'Irlande; ce mot m'échappera pourtant : c'est que les régiments d'infanterie sont de quarante-trois compagnies, et il y a plusieurs colonels qui sont arrivés avec huit ou dix compagnies, disant qu'ils ne savent où sont les autres, et qu'ils n'en ont point de nouvelles. Il est arrivé aussi des majors de régiments que l'on ne connaissait point, qui, voyant assembler les autres, sont venus demander ce que l'on voulait faire d'eux et pourquoi on ne les faisait point marcher. »

Les protestants d'Irlande se réfugièrent à Londonderry, ville ouverte, qui n'était défendue que par une seule muraille. Jacques II eut la fâcheuse pensée d'assiéger les protestants et se présenta devant la ville, sans le matériel indispensable pour un siège. M. de Rosen, dont Jacques Stuart dédaignait les avis, écrivit à Louvois : « Presque tout cela est sans armes et tout nu. La plus grande partie des officiers qui sont à leur tête sont des misérables sans cœur, sans honneur, et un seul coup de canon, passant la hauteur d'un clocher, jette tout le bataillon par terre, sans qu'on puisse le faire relever qu'en leur passant les chevaux sur le ventre. Le roi ne s'occupe présentement qu'à donner le matin à son parlement et le soir à une promenade de vingt milles aller et venir. Le duc de Tyrconnel (vice-roi d'Irlande, partisan de Jacques II) s'est fait porter à deux ou trois milles d'ici pour changer d'air et tâcher de recouvrer la santé. Milord Melford (principal ministre du roi Jacques) s'occupe à garder sa femme, par une jalousie capable de lui faire perdre son peu de génie, qui ne vous est pas inconnu. »

Londonderry, toujours assiégé par Hamilton, l'un des généraux de Jacques Stuart, opposait aux faibles attaques une énergique résistance. Les troupes se comportaient mal, et seuls les officiers français se montraient toujours braves et cherchaient à entraîner les malheureux qu'ils dirigeaient, mais ne commandaient pas. M. de Maumont, maréchal de camp, se fit tuer; M. de Pusignan, brigadier, fut atteint d'une balle et ne survécut pas.

Ces nouvelles attristaient Louvois, qui, mécontent, écrivit à M. d'Avaux : « Sa Majesté a appris avec bien du déplaisir le peu de soin qu'on prend au pays où vous êtes, d'y mettre les affaires sur un bon pied, et le peu de créance que l'on a pour les conseils de M. de Roze (Rosen). Si les affaires du roi d'Angleterre étaient en un autre état, on pourrait espérer que cela se raccommoderait avec le temps; mais il y a bien sujet d'appréhender que le temps qu'il perd ne lui coûte l'Irlande, après avoir perdu par sa faute l'Angleterre et l'Écosse... Il est bien important de ne pas achever de faire périr devant Londonderry les troupes dont le roi d'Angleterre aura besoin pour résister à celles du prince d'Orange... Il faut donc perdre toute idée de passer en Écosse ni en Angleterre, qu'après s'être bien établi en Irlande. »

Pendant que Jacques Stuart perdait un temps précieux, le prince d'Orange préparait une armée de vingt à vingt-cinq mille hommes, dont il confiait le commandement au maréchal de Schomberg.

Ce maréchal de France, qui appartenait à la religion protestante, avait abandonné le service de Louis XIV à la révocation de l'édit de Nantes, et l'Angleterre profitait de ses talents militaires et de sa grande expérience de la guerre.

Louvois ne se contente pas d'envoyer des armes et des munitions aux catholiques armés pour la cause de Jacques Stuart; il dicte, pour ainsi dire, un plan de campagne, prévoyant jusqu'aux moindres détails et s'élevant jusqu'aux considérations politiques. Il écrit de nouveau : « C'est une grande pitié que tout ce qui s'est passé à Londonderry; et si le roi d'Angleterre n'est corrigé par là de suivre de mauvais conseils, et de se conduire par d'autres avis que ceux de M. de Roze, il ne faut pas espérer que ses affaires puissent prospérer. Il est pitoyable, en vérité, que le roi d'Angleterre confie des attaques de places à un homme comme M. d'Hamilton, qui n'a nulle expérience pour cela; car si c'est celui qui est sorti de France le dernier, qui s'appelait Richard, il n'a jamais vu de siège, ayant toujours servi en Roussillon. La mauvaise conduite que l'on a tenue à Londonderry a coûté la vie à M. de Maumont et à M. de Pusignan; il ne faut pas que Sa Majesté Britannique croie qu'en faisant tuer des officiers généraux comme des soldats, on puisse ne l'en point laisser manquer; ces sortes de gens sont rares en tous pays et doivent être ménagés. Si, par malheur, l'envie que les nationaux fassent tout dure encore à Sa Majesté Britannique, il est à désirer que vous la portiez à laisser tous les officiers généraux français près de M. de Roze; car autrement ils ne manqueront jamais de se faire tuer, dans les occasions que les officiers du roi d'Angleterre, qui n'en ont que le nom, entreprendront mal à propos. »

Cependant Louvois envoya de nouveaux officiers français à Jacques Stuart : MM. de Gacé, maréchal de camp, Descots, brigadier, Saint-Pater, d'Hocquincourt et d'Amanzé, colonels d'infanterie.

Jacques II ne cessait de demander des secours à Louis XIV,

qui finit par lui promettre quatre à cinq mille hommes pour le commencement de l'année suivante.

Le siège de Londonderry avait été levé assez honteusement, et le roi Jacques II ne semblait nullement s'en préoccuper.

Ce souverain détrôné avait été reçu en Irlande comme un libérateur, comme le défenseur du catholicisme, comme le roi légitime. Il avait été entouré d'affection et de dévouement, les acclamations populaires l'accompagnaient. Mais, peu à peu, ses faiblesses, ses indécisions, son apathie lui faisaient perdre de jour en jour jusqu'à l'estime de ses partisans. M. d'Avaux écrivait à Louis XIV, le 19 août : « Le roi d'Angleterre n'a plus l'affection de ses peuples d'Irlande, qui, à son arrivée, se seraient tous sacrifiés pour lui; et si je l'ose dire à Votre Majesté, il est si peu estimé de toutes les autres personnes qui l'ont approché, qu'il n'y a plus que leur intérêt propre qui les fasse agir. »

M. de Pointis, officier des bombardiers de la marine, que Seignelay avait envoyé près de Jacques Stuart, écrivait à ce ministre : « Les Irlandais croient à présent le roi capable de tous les partis, et plein de faiblesse; et il est étonnant combien tout ce zèle et toute cette affection qu'ils avaient pour lui se sont changés en dédain depuis qu'il est avec eux; et s'il n'y avait d'autres intérêts que les siens, on ne ferait peut-être pire qu'en Angleterre. » De son côté, M. de Rosen adressait cette lettre à Louvois : « Vous pouvez juger de l'embarras où je me trouve, avec une cohue de paysans ramassés, ou, pour mieux dire, des ours sauvages. L'esprit du prince, le génie du ministre et le pitoyable gouvernement qui surpasse l'imagination, mettent M. d'Avaux et moi dans une peine et inquiétude que je ne saurais assez exprimer. »

Le maréchal de Schomberg débarqua à Carrick-Fergus et s'avança jusqu'à Dundalk. L'armée de Jacques II alla au-devant de lui et s'établit sur la rive droite de la Boyne. Cette armée, fort mauvaise à tous les points de vue, ne pouvait compter que sur sa cavalerie. Quinze jours se passèrent pendant lesquels deux armées en présence conservèrent une singulière immobilité.

Le 11 juillet 1690, l'armée de Guillaume III entreprit de franchir la rivière de Boyne. La cavalerie passa à la nage, l'infanterie était dans l'eau jusqu'aux épaules. Les Irlandais, si bons soldats en France, ne soutinrent pas leur réputation

CHAPITRE V

et prirent la fuite. Le roi Jacques ne parut pas dans l'engagement. Les véritables combattants étaient français, protestants réfugiés du côté de Guillaume, catholiques envoyés par Louis XIV du côté de Jacques Stuart. Schomberg combattait donc des Français. Blessé mortellement, il criait aux troupes qui passaient devant lui : « A la gloire ! mes amis, à la gloire ! » Ses troupes ayant été mises en déroute, Callemotte, qui remplaçait Schomberg, les rallia et, leur montrant des régiments français, il criait : « Messieurs, voilà vos persécuteurs ! » Guillaume III eut l'épaule effleurée par un boulet de canon.

Vaincu, Jacques revint en France, laissant son rival gagner de nouvelles batailles et s'affermir sur le trône de la Grande-Bretagne. La France reçut une grande quantité de familles catholiques irlandaises que la persécution chassait de leur patrie. Les protestants émigrés après la révocation de l'édit de Nantes ne furent pas les moins ardents à poursuivre de leur haine les malheureux Irlandais, qui ne partageaient pas leur croyance.

L'auteur du *Siècle de Louis XIV* fait observer, à propos des malheurs de Jacques II, qu'il n'y a aucun exemple dans l'histoire d'une maison aussi longtemps infortunée que la sienne. Le premier des rois d'Écosse, ses aïeux, qui eut le nom de Jacques, après avoir été dix-huit ans prisonnier en Angleterre, mourut avec sa femme assassiné par ses sujets. Jacques II, son fils, fut tué en combattant les Anglais. Jacques III, emprisonné par son peuple, fut tué par les révoltés dans une bataille. Jacques IV périt aussi dans un combat. Sa petite-fille Marie Stuart, détrônée, fugitive, enfermée dans une prison pendant près de vingt ans, eut la tête tranchée après un infâme jugement. Charles Ier, petit-fils de Marie, roi d'Écosse et d'Angleterre, mourut sur l'échafaud. Son fils Jacques fut chassé de ses trois royaumes.

A tant d'infortunes il faut ajouter celles de Charles-Edouard, qui ne vinrent que plus tard au temps de Louis XV. Né prince de Galles, héritier des Stuarts, petit-fils, par sa mère, de l'héroïque Jean Sobieski, Charles était digne d'un trône par sa naissance, son courage, son caractère et son intelligence. Après des aventures chevaleresques, le malheur courba son front et flétrit son cœur. Jugé sévèrement par Alfieri et par Chateaubriand, le héros a disparu, et nous ne connaissons que le comte d'Albany, vieillard délaissé qui, à l'heure de la mort, écrivit aux ministres de Louis XVI pour demander l'aumône en faveur de sa fille, nouvelle Antigone.

Voltaire dit : « Ce qu'il y a peut-être de plus étonnant, c'est que le roi de France ne se rebuta pas d'envoyer des secours à Jacques II. Il soutenait alors une guerre difficile contre presque toute l'Europe. »

V

En effet, cette guerre contre toute l'Europe était difficile. Outre les immenses secours fournis à Jacques Stuart, Louis XIV avait sur pied de nombreuses armées. Cette formidable puissance militaire était l'œuvre de Louvois, qui semblait improviser les armées.

Le duc de Noailles combattait en Catalogne avec des avantages marqués. Le maréchal d'Humières, dans les Pays-Bas, se tenait sur la défensive. Mais ce rôle lui semblant peu digne de la puissance de Louis XIV, il sollicita de la cour l'ordre de combattre.

Le prince de Waldeck commandait les troupes hollandaises et occupait la petite ville de Valcourt. Le 25 août 1689, le maréchal d'Humières fit attaquer un fourrage de l'ennemi, qui prit la fuite. Mal informé de l'état de la ville voisine, qu'il croyait sans défenses extérieures, d'Humières pensa qu'il lui serait facile d'enlever Valcourt. Il fit donc marcher quelques troupes, qui furent repoussées, car la ville était entourée de murailles flanquées de tours. La garnison fit un feu roulant sur les Français, qui n'avaient que quelques pièces de campagne insuffisantes pour une attaque de cette nature. Le maréchal d'Humières s'entêta et envoya successivement de nouvelles troupes. Les gardes-françaises suivirent la brigade de Champagne, les gardes-suisses arrivèrent à leur tour, puis le régiment de Greder. Le maréchal de camp qui commandait l'attaque, M. de Saint-Gelais, eut la tête emportée par un boulet. Les soldats étaient tués à bout portant, et, malgré la bravoure de tous, le découragement finit par l'emporter. Le maréchal d'Humières donna, un peu tard, le signal de la retraite, après cette entreprise qui coûta cher à ses armes. Le seul régiment des gardes-françaises perdit dix officiers tués et quatorze blessés, cent sept soldats tués et cent cinquante-six blessés. Tous les officiers supérieurs du régiment de Champagne furent frappés mortellement : le colonel, le lieutenant-colonel, le major, puis sept capitaines et huit lieutenants.

Le maréchal d'Humières reçut de Louvois une lettre renfermant cette phrase : « Le roi a été bien mortifié d'apprendre la perte que l'on a faite devant Valcourt. »

D'Humières livra, le 5 septembre, un combat d'artillerie, qui n'amena aucun résultat, et, pendant cette campagne, perdit sa réputation, assez mal établie d'ailleurs. Ainsi, du côté de la Sambre nos armes brillèrent peu.

Le maréchal de Duras, chargé des bords du Rhin, ne pouvait disposer que de quarante mille hommes, après avoir fourni les garnisons des places. Son adversaire, le duc de Lorraine, général en chef des troupes de l'Empereur, avait sous ses ordres quatre-vingt-dix mille hommes, sans compter les vingt mille soldats de l'électeur de Brandebourg.

Cette disproportion de forces fit penser à Louvois qu'il fallait attendre et se tenir sur une prudente défensive. Mais Chamlay lui écrivit qu'il serait bon d'attaquer l'électeur de Bavière, séparé momentanément du duc de Lorraine. Louvois répondit à Chamlay : « Sa Majesté voit avec peine que vous ne vous souveniez point de ce qu'elle vous a tant de fois dit à votre départ, qui est qu'il ne convenait pas à son service de rien hasarder, et que, au contraire, Sa Majesté voulait que l'on s'appliquât uniquement à la conservation de ses troupes et à prendre sur ses ennemis les avantages que l'on pourra, sans se commettre à des actions incertaines. Comme il n'y en a pas une dans la guerre qui le soit davantage que d'aller percer des forêts, pour attaquer une armée postée derrière une bonne rivière et apparemment retranchée, si elle attend M. de Duras, il faudra donner un combat désavantageux, ou perdre bien du temps à demeurer en présence, et ensuite se retirer comme l'on est venu. »

Cette lettre prouve que Louvois se chargeait de la stratégie et de la tactique autant que de l'administration. Il traitait directement avec Chamlay, comme si le maréchal de Duras n'était pas le général en chef de cette armée.

Ce maréchal n'avait nullement envie de livrer bataille, à cause de sa cavalerie, qu'il montrait ainsi dans une lettre à

Louvois : « Ce sont des troupes qui fondront à la première fatigue. Il est aisé d'en juger à voir les cavaliers, la plupart pâles, tristes et exténués, quoiqu'ils n'aient pas essuyé de grandes fatigues, et que l'on ait eu soin de leur faire donner de la viande. »

Les recommandations de Louvois au maréchal de Duras étaient toujours les mêmes : ruiner le pays de Bade et le Palatinat par des incendies, et achever les destructions commencées l'année précédente par M. de Monclar.

Chamlay n'approuvait pas ce pillage et osait parler de la gloire du roi. Louvois le prenait de haut, et répondait : « Au surplus, vous faites un des plus faux raisonnements qu'il y ait au monde, quand vous dites qu'il ne conviendrait pas à la réputation des armes du roi de passer le Rhin, pour détruire les postes d'entre la rivière qui passe à Radstad et le Mein ; rien ne serait plus utile au service de Sa Majesté ; et quant à la réputation de ses armes, ce sera le bon état où seront ses armées, au mois d'octobre prochain, qui l'établira ; et quand vous raisonnez sur un autre principe, vous raisonnez extrêmement faux. »

Malgré le ton de cette lettre, Louvois accordait à Chamlay une grande confiance ; il l'aimait et l'estimait.

Mais Louvois en était venu à ne plus admettre les objections. Il ordonnait et voulait être obéi en silence.

Le 17 juillet, le duc de Lorraine investit Mayence avec cinquante mille hommes. Neuf mille, commandés par le marquis d'Uxelles, formaient la garnison. L'ingénieur en chef, M. de Choisy, était un bon élève de Vauban, et l'artillerie, commandée par M. de Vigny, colonel des bombardiers, se trouvait dans de bonnes conditions.

Ce siège dura jusqu'au 11 septembre, et, pendant ces deux mois, Louvois eut fort à faire. Voulant prévenir l'occupation des bords du Rhin par l'ennemi, l'année suivante, Louvois fit défense aux riverains de la Meuse, entre Verdun et Mézières, d'ensemencer leurs terres en blé pendant deux ans, à quatre lieues de distance du fleuve. La mesure était grave et souleva un grand mécontentement.

De son côté, Chamlay dévastait le territoire allemand pour protéger, disait-il, Strasbourg, Philippsbourg et Landau. Il écrivait à Louvois : « M. de Mélac revint hier au soir sans avoir rien fait ; il a trouvé tout le pays des Deux-Ponts armé et plein de *schnapans* qui tiraient sur lui de tous les buissons et à tous les passages. Il faut abso-

CHAPITRE V

lument mettre ce peuple-là à la raison, soit en les faisant pendre, soit en brûlant leurs villages. Jamais, dans les guerres précédentes les plus aigries, il n'y a eu un déchaînement pareil à celui de ces maudits paysans-là. Une chose qui doit surprendre est qu'ils ne veulent pas de quartier, et, quand on n'a pas pris la précaution de les désarmer en les prenant, ils ont l'insolence de tirer au milieu d'une troupe. »

Ces *schnapans* étaient de malheureux paysans qui défendaient leurs chaumières, et que l'on pendait après avoir brûlé leurs villages.

« L'Europe en eut horreur, dit Voltaire; les officiers qui exécutèrent ces cruautés étaient honteux. On les rejetait sur le marquis de Louvois, devenu plus inhumain par cet endurcissement de cœur que produit un long ministère. Il avait, en effet, donné ces conseils, mais Louis avait été le maître de ne les pas suivre. Si le roi avait été témoin de ce spectacle, il aurait lui-même éteint les flammes. »

L'année précédente, M. de Tessé avait brûlé Heidelberg. Le château n'existait plus, mais les bourgeois relevaient leurs maisons. M. de Duras reçut de Louvois l'ordre d'aller ruiner de nouveau Heidelberg. Mais le maréchal y trouva trois mille hommes de garnison. Ces Bavarois, décidés à se défendre, donnèrent à réfléchir au maréchal de Duras, qui se retira prudemment.

Louvois écrivit au maréchal, le 16 août : « S'il est vrai que le sieur Rabutin, après avoir pris des fourrageurs et les avoir déshabillés, les ait fait tuer, vous ne devez point manquer de donner ordre aux partis que vous enverrez d'en user de même, jusqu'à ce que les Allemands se soient mis sur le pied de faire autrement la guerre; et s'ils vous en font faire des plaintes, vous devez leur répondre que tout le monde sait que les Français ne commettent de pareilles inhumanités qu'à regret, mais que tant que les Allemands leur donneront de mauvais exemples sur cela, on ne manquera pas de les suivre. »

Le nom de Chamlay est trop souvent écrit dans ces pages pour ne pas faire connaître ce personnage autrement que par ses lettres souvent remarquables et presque toujours indépendantes. Chamlay était le maréchal général des logis de l'armée. Ses fonctions avaient une grande analogie avec celles de nos chefs d'état-major. Il étudiait les lignes d'opérations, désignait les campements et déterminait presque

11

toujours le terrain des combats et des batailles. Il fut l'un des premiers en France à créer la topographie militaire. Le duc de Luxembourg, marchant sur les places de la Hollande, écrivait à Louvois, en 1672 : « Voici, Monsieur, un mémoire dont je me suis reposé sur le sieur de Chamlay ; je ne le connaissais point ; mais c'est peut-être le garçon le plus propre qu'on pourrait rencontrer pour faire sa charge ; car c'est une carte vivante ; et il en fait une juste de ce qu'il n'a vu qu'une fois. »

Chamlay était fort estimé de Turenne et de Condé pour sa capacité autant que pour son caractère. Louvois le distingua, lui accorda sa confiance et le fit connaître à Louis XIV. Le jour vint où Chamlay fut considéré comme l'inspirateur de Louvois. A la mort de ce ministre, le roi voulut donner le ministère de la guerre à Chamlay, mais celui-ci refusa pour ne pas enlever cette charge au fils d'un ancien ami.

Louis XIV aurait dû confier à Chamlay le commandement d'une armée, car il était supérieur à la plupart des maréchaux de France. Mais Louvois voulait le conserver dans la charge de maréchal général des logis pour l'avoir constamment sous la main, le consulter, le placer aux bons endroits où, n'occupant que le second rang, il remplissait les premiers rôles. Moins connu par les historiens que Vauban et que Catinat, Chamlay était de leur taille et de même physionomie, moins humain cependant.

Le duc de Saint-Simon, si impitoyable pour tous, fait un grand éloge de Chamlay.

Il est à remarquer qu'à l'exception de Turenne Louvois aima les honnêtes gens de guerre, tels que Vauban, Catinat et Chamlay. Il se servit des autres, mais en les surveillant et en se méfiant d'eux.

En résumé, Chamlay fut, sous le règne de Louis XIV, le grand chef d'état-major des armées. Les plans de campagne que Louvois proposait au roi, et qui séduisaient le monarque, étaient faits par Chamlay, comme les plans de siège par Vauban, comme les reformes par Turenne.

Louvois entretenait des correspondances intimes, nous pourrions dire secrètes, avec les intendants et un certain nombre d'officiers. Il connaissait ainsi toutes les démarches et jusqu'aux projets des généraux, ce qui les mécontentait en les blessant dans leur dignité. Mais Louvois n'accordait à personne une complète confiance ; réunissant des renseignements souvent opposés, il se formait une opinion qu'il était difficile de modifier.

Pendant cette dernière campagne, le maréchal de Duras terminait l'une de ses lettres à Louvois par cette phrase qui laisse deviner une blessure : « Il faudrait avoir plus de vieux officiers dans l'armée, et moins de courtisans qui sont accoutumés à écrire et à vouloir deviner. »

Les guerres incessantes avaient produit un résultat inévitable, celui de remplacer les bons officiers par des médiocrités. Les armées ne renferment qu'un certain nombre d'hommes propres au commandement. Les coupes réglées ne tardent pas à anéantir les ressources. Les troupes de Louis XIV étaient mal commandées. Le maréchal de Duras écrivait à Louvois, le 19 août : « Je n'ai jamais vu de troupes si remplies d'officiers qui ne savent rien, ni pour maintenir leurs compagnies, ni pour maintenir leurs soldats; ils ne savent pas les premiers principes. Parmi cela, il y a quantité de vieux officiers de mérite, mais qui ne sont pas en assez grand nombre pour empêcher ces abus-là. »

De son côté, Boisseleau écrivait à Louvois : « Beaucoup d'officiers ne sont bons ni à rôtir, ni à bouillir. »

Aussi l'armée était-elle indisciplinée, plus propre au pillage qu'aux entreprises militaires. Le maréchal de Duras, obéissant aux ordres qu'il recevait, mettait à feu et à sang Sintzheim, Wisloch, Bruchsal, Dourlach, Pforzheim, Bade, Offenbourg et Stolhofen. Le soldat se livrait à de véritables brigandages, et Chamlay adressait des représentations à Louvois : « Si M. de Duras m'avait voulu croire, il n'aurait pas souffert qu'on entrât dans les lieux que l'on voulait brûler. Dourlach, par exemple, qui était plein de toutes sortes de biens, a été abandonné aux troupes pendant le séjour que l'on y a fait. Il est sûr que, pendant ce temps-là, aucun cavalier n'a eu soin de son cheval et ne lui a donné à manger, sans compter le poids excessif de toutes sortes de nippes dont ils surchargeaient leurs chevaux dans les marches. Comme je sais par expérience que rien n'est plus dangereux pour les troupes que cet excès de pillage, je ferai ce que je pourrai pour empêcher M. de Duras de le permettre dans la suite. »

Les soldats pillaient les maisons avant d'y mettre le feu; les officiers ne rougissaient pas de s'emparer des meubles et de l'argent; s'il y avait résistance, on assassinait.

Le roi ordonne au maréchal de Duras de secourir

Mayence. Ce maréchal aura une armée de cinquante mille hommes; mais il ne marche pas et se plaint du nombre de ses malades, qui encombrent les hôpitaux. Comment sont traités ces soldats? Le maréchal de Lorges, qui ne tarda pas à arriver, le fait savoir à Louvois : « 29 octobre. Je m'informerai des plaintes que les troupes font des hôpitaux de Mont-Royal et de Sarrelouis. Je sais qu'en gros elles disent que la plupart des soldats ne sont couchés que sur la paille, trois dans le même lit; que les chirurgiens sont des ignorants, fort paresseux à soigner les malades, et que, de la moindre chose qu'ils ont, ils coupent bras et jambes sans nécessité. Aussi, ce qui est certain, c'est que tous les malades et blessés y meurent, généralement parlant. Il y a un capitaine qui doit visiter tous les jours les hôpitaux; cependant l'abus est que le capitaine, crainte de prendre la maladie, ne visite pas les malades; je crois que le commissaire ne va pas plus avant que le capitaine. »

Fatigué de l'indécision du maréchal de Duras, Louvois veut le remplacer par le maréchal de Lorges, frère de Duras, et lui donne l'ordre de se rendre auprès de lui à l'instant même. De Lorges est à Bordeaux et pourra s'inquiéter d'un appel aussi pressant. Pour calmer ses inquiétudes, Louvois lui écrit : « Afin de vous tirer de la peine où un pareil ordre pourrait vous mettre, Sa Majesté veut bien que je vous explique qu'elle n'a pas trouvé en monsieur votre frère ce qu'elle s'était attendue pour le commandement de son armée d'Allemagne, lequel, après avoir été informé par Sa Majesté de la conduite qu'elle désirait qu'il tînt dans tous les cas qui pourraient arriver, a paru avoir oublié tout ce que Sa Majesté lui avait dit elle-même, dès qu'il a été en Alsace, et l'a accablée de propositions toutes plus opposées les unes que les autres à ce que Sa Majesté lui avait expliqué de ses intentions. Cela n'a pas causé un grand préjudice à son service, jusqu'à ce qu'il a été question de passer le Rhin; mais, depuis ce temps-là, il est impossible que vous n'ayez appris tous les contretemps qui se sont passés, qu'il est inutile que je vous explique présentement, que Sa Majesté a envoyé ses ordres pour faire marcher son armée du côté de Mayence, pour essayer de le secourir. Sa Majesté croit qu'il est nécessaire de fortifier monsieur votre frère de vos avis pour bien exécuter ce qu'elle a projeté sur cela... »

Le marquis d'Uxelles continuait à se défendre vaillamment dans Mayence, mais les munitions s'épuisaient après quarante-huit jours de tranchée ouverte et vingt-deux sorties. Cette garnison était admirable de bravoure, encouragée par son intrépide gouverneur. Tant il est vrai que le soldat français est toujours ce qu'on le fait! Depuis le commencement du siège, la garnison était sans nouvelles de France et pouvait se croire abandonnée. Enfin, après un assaut dans lequel il fut victorieux, le défenseur de Mayence capitula en obtenant tous les honneurs de la guerre. Ce digne officier, qui méritait les plus grands éloges, fut calomnié à la ville et maltraité par l'opinion publique. Il avait perdu, pendant ce siège mémorable, soixante officiers et huit cents soldats, sans compter cent trente officiers et douze cents soldats blessés.

Mme de Sévigné écrivit à cette occasion : « Mayence rendue. Cette nouvelle nous a surpris; on était si aise de ce siège que je me moquais toujours de M. de Lorraine. Le marquis d'Uxelles a manqué de poudre et de mousquets; il nous semblait aussi que les secours étaient un peu lents. »

L'armée de M. de Duras, cette armée indisciplinée qui depuis trop longtemps incendiait et pillait, redevint tout à coup admirable de courage et d'entrain, en recevant l'ordre de marcher au secours de Mayence; mais il était trop tard.

La capitulation fut promptement suivie de la reddition de Bonn, que défendait le baron d'Asfeld. Les armes de Louis XIV perdaient de leur prestige. Blessé le dernier jour du siège, le baron d'Asfeld mourut sans connaître l'ingratitude dont d'Uxelles avait été victime. Pour se venger de ces défaites, Louvois donna l'ordre au maréchal de Duras de brûler dans le Palatinat Worms, Oppenheim, Kreutznach, Alzey et Frakenthal.

VI

Les ennemis de Louvois étaient nombreux en France et à l'étranger. Des accusations incroyables se répandaient dans Paris, colportées en pamphlets infâmes. On alla jusqu'à dire que Louvois voulait faire assassiner Louis XIV. Le chef de la police, M. de la Reynie, tenait sous les verrous quelques prisonniers gravement compromis et qui, dans leurs interrogatoires, déclaraient que Louvois était leur complice. M. de la Reynie en instruisit le ministre de la guerre, qui lui répondit, le 9 décembre 1688 : « J'ai reçu les interrogatoires par lesquels le roi a vu que le projet de m'accuser de desseins exécrables contre sa personne est certain, et que pendant un long temps les prisonniers que l'on tient se sont recordé tout ce qu'ils devaient dire lorsqu'ils me seraient confrontés ; lequel projet étant fait par des gens que je ne connaissais point, et auxquels je n'ai jamais fait ni bien ni mal, ne peut avoir été conçu par eux. Aussi Sa Majesté s'attend-elle qu'après être venu à bout de développer ce mystère et d'en tirer l'aveu des coupables, vous ferez en sorte d'en tirer d'eux le nom de ceux qui les y ont induits. »

Il y avait réellement une conspiration contre la vie du roi, qui, un jour, courut le risque d'être brûlé dans le château de Maintenon. Une correspondance fut saisie entre Lemaire et Boisdavid, qui ne laissait aucun doute sur cette conspiration ; mais le nom de Louvois n'était pas prononcé.

Louis XIV, pour prouver le mépris qu'il faisait de ces accusations, alla visiter Louvois dans son château de Meudon et même chasser dans le parc.

La capitulation de Mayence rompit tout à coup cette confiance du roi en son ministre. Si, en 1689, la disgrâce de Louvois ne fut pas complète et déclarée, l'harmonie n'exista plus. Mal vu de Mme de Maintenon, le fils de le Tellier comprit que la terre se dérobait sous ses pieds.

Qui n'a été frappé de ce récit de Saint-Simon, montrant le roi Louis XIV, armé de ses pincettes, et voulant frapper Louvois, secouru par Mme de Maintenon qui les sépare ? Vrai ou faux, ce récit peint l'état de l'opinion. On savait partout que Louvois ne possédait plus l'entière confiance du maître. Le public et surtout l'armée commençaient à douter de Louvois ; on le critiquait, on discutait ses actes, on le chansonnait. Toutes ses institutions, toutes ses réformes étaient méconnues. Mais Louvois n'était pas homme à céder à l'opinion, surtout lorsqu'elle s'égarait. Il résista donc énergiquement sans se dissimuler la gravité du péril.

L'accusation la plus grave était que Louvois perpétuait la guerre dans son propre intérêt. La France désirait la paix, fatiguée qu'elle était de sacrifices continuels.

Saint-Simon a raconté, longtemps après, l'origine de la guerre de 1688 ; mais l'anecdote courait la ville et les salons au début même de cette guerre. Le récit de Saint-Simon est piquant :

« Louvois, à la mort de Colbert, avait eu la surintendance des bâtiments. Le petit Trianon de porcelaine, fait autrefois pour Mme de Montespan, ennuyait le roi, qui voulait partout des palais. Il s'amusait fort à ses bâtiments. Il avait aussi le compas dans l'œil pour la justesse, les proportions, la symétrie ; mais le goût n'y répondait pas. Ce château ne faisait presque que sortir de terre, lorsque le roi s'aperçut d'un défaut à une croisée qui s'achevait de former, dans la longueur du rez-de-chaussée. Louvois, qui naturellement était brutal, et de plus gâté jusqu'à souffrir difficilement d'être repris par son maître, disputa fort et ferme, et maintint que sa croisée était bien. Le roi tourna le dos et s'alla promener ailleurs dans le bâtiment.

« Le lendemain il trouva le Nôtre, bon architecte, mais fameux par le goût des jardins qu'il a commencé à introduire en France... Le roi lui demanda s'il avait été à Trianon, il répondit que non. Le roi lui expliqua ce qui l'avait choqué et lui dit d'y aller. Le lendemain, même question, même réponse ; le jour d'après autant. Le roi vit bien qu'il n'osait s'exposer à trouver qu'il eût tort, ou à blâmer Louvois. Il se fâcha, et lui ordonna de se trouver le lendemain à Trianon, lorsqu'il irait, et où il ferait trouver Louvois aussi : il n'y eut plus moyen de reculer.

« Le roi les trouva le lendemain tous deux à Trianon. Il fut d'abord question de la fenêtre. Louvois disputa, le Nôtre ne disait mot. Enfin le roi lui ordonna d'aligner, de mesurer et de dire après ce qu'il aurait trouvé. Tandis qu'il travaillait, Louvois, en furie de cette vérification, grondait tout haut et soutenait avec aigreur que cette fenêtre était en tout pareille aux autres. Le roi se taisait et attendait, mais il souffrait. Quand tout fut bien examiné, il demanda à le Nôtre ce qui en était ; et le Nôtre à balbutier. Le roi se mit en colère et lui commanda de parler net. Alors le Nôtre avoua que le roi avait raison, et dit ce qu'il avait trouvé de défaut. Il n'eut pas plus tôt achevé que le roi, se tournant à Louvois, lui dit qu'on ne pouvait tenir à ses opiniâtretés, que sans la sienne à lui on aurait bâti de travers, et qu'il aurait fallu tout abattre aussitôt que le bâtiment aurait été achevé. En un mot, il lui lava fortement la tête.

« Louvois, outré de la sortie et de ce que courtisans, ouvriers et valets en avaient été témoins, arrive chez lui furieux. Il y trouva Saint-Pouange, Villacerf, le chevalier de Nogent, les deux Tilladet et quelques autres féaux intimes, qui furent bien alarmés de le voir en cet état : « C'en est fait, leur dit-il, je suis perdu avec le roi, à la façon dont il vient de me traiter pour une fenêtre. Je n'ai de ressource qu'une guerre, qui le détourne de ses bâtiments et qui me rende nécessaire, et par... il l'aura ! »

Saint-Simon ajoute que Louvois tint parole, et, malgré le roi et les autres puissances, il rendit cette guerre générale, ruina la France en dedans, ne l'étendit point au dehors et produisit au contraire des événements honteux.

Louis XIV se préparait à déclarer la guerre à l'Espagne, lorsqu'il apprit par le marquis d'Arcy, son ambassadeur en Piémont, qu'un grand nombre de protestants émigrés de France traversaient la Suisse. Ces hommes venaient d'Allemagne, en bandes armées, pour attaquer le Dauphiné, en franchissant les frontières de la Savoie. Louvois, averti de ce mouvement, déclara qu'il les surveillait depuis longtemps et que tout était prêt pour repousser les attaques.

Il conseilla à Louis XIV de proposer au duc de Savoie de combattre en commun ces protestants. La France fournirait une dizaine de bataillons et trois mille dragons. M. de Croissy était alors ministre des affaires étrangères, et ne s'entendait pas toujours avec Louvois, qui empiétait sur ses attributions.

Le duc de Savoie, mécontent du roi de France, s'entendait secrètement avec ses ennemis, mais n'osait se déclarer. Louis, devenu très prudent, reculait autant que possible la rupture. Pendant ce temps, les protestants d'Angleterre et de Hollande armaient les réfugiés français et vaudois et les rapprochaient des frontières de France par la Suisse et le Milanais. Ce corps d'armée devait seconder les troupes espagnoles, allemandes et piémontaises. Son but était d'attaquer le Dauphiné ou la Bresse.

Louvois fut d'avis de prendre l'offensive; il conseilla de marcher aux Espagnols dans le Milanais. Il nomma Catinat général du corps expéditionnaire en Italie, petit corps d'armée qui n'était destiné, disait-on, qu'à combattre les barbets.

Catinat reçut de Louvois des instructions très sévères : ne pas faire de prisonniers; tuer ou envoyer aux galères; mettre le Milanais à contribution après avoir traversé le Piémont;

se méfier des Piémontais et du duc de Savoie; être prudent et très discret.

Les troupes françaises que devait commander Catinat arrivaient successivement, mais avec une lenteur calculée par Louvois, qui voulait donner à la diplomatie le temps d'accomplir son œuvre.

Les hostilités commencèrent le 2 mai. Cinq cents hommes attaquèrent un poste dans la vallée de Luzerna et furent repoussés. M. de Parat, lieutenant-colonel du régiment d'Artois, blessé dangereusement, tomba aux mains des barbets.

Cette première rencontre fit voir à Catinat que ce n'étaient plus les faciles succès de la campagne de 1686. Les pauvres montagnards de ce temps-là avaient fait place à d'excellents soldats bien commandés et bien armés.

Le duc de Savoie ne seconda pas Catinat, comme il était convenu. Au lieu d'envoyer des corps organisés, il fit marcher des milices du pays fort disposées à se joindre à l'ennemi.

Catinat reçut une dépêche de Louvois, lui ordonnant de s'emparer de Turin. Il laissa une partie de ses troupes au marquis de Feuquières, lui recommandant d'observer, de garder les issues, mais de ne pas combattre. Quant à lui, soucieux du rôle qu'on lui faisait jouer, il vint camper sur la frontière et écrivit au marquis de Saint-Thomas, ministre de Victor-Amédée, pour demander le passage de son armée à travers le Piémont, les vivres et fourrages pour seize mille hommes.

Bien malgré lui, le duc de Savoie accorda le passage demandé, et Catinat entra en Piémont le 9 mai. Il campa entre Suse et Turin.

Cette dernière ville se préparait à la résistance, mais Catinat ne s'en inquiétait guère. Louvois, qui aimait ce général, aurait voulu le trouver aussi bon diplomate qu'excellent capitaine. Mais il ne semble pas satisfait, si nous en croyons cette lettre du 5 juin : « Je ne puis m'empêcher de vous dire que, quand on prend autant de part que je fais à ce qui vous touche, on est au désespoir de lire au roi des lettres comme celles que vous écrivez. En vérité, votre conduite est si opposée à tout ce qui vous a été mandé des intentions du roi et au bon sens, que je ne sais qu'en dire à Sa Majesté pour vous excuser. Vous restez comme endormi, sans aucune action, pendant que M. le duc de Savoie fait prendre les armes à ses peuples de tous côtés, munit la citadelle de Turin et fortifie les montagnes qui sont aux environs. Vous pourrez, par cette conduite, réussir à faire, de la meilleure affaire qui pût arriver au roi, la plus mauvaise. Je ne vous dis point combien vous avez intérêt à sortir de la léthargie où vous êtes tombé, parce qu'il me semble que je n'ai rien oublié pour vous faire connaître combien ce que vous avez fait est contraire au service du roi et capable de ruiner votre fortune; et Sa Majesté, en me marquant hier son inquiétude sur ce qu'elle n'avait point de vos nouvelles, me fit l'honneur de me dire que, si vos instructions vous avaient marqué que vous deviez tout surseoir, dès que M. le duc de Savoie vous aurait donné une lettre pareille à celle que vous avez envoyée à Sa Majesté, elle se serait attendue que, sur ce que vous auriez appris de la conduite de Son Altesse Royale, vous auriez rompu avec le duc de Savoie sur-le-champ, sans attendre la réponse.

Fort étranger aux mille intrigues qui se nouaient et se dénouaient autour de lui, Catinat ne comprenait qu'une chose, qui était de réduire les barbets de la vallée de Luzerna. Il quittait volontiers les diplomates pour se rendre auprès de son lieutenant, le marquis de Feuquières, et lui donner ses instructions militaires. Le 24 mai, Feuquières emportait le massif des Quatre-Dents. Vaincus, il ne resta aux malheureux barbets d'autre parti à prendre que de fuir pendant la nuit. Avant d'abandonner leur dernier poste, ils assassinèrent M. de Parat, leur prisonnier.

Le comte d'Aligny, colonel des milices de Bourgogne, qui commandait l'attaque contre les barbets, raconte ainsi la fin de M. de Parat : « Cet officier supérieur étant tombé entre leurs mains, nous trouvâmes qu'ils lui avaient mis de la poudre dans les oreilles, dans la bouche et dans le nez, pour lui faire sauter la tête. Un autre supplice plus cruel fut de mettre un prisonnier nu, le ferrer comme un cheval et le renvoyer. »

Il faut dire qu'au début des hostilités, l'intendant du Dauphiné, M. Bouchu, avait fait pendre quelques prisonniers faits sur les barbets, ce qui explique, sans les justifier, ces cruelles représailles.

Le marquis de Feuquières se trompait grandement lorsqu'il écrivait à Catinat que la guerre était finie.

La promesse du duc de Savoie qui devait laisser Catinat occuper la citadelle de Turin ne s'accomplissait pas. Les objections naissaient à chaque instant, et les habitants de la ville étaient exaspérés.

Fatigué de ce jeu si contraire à ses habitudes de franchise, Catinat interrompit une conférence en s'écriant : « Je ne suis point négociateur; vous pouvez annoncer à M. le duc de Savoie qu'il n'a plus que demain à être ami ou ennemi du roi. »

Lorsque Catinat se préparait à entrer dans la citadelle, Victor-Amédée jeta le masque et déclara que, pour échapper à la tyrannie de Louis XIV, il s'alliait aux Espagnols et à la cause universelle. Après une harangue patriotique du duc de Savoie, les Français qui habitaient Turin furent poursuivis par la populace, les gens de l'ambassade et l'ambassadeur de Louis XIV lui-même durent se soustraire à la fureur populaire.

Tout en acceptant les reproches de Louvois, Catinat en concevait un profond chagrin. Il écrivit au ministre : « Mon frère m'a mandé la conversation dont vous l'avez honoré sur la conduite que j'ai tenue. Je suis bien touché, Monseigneur, de la bonté que vous y avez fait paraître, quoique Sa Majesté et vous en soyez mal satisfaits. Plusieurs de vos lettres que j'ai reçues me le confirment. Vous pouvez juger, Monseigneur, de l'abattement où cela me met; je vous assure que je suis dans un état à recevoir plutôt des consolations que des reproches, dans la douleur que je ressens d'avoir déplu au roi et à vous. »

Quelques historiens ont adressé à Catinat le reproche de ne s'être pas emparé sur-le-champ de Turin. Un tel coup de main était impossible, car les défenses de la ville exigeaient un siège en règle.

VII

Les hostilités commencèrent le 4 juin 1690. Le duc de Savoie arma cinq cents barbets qu'il envoya dans leurs montagnes, les faisant soutenir par les milices piémontaises. Ces hommes, formés en petites troupes, devaient harceler les secours qui viendraient de France. Catinat concentra ses troupes afin d'éviter les surprises; car les barbets avaient déjà enlevé un colonel français, M. de Clérembault, qui avait eu l'imprudence de s'écarter de sa troupe.

Bientôt huit mille Espagnols, commandés par Louvigny, prirent position sous les murs de Turin. L'armée piémontaise, forte d'environ six mille hommes et renforcée des milices, se joignit aux Espagnols. L'électeur de Bavière promettait de prompts secours que devait commander le prince Eugène.

Catinat rappela le corps de Feuquières et s'établit à Marsaglia, non loin de Pignerol. Son camp réunissait douze bataillons, vingt escadrons de chevau-légers, dix-huit escadrons de dragons et quatre régiments de milice.

Quelque philosophe qu'il fût, Catinat ne faisait pas la guerre trop tendrement. Cette lettre à Louvois en est la preuve : « 13 juin. J'ai fait pendre deux paysans pour avoir été trouvés dans les blés avec de la poudre et des balles. Il me venait des jambons de Lyon qui ont pris la route de Turin sur deux mulets. Son Altesse Royale me les a envoyés par un tambour, auquel j'ai dit que je ne savais ce que c'était, et je l'ai renvoyé avec les deux charges de jambons bien soigneusement, avec passeport et escorte. »

Furieux d'avoir été joué par le duc de Savoie, Louvois donna l'ordre à Catinat de faire brûler les maisons des ministres qui avaient conseillé Victor-Amédée. Il lui faisait savoir qu'il dirigeait sur le Dauphiné deux mille hommes de cavalerie et huit mille fantassins.

Malgré ce fier langage, Louis XIV éprouvait des inquiétudes, et Catinat recevait des ordres secrets pour reprendre les négociations, en renonçant à occuper Turin, qui serait remplacé par des places moins importantes.

Les rôles étaient intervertis, et ce fut le duc de Savoie qui refusa de recevoir les propositions du roi de France. Il y eut, à cette occasion, une correspondance fort laconique entre Victor-Amédée et Catinat, correspondance digne et fière de part et d'autre, et qui fait le plus grand honneur à l'esprit de Catinat.

Chamlay, qui donnait de bons conseils, écrivit à Louvois : « Je vous avoue que le mauvais succès de l'affaire de Savoie m'a sensiblement touché ; elle était toute d'or pour le roi et aurait produit un bien infini dans la suite. Le mal que je ferais au plat pays de M. le duc de Savoie ne consisterait pas à brûler, parce que j'appréhenderais de trop cabrer l'Italie, mais à tâcher d'en tirer la plus grande partie de l'espèce d'argent qu'il peut y avoir ; et bien loin de me ralentir sur les négociations dans les cours d'Italie, et particulièrement dans celles de Rome et de Venise, il n'y a rien que je ne misse en œuvre pour leur remettre l'esprit. Je donnerais au public une description étendue de la conduite de M. le duc de Savoie, et des engagements dans lesquels il était entré avec ses ennemis. On méprise souvent en France ces sortes de déclarations publiques, mais je vous assure qu'elles font presque toujours dans l'esprit des étrangers plus d'impression qu'on ne pense. Le feu est allumé de toutes parts autour des cantons suisses, il faut prendre garde qu'il ne s'allume chez eux; et, dans cette occasion, rien ne peut mieux l'éteindre et remettre le calme dans les esprits qu'un peu d'argent jeté à propos et extraordinairement... Au spécifique! Monseigneur, le plus tôt qu'on pourra; c'est le seul expédient pour remédier à tout. »

Louvois possédait une qualité précieuse pour qui gouverne, commande et dirige; il consultait les hommes capables et savait les deviner. Connaissant la force de ceux auxquels il demandait conseil, il pesait leurs avis et n'en prenait que la bonne part. Ainsi faisait-il avec tous les personnages capables de son temps. C'est là le secret des grands ministres et des grands princes. Louis XIV possédait ce secret au suprême degré, ce qui contribua puissamment à la célébrité de Louvois.

Chamlay fut écouté comme il méritait de l'être, et le roi prépara ce manifeste qui devait éclairer l'Europe.

Le manifeste était d'usage au XIVe siècle. Son nom vient de ce qu'il commençait par ces mots latins : *Manifestum est* (*il est manifeste*). Les Scythes qui envoyaient à Darius un oiseau, un rat, une grenouille et une flèche, lançaient un manifeste allégorique. Les hérauts d'armes, aux premiers jours de la monarchie, étaient porteurs de manifestes.

Louvois s'occupa donc de rédiger le manifeste de Louis XIV, mais il n'y travailla pas seul, et ce précieux document historique fut l'œuvre des meilleurs esprits. Louis XIV l'étudia et y fit de nombreuses modifications.

Tel qu'il fut publié, on peut le considérer comme l'expression de la vérité. Il n'y a là ni menaces, ni faiblesses, mais une grande dignité. Tous les torts du duc de Savoie sont loyalement présentés.

Victor-Amédée pouvait encore éviter la guerre en accordant au roi de France l'occupation de Verrue, Carmagnole, Suse et Montmélian jusqu'à la signature de la paix.

L'opinion publique en Europe, en Italie surtout, fut très favorable au manifeste du roi de France. Catinat écrivait à Louvois le 18 juillet : « L'imprimé que le roi a fait faire pour faire connaître la conduite de M. le duc de Savoie dans toute cette affaire, et en même temps les conditions que Sa Majesté propose pour une neutralité en Italie, a couru par Turin et leur armée. Les peuples sont fort émus de cette possibilité de n'avoir plus la guerre et de jouir d'un repos qui paraît dépendre de leur maître, et à des conditions qui paraissent raisonnables. »

Victor-Amédée, qui tient tête à Louis XIV, occupe une place importante dans l'histoire depuis 1675 jusqu'en 1730. Après avoir été battu, comme nous le dirons, il fit sa paix particulière avec le roi de France en 1696. Le roi lui rendit toutes ses places et même Pignerol, que la France gardait depuis soixante-cinq ans. En 1701, il reconnut le duc d'Anjou pour roi d'Espagne, et conclut le mariage de Louise-Gabrielle, sa seconde fille, avec ce prince. Il fut proclamé par la France, lui et ses descendants, pour légitimes héritiers de la couronne d'Espagne, si Philippe V mourait sans postérité. Il abdiqua en 1730 en faveur de son fils Charles-Emmanuel. Voulant reconquérir son pouvoir, il fut arrêté par ordre de son fils et mourut en prison, en 1732.

Le fils qui lui avait succédé épousa une fille de Philippe V, roi d'Espagne. L'une des filles de ce prince devint la comtesse de Provence, épouse du roi de France Louis XVIII.

Voltaire trace un portrait quelque peu flatté de Victor-Amédée : « Le duc de Savoie était alors un prince sage, politique et encore plus malheureux ; guerrier plein de courage, conduisant lui-même ses armées, s'exposant en soldat, entendant aussi bien que personne cette guerre de chicane, qui se fait sur des terrains coupés et montagneux, tels que son pays ; actif, vigilant, aimant l'ordre, mais faisant des fautes et comme prince et comme général. »

A peine la guerre fut-elle déclarée que, suivant les ordres de Louvois, Catinat se mit à ravager le pays, à brûler, à détruire, à répandre la terreur. Louvois lui écrivit : « Sa Majesté juge à propos qu'autant de fois que l'on pourra tomber sur les paysans, on ne les épargne pas davantage, afin que cela puisse leur faire perdre l'envie de quitter la culture de leurs terres pour prendre des fusils. Les lettres de l'armée portent que vous vous êtes considérablement exposé pour l'attaque de Cavour; le roi a fort désapprouvé ce que vous avez fait en cela, et Sa Majesté m'a commandé de vous faire savoir qu'elle vous défend d'en user de même en pareille occasion, et qu'elle ne désire que vous vous exposiez qu'à celles qui seront considérables. »

Il en est de Catinat comme de Vauban; emportés par leur courage, jaloux de donner l'exemple, ces généraux entraînent leurs soldats et méprisent la mort.

Cette vertu ne s'est pas éteinte dans l'armée française, mais elle est vieille, comme l'on voit.

Cette prise de Cavour, dont il est question dans la lettre de Louvois, était un coup de main de Catinat. Cette petite ville, située près de Pignerol, fut emportée d'assaut. Une affaire très meurtrière donna à Catinat l'occasion de se montrer le plus intrépide soldat de son armée.

Louvois, la carte sous les yeux, suivait les moindres mouvements des armées et semblait regretter la prudence des deux généraux. Il écrivait à Catinat pour l'engager à attaquer le duc de Savoie : « ... A la réserve de deux ou trois régiments de l'Empereur, tout ce qu'il a n'est que de la canaille qui ne tiendra point devant les troupes du roi, dès que l'on pourra les approcher sans désavantage considérable. »

Catinat, qui n'avait point coutume de traiter de canailles ses adversaires, parce qu'il connaissait les champs de bataille, Catinat, disons-nous, réorganisait ses armées en vue d'une rencontre prochaine, qu'il voulait très sérieuse. Il avait dix-neuf bataillons, dont sept de milice, et quarante-sept escadrons.

Catinat leva son camp, franchit le Pô, et, laissant en arrière ses nombreux malades, osa faire une marche de flanc devant l'armée ennemie. Ce n'était qu'une ruse. Sûr de lui et de ses troupes, ce grand capitaine se permit une imprudence.

Cette marche de flanc devait frapper le regard exercé de Victor-Amédée. Ce prince ne put résister à la tentation, et la bataille fut décidée.

CHAPITRE VI

1690-1691

Bataille de Staffarde. — Lettre de Louis XIV à Catinat. — Récit du comte d'Aligny. — Catinat abandonne le Piémont. — Prise de Suse. — Louvois journaliste. — Duplicité de Victor-Amédée. — L'argenterie portée à la Monnaie. — Mort du duc de Lorraine. — Le maréchal de Lorges. — Chamlay libelliste. — Critique de Louvois. — Le maréchal de Luxembourg rentre en faveur. — Victoire de Fleurus. — Correspondance de Louvois et de Luxembourg à la suite de la bataille. — Le marquis de Puységur. — Politesses entre généraux ennemis. — Inaction de monseigneur le Dauphin. — Louvois est chargé des haras et des fortifications. — Le recrutement donne lieu à des violences. — Catinat s'empare du comté de Nice. — Caricatures. — Siège de Namur. — Reproches de Louvois au rédacteur de la gazette. — Mécontentement du roi contre Louvois. — Mort subite de Louvois. — Récit de Barbezieux sur cette mort, qu'il attribue au poison. — Vaines recherches. — Lettres de la princesse Palatine. — Les tombes de Louvois. — Son épitaphe. — Portrait de Louvois. — La marquise de Louvois. — Louis le Grand. — Ses travaux. — Jugement sur Louvois. — Deux maximes de la Rochefoucauld.

I

Le 18 août 1690, vers quatre heures du matin, Catinat monta à cheval, accompagné de M. de Saint-Sylvestre, maréchal de camp. Ils étaient suivis de dix escadrons. Catinat étudia le terrain, examina les positions de l'ennemi, et d'un rapide coup d'œil fit le plan d'une bataille. Il avait vu les alliés établis dans des positions qu'il connaissait à merveille. Il s'arrêtait de temps en temps et semblait méditer. Silencieux et grave comme un magistrat sur son siège, le général combinait les chances d'une rencontre décisive.

CHAPITRE VI

Puis Catinat reprit le chemin de son camp sans prononcer une parole. Mais il était facile de lire sur son visage une satisfaction complète. Il allait remporter une grande victoire, il en connaissait les alternatives, il savait quels mouvements s'exécuteraient de part et d'autre, quelles chances le pouvaient favoriser, quelles autres lui étaient contraires. Confiant dans la bravoure de ses troupes, le général comptait avec certitude sur les suprêmes efforts de ses soldats.

La position choisie par les ennemis semblait imprenable. Leur droite, appuyée à l'abbaye de Staffarde, était couverte par de profonds marais. Des bois épais protégeaient leur ligne de retraite. Leur gauche, défendue par le Pô et des marécages, paraissait hors de toute atteinte.

Fière et pleine d'entrain, l'infanterie espagnole était rangée en bataille derrière des bouquets d'arbres, des vergers inondés et des chevaux de frise habilement disposés.

Catinat eut un entretien particulier avec M. de Saint-Sylvestre, et lui donna les instructions les plus minutieuses.

On vit, peu d'instants après, nos tirailleurs attaquer les grand'gardes ennemies et les refouler. Sur tout le front, des soldats français apparaissaient et disparaissaient promptement, tiraillaient en se défilant et cherchaient à dévoiler les forces de l'ennemi. Placé sur une éminence, une longue-vue dans la main droite, Catinat observait pour s'assurer que ses ordres étaient exécutés, approuvant d'un signe de tête, ou faisant partir au galop quelque officier afin de réparer une erreur.

Lorsque les postes avancés furent rentrés dans les lignes, Catinat partit au galop pour se placer à la tête de son armée, qui exécuta une belle marche en bataille, aussi régulière qu'à la parade. L'armée marchait sur deux lignes; la première se composait de deux brigades, et, dans les intervalles, des escadrons de cavalerie réglaient leur allure.

Peu à peu, la fusillade s'étendit, et la bataille était à midi dans tout son développement.

Le marquis de Feuquières se mit à la tête de la moitié de la brigade de Grancey et attaqua la gauche des Piémontais, sans pouvoir les atteindre à cause des marais.

Pendant ce temps, Catinat avait rejoint l'autre moitié de cette brigade, et lui avait adressé quelques paroles : « Enfants, jetez-vous dans les marais. Vous aurez de l'eau jusqu'aux épaules, et vous tiendrez vos fusils au-dessus de vos têtes. Vous tournerez l'ennemi et déboucherez derrière la gauche, pendant que vos camarades attaqueront de front. Allez, enfants, et bon courage! » Ce qui fut dit fut fait.

Les Piémontais virent tout à coup des étincelles jaillir des roseaux. Des hommes s'élancèrent de ces roseaux, mouillés mais joyeux. C'était la moitié de la brigade de Grancey, trois bataillons humides de vase et conduits par le marquis Médavy-Grancey. Ce marquis, si brillant à la cour, était, ce jour-là, plus admirable que jamais, avec sa perruque de roseaux et les herbes qui cachaient son visage.

De ce côté, les Piémontais furent mis en déroute. Comment résister à des demi-dieux marins!

La cavalerie charge au centre sur un terrain peu solide.

A gauche l'infanterie espagnole, bien retranchée, est attaquée par nos troupes.

La brigade d'Artois ne peut enlever seule la position; les dragons viennent à son aide. Mais ces forces ne suffisent pas encore; il faut les cavaliers qui arrivent au galop. La résistance dure toujours. Catinat appelle alors cette demi-brigade Grancey, qui sort des marais; elle accourt en traversant tout le champ de bataille, et, couverte encore des roseaux verts, elle charge l'ennemi. Il ne cède pas.

Catinat consulte sa montre et voit qu'il est quatre heures. Laissons la parole au général : « Toute l'infanterie de la première ligne avait chargé; quoique avec succès, elle n'avait point achevé. J'envoyai chercher des bataillons de la seconde ligne. Les régiments de la Saarre, Clérembault et du Plessis firent une charge belle et vigoureuse; tout se rallia à cette charge. Cela fut soutenu par l'aile gauche de notre cavalerie, qui trouva le moyen de traverser le marais. Cela emporta tout, et fossés, et haies, et maisons, et chevaux de frise qui couvraient les bataillons de M. le duc de Savoie. Tout en chargeant, nos soldats se moquaient des chevaux de frise. La plupart de toutes ces charges d'infanterie se sont faites l'épée à la main, après avoir tiré. Il y a eu des bataillons ennemis qui ont eu une grande contenance, et, entre autres, un gros bataillon rouge d'Espagnols naturels, que nous avons toujours vu se rallier, quoique repoussé des postes qu'il occupait. »

Catinat consulta de nouveau sa montre, qui marquait cinq heures. L'ennemi fuyait de toutes parts, et si le prince

Eugène n'eût placé quelques escadrons pour soutenir la retraite, c'eût été une déroute complète.

Catinat venait de remporter la victoire de Staffarde.

Le lendemain seulement on reconnut que le duc de Savoie avait perdu quatre mille hommes, quinze cents prisonniers, cinq drapeaux, toute son artillerie, ses bagages et ses munitions.

Louis XIV écrivit à Catinat : « L'action que vous venez de faire me donne tant de joie, que je suis bien aise de vous le dire moi-même et de vous assurer que je vous sais le gré qu'elle mérite. Elle n'augmente point l'estime que j'avais pour vous, mais elle me fait connaître que je ne me suis point trompé lorsque je vous ai donné le commandement de mon armée. Je souhaite que vous continuiez comme vous avez commencé, et de trouver les occasions de vous marquer les sentiments que j'ai pour vous. »

De son côté, Louvois écrivit au vainqueur : « Vous ne doutez pas, je m'assure, de la joie avec laquelle j'ai appris hier, vers les six heures du soir (le 22 août), par M. votre neveu, que vous avez bien battu M. le duc de Savoie. La lettre de la main du roi, qui sera ci-jointe, vous informera du gré que Sa Majesté vous en sait. »

Il fallait donc quatre jours pour qu'une nouvelle parvînt d'Italie à Paris. Il ne faudrait maintenant qu'une quinzaine de minutes.

Les pertes de l'armée française, d'après le rapport de Catinat, furent de 31 officiers et 165 blessés; y compris les hommes de troupe, il y eut 591 tués et 1,376 blessés.

Le comte d'Aligny, colonel du régiment des milices de Bourgogne, écrit dans ses mémoires : « On a bien raison de dire que l'Italie est le cimetière des Français. Il n'est pas concevable combien de soldats moururent du flux de sang, sans ce qu'on perdit le jour de la bataille. Grancey, qui était le plus ancien régiment, avait de la peine à fournir les cinquante hommes de garde pour le général, avec les soldats pour les autres détachements. Le raisin, en Piémont, est aussi dangereux pour la santé que celui du côté d'Allemagne y est très bon. Mon régiment s'y conserva très bien; les autres faisaient du vin, ce qui les faisait mourir du flux de sang, car ils ne le savaient pas faire comme mes Bourguignons; ils avaient trouvé que de la brique rougie au feu ôtait la malignité au vin nouveau. Ils firent crier tous les colonels contre eux, ayant défendu à leurs soldats de ne faire plus de vin, si bien que mon régiment devint le cabaret de l'armée. M. de Catinat en ayant eu des plaintes, je lui dis que mes soldats se portaient à merveille et qu'ils n'étaient pas cause que les autres n'eussent pas pu faire leur vin. Jamais soldats ne sont devenus si riches en campagne que les miens et les officiers si pauvres. »

Quelque minutieux que soient ces détails, ils ne sont pas indifférents pour l'histoire d'une époque.

La victoire de Staffarde ne découragea pas Victor-Amédée, soutenu par les paysans, qui assassinaient les soldats français isolés, attaquaient les patrouilles et empêchaient l'arrivée des vivres. On pendait les paysans, et, quelques heures après, leurs compagnons reparaissaient à tous les horizons. Catinat aurait voulu reprendre l'offensive; mais le duc de Savoie réorganisait son armée, qui fut bientôt de vingt-sept bataillons et quarante-huit escadrons.

Moins fort que son adversaire, Catinat demanda des renforts. On lui expédia trois régiments, et Louvois lui écrivit le 18 septembre qu'il ne devait pas songer à prendre Turin, parce qu'on ne pouvait lui fournir les forces nécessaires et que l'argent manquait.

Une nouvelle lettre de Louvois ordonnait à Catinat d'évacuer le Piémont; l'armée commença donc son mouvement de retraite au mois d'octobre. La terre, couverte de neige, rendait la marche difficile, et Victor-Amédée ne soupçonnait certes pas un retour offensif. Catinat ne voulait cependant pas terminer ainsi sa campagne. Un jour, il réunit quelques bataillons d'élite, plaça au milieu d'eux son artillerie, et traversa le col de la Fenestre, que les voyageurs considéraient comme impraticable dans cette saison. Le 11 novembre, Catinat attaquait la place de Suse, qui capitulait deux jours après. Cette possession était de la plus haute importance pour la France, car elle facilitait l'entrée en Italie. Ce fait d'armes de Catinat est extrêmement remarquable au point de vue stratégique et tactique, d'autant plus que Suse fut pris sous les yeux de Victor-Amédée, qui accourait à son secours.

Ce prince, loin de se décourager, porta une sorte de défi à Louis XIV, en révoquant l'édit contre les Vaudois, en leur permettant le libre exercice de leur religion, et en signant un nouveau traité avec l'Angleterre, les États généraux et l'Empereur ligués contre la France.

Louvois est l'inventeur des correspondances étrangères

insérées dans les gazettes et rédigées à Paris pour exercer une influence sur l'opinion publique. Il avait, dès cette époque, un bureau entouré de mystère, où se composaient les correspondances que lui-même ne dédaignait pas d'écrire. Ainsi, dans cette circonstance, voulant soulever l'indignation de la France contre Victor-Amédée, il fit insérer dans la gazette du 16 novembre 1690 cet article daté de Londres : « Le président de Latour (envoyé du duc de Savoie auprès du gouvernement anglais) a eu une audience du prince et de la princesse d'Orange, lesquels il a harangués avec beaucoup d'esprit, ainsi que l'on aura pu voir par la gazette dans laquelle sa harangue a été imprimée tout du long. L'on a eu lieu de juger par ce qu'elle contient, que le duc de Savoie ne veut plus que l'on ajoute foi à toutes les expressions dont était rempli son manifeste pour prouver que la France l'avait attaqué dans un temps où il ne songeait qu'à se conserver les bonnes grâces du roi très chrétien, puisque son envoyé a affecté de déclarer que, dès qu'il avait vu le prince d'Orange en Angleterre, il avait commencé à espérer de se délivrer de l'esclavage où le tenait la France. »

En entrant dans cette coalition contre Louis XIV, Victor-Amédée avait fait ses conditions : il devait ajouter à la Savoie la Provence et le Dauphiné; mais, tout en flattant l'Empereur, l'Angleterre et les États généraux, le duc de Savoie ménageait adroitement Louis XIV pour rendre possible un rapprochement. Ainsi, lorsqu'il donna la liberté à son prisonnier M. de Clérembault, il combla cet officier de politesses, et lui dit publiquement : « Je sais bien que j'ai affaire au plus grand et au plus puissant roi du monde; mais j'ai pris la résolution de tout sacrifier plutôt que de consentir à aucune flétrissure de ce qui regarde ma souveraineté. »

Catinat fit connaître à Louvois cette conversation. On s'explique difficilement l'indifférence du ministre en cette circonstance. Victor-Amédée faisait un premier pas ; il eût été sage, facile même d'entamer secrètement des relations qui, dans un temps prochain, devaient mettre un terme à la guerre. Louvois laissa échapper l'occasion d'affaiblir la coalition.

Voulait-il prolonger cette guerre ? il serait permis de le supposer, tant les articles de la gazette, sortis du cabinet de Louvois et supposés venir de l'étranger, étaient hostiles et irritants. Un grand nombre de ces articles, corrigés de la main de Louvois, existent au dépôt de la guerre.

Déjà, en 1689, l'influence de l'opinion publique se faisait sentir, mais déjà aussi on cherchait à l'égarer. Louvois l'avait longtemps dédaignée, mais Vauban et Chamlay faisaient comprendre la puissance du qu'en dira-t-on. Louvois usa, abusa de la *gazette*; il en vint à tromper le roi lui-même.

Accablée d'impôts, la France approchait d'une ruine complète; aussi M. de Pontchartrain, contrôleur général, fut-il amené à conseiller à Sa Majesté d'augmenter la monnaie d'argent, en faisant fondre l'argenterie des particuliers. La mesure fut ordonnée en décembre 1689. Le roi envoya sa vaisselle. Ce fut alors que Mme de Sévigné écrivit : « 18 décembre 1689. Que dites-vous de l'exemple que donne le roi de faire fondre toutes ses belles argenteries? Notre duchesse du Lude est au désespoir; elle a envoyé la sienne, Mme de Chaulnes sa table et ses guéridons; Mme de Lavardin sa vaisselle d'argent, qui vient de Rome. Que dites-vous de tous ces beaux meubles qui vont, après ceux de Sa Majesté, à l'hôtel des monnaies? Les appartements du roi ont jeté six millions dans le commerce; tout ensemble ira fort loin. »

Peu de temps après, il fallut que les églises fissent aussi le sacrifice de leurs richesses. Elles durent livrer leur argenterie.

Ces sacrifices produisirent fort peu d'argent et mécontentèrent le public. Des objets d'art d'une valeur incalculable disparurent sous le marteau; des vases précieux, œuvres de la Renaissance, ne donnèrent que quelques pièces de monnaie. Des bijoux italiens d'une délicatesse extrême, des plats ciselés par de grands maîtres, des coupes dont les reliefs honoraient nos artistes, vinrent s'engloutir dans la fournaise.

Louvois, qui était surintendant des beaux-arts, aurait dû s'opposer à ces actes, mais il n'en fit rien.

II

Louvois répétait souvent que les chances d'une bataille gagnée ne valent pas les chances d'une bataille perdue.

En conséquence, il était pour la guerre défensive, pour la prudence, pour l'observation plus que pour l'action. Il donnait aux généraux en chef des instructions conformes à ses principes militaires. En 1690 surtout, Louvois ne voulut rien risquer.

Louis XIV avait deux puissantes armées dans les Pays-Bas et sur le Rhin. Chacune d'elles pouvait mettre en ligne trente-six bataillons et une centaine d'escadrons. L'armée de la Moselle, sous le commandement de Boufflers, et qui leur servait de trait d'union, avait vingt-quatre bataillons et plus de soixante escadrons. Cependant ces forces réunies n'égalaient pas celles de la coalition.

Rentré en faveur auprès de Louvois, le maréchal de Luxembourg exerçait un beau commandement, dont il s'acquitta heureusement pour l'honneur de la France. Catinat, toujours vers les Alpes, n'avait qu'une petite armée; et Noailles, en Catalogne, se tenait sur la défensive.

Les coalisés, jaloux les uns des autres, s'observaient avec méfiance et ne parvenaient pas à s'entendre sur un plan de campagne. Guillaume passait pour le chef politique; mais le chef militaire, celui qui exerçait le plus d'autorité, était le duc de Lorraine. Il inquiétait Louvois, qui ne le perdait pas de vue, et publiait des articles dans la gazette pour diminuer son prestige.

Le duc de Lorraine mourut subitement au mois d'avril, et Louvois écrivit à cette occasion : « C'est la plus grande perte que puissent faire les ennemis du roi, et ils s'en apercevront avant qu'il soit deux mois, étant impossible qu'un autre que lui puisse concilier les esprits des alliés de l'Empereur, qui se mangent les yeux devant que la moitié de la campagne soit passée. »

Dans la situation où se trouvait l'Europe, en présence d'une coalition désunie par des intérêts divers et parfois opposés, la politique conseillait peut-être d'attendre les événements; mais, si un grand homme de guerre eût été à la tête des affaires, il eût attaqué successivement et séparément chacun des coalisés, qui eussent été défaits sans trop de peine. Telle ne fut pas la pensée de Louvois, étranger aux combinaisons militaires. Il écrivait au maréchal de Lorges : « Pour donner des batailles et aller chercher l'ennemi partout, je crois que vous comprenez bien que cela ne convient pas dans l'état présent des choses. »

Plus que jamais, Louvois avait la prétention de diriger les armées. Il les plaçait sur le terrain, mais là s'arrêtait sa science. Le moindre mouvement modifiait complètement les mesures prises, et, de son cabinet, le ministre ne pouvait plus ordonner. Pour ne pas compromettre leurs fortunes, les maréchaux acceptaient cette tutelle, mais non sans peine ; les récriminations et les plaintes se faisaient jour de toutes parts.

Moins soumis que les autres, le maréchal de Lorges demanda à Louvois quels étaient ses pouvoirs : « Je vous supplie, lorsque vous m'enverrez des ordres de Sa Majesté, de me les vouloir envoyer bien positifs, afin que je n'y change rien du tout et que je n'aie point le choix de ne les suivre pas, puisque aussitôt que je choisis un parti que vous me laissez libre de prendre, je vois, par plusieurs de vos lettres, que Sa Majesté est surprise de tout ce que je fais, bien que je n'aie d'autre intention que de faire le mieux qu'il m'est possible tout ce qui me paraît être nécessaire pour le bien de son service. Ainsi, ayez la bonté, s'il vous plaît, lorsque Sa Majesté ne voudra pas que j'en use de même, de me le mander tout naturellement, afin que je n'y contrevienne en aucune manière, puisqu'en me laissant une liberté apparente, vous y trouvez à redire lorsque je m'en sers. »

Cette lettre du 28 mai est précieuse à plus d'un titre. On y voit l'influence déplorable de l'administration sur le commandement et le manque d'initiative des généraux en chef.

Louvois se défendait de cette usurpation en répondant au maréchal de Lorges : « Quant à ce que vous témoignez désirer que le roi vous envoie des ordres positifs auxquels vous n'ayez pas la liberté de rien changer, je vous ai déjà répondu que cela ne convient point à son service, et que, bien loin de vous en donner de pareils, Sa Majesté ne veut que vous proposer ses pensées, qu'elle vous permettra toujours de suivre ou non, suivant que les démarches des ennemis vous le feront juger à propos. Mais, quand vous ne les exécuterez pas, elle s'attend que vous lui en rendrez compte en même temps, et que vous ne lui en laisserez point ignorer les raisons. »

Le maréchal de Lorges, qui était neveu de Turenne, avait appris de son oncle combien le joug de Louvois était lourd à porter.

Louis XIV voulut, en ce temps-là, former monseigneur le Dauphin dans l'art de la guerre. Il donna donc à ce prince le commandement de l'armée d'Allemagne. Au mois de juin, Monseigneur arriva au milieu des troupes, accompagné de trois conseillers choisis par Louvois parmi les familiers. Ces conseillers ne manquaient pas de mérite, mais ils se plaçaient entre le véritable général en chef et le prince; la discipline en pouvait donc souffrir. Les conseillers, MM. Chamlay et Saint-Pouange, assistaient chaque jour au conseil tenu par le Dauphin et le maréchal. Le troisième conseiller, M. Béringhen, premier écuyer du roi, se bornait à un service extérieur.

Monseigneur entendait donc de vives discussions entre le maréchal commandant l'armée et Chamlay et Saint-Pouange; il donnait ensuite son avis, qui était presque toujours conforme aux opinions de ses conseillers. Cet avis était une décision, à laquelle se conformait le maréchal, non sans laisser percer sa mauvaise humeur.

Monseigneur était loin de répondre aux espérances de Vauban, qui, au siège de Philippsbourg, considérait le prince comme un futur général d'armée. Le Dauphin ne prêtait au conseil qu'une oreille distraite et ne songeait qu'à monter à cheval, exercice dont il s'acquittait à merveille. Chamlay, qui aurait désiré plus de sérieux, écrivait à Louvois : « Monseigneur se promène trop longtemps, trop régulièrement et avec trop d'affectation. Ces sortes de promenades affectées et de commande, et ces visites continuelles et journalières de gardes et de vedettes, ne me paraissent pas convenir à la dignité de Monseigneur. Il serait bon que le roi lui en écrivît un mot. Il faut que, lorsque Monseigneur s'ennuie et ne fait rien, le public croie qu'il est occupé et qu'il travaille, et qu'en un mot, Monseigneur ne fasse pas son capital de la promenade et croie avoir rempli tous ses devoirs de général quand il s'est promené... »

D'après Chamlay, le prince se promenait trop longtemps; d'après Dangeau, il jouait : « Depuis que Monseigneur est dans le camp ici, après avoir fait toutes ses affaires et donné l'ordre, il joue d'ordinaire au reversi. »

12

M. Béringhen, le premier écuyer du roi, qui n'assistait pas aux conseils, n'en observait pas moins l'état des esprits, et secrètement écrivait à Louvois pour le prévenir que le Dauphin était fatigué du maréchal de Lorges, et le maréchal fatigué de Monseigneur.

Louvois répondait au premier écuyer : « Après avoir fait réflexion sur ce que vous me mandez des apparences d'orage que vous commencez à apercevoir, je n'ai rien trouvé qui pût mieux convenir, si ce n'est que Monseigneur ne reçût pas bien les avis de M. de Lorges, et que ce dernier fût capable d'en avoir du dépit, ou bien que M. le maréchal de Lorges ne reçût pas bien les avis de Chamlay, et que ce dernier s'en fâchât outre mesure. Expliquez-vous, je vous supplie, très clairement, et jamais plus ne m'écrivez à demi. »

Ainsi Louvois trouve que rien ne saurait mieux convenir qu'une violente discussion amenant une rupture.

Parmi ces correspondants de Louvois, il y en eut un assez hardi pour le prévenir que son fils, M. de Souvré, qui faisait partie de l'armée du maréchal de Lorges, ne jouissait pas de l'affection des officiers. Louvois écrivit à son fils : « Il me paraît, par ce que l'on me mande de l'armée où vous êtes, que tout le monde se plaint de votre incivilité et de votre peu de politesse; si cela continue, nous ne serons pas longtemps bons amis ensemble. »

En homme d'esprit qu'il était, Chamlay employait les loisirs de l'attente, non à jouer ou à souper comme ses compagnons d'armes, mais à écrire. Il composait des pamphlets pour exciter l'opinion publique de l'Europe contre la coalition. Il existe encore aux archives de nombreux libelles tracés au camp par la plume facile de l'officier d'état-major : *Réflexions sur les affaires d'Italie; Lettres d'un mylord anglais; Conversation d'un gentilhomme de qualité italien avec un gentilhomme de qualité français sur les affaires du temps; Conversation d'un conseiller de Berne avec un conseiller d'Amsterdam.*

Ces écrits, que Louvois faisait imprimer lorsqu'il n'avait rien de mieux à faire, se répandaient en Allemagne, en Italie et en Espagne. La cour et la ville, Paris et les provinces lisaient avidement et adoptaient les idées de l'écrivain.

Mais l'humeur de Louvois était changeante, et l'auteur n'avait pas toujours à se louer de l'éditeur. C'est ainsi que Louvois traitait parfois son pamphlétaire : « Je vous ai déjà prié de ne plus vous fatiguer à faire de pareils mémoires pendant la campagne; je vous le répète encore, je n'ai point lu les premiers; je ne lirai point celui-ci, étant accablé de choses qui sont plus utiles que celles-là. »

Si Louvois se montrait aussi sévère avec ses confidents, que faut-il penser de sa façon d'agir avec les indifférents?

Le maréchal de Lorges était un petit esprit, borné, susceptible, inquiet, sans décision, mais loyal, honnête et franc. Son opposition à Louvois partait d'un bon naturel, mais indiquait peu d'adresse, car Louvois faisait remonter jusqu'au roi cette résistance fort courtoise d'ailleurs.

Un homme observait cet état des esprits et jugea le parti qu'il en pouvait tirer. Cet homme était le maréchal de Luxembourg, disgracié depuis l'affaire des empoisonnements.

Peu de capitaines ont été aussi heureux que Luxembourg. Le rôle qu'il va jouer exige une esquisse rapide de cette physionomie singulière. En 1690, le maréchal, âgé de soixante-deux ans, sortait d'une retraite qui eût brisé tout autre que lui. Mésestimé, pour ne pas dire méprisé, cet homme allait prendre en main l'épée de la France et l'élever à une hauteur que Turenne seul avait pu atteindre.

D'après Saint-Simon, Luxembourg avait beaucoup de valeur, une ambition que rien ne contraignait, de l'esprit, mais un esprit d'intrigue, de débauche et du grand monde. Il surmonta le désagrément d'une figure d'abord fort rebutante, mais à laquelle on s'accoutumait. Malgré une bosse médiocre par devant, mais très grosse et fort pointue par derrière, avec tout le reste de l'accompagnement ordinaire des bossus, il avait un feu, une noblesse et des grâces naturelles qui brillaient dans ses plus simples actions.

« Tout le faix, dit Saint-Simon, des marches et des ordres de subsistances portaient, pendant toutes les campagnes, sur Puységur, qui même dégrossissait les projets. Rien de plus juste que le coup d'œil de M. de Luxembourg; rien de plus brillant, de plus avisé, de plus prévoyant que lui devant les ennemis en un jour de bataille, avec une audace, une flatterie, et en même temps un sang-froid qui lui laissait tout voir et tout prévoir au milieu du plus grand feu. C'était là où il était grand. Pour le reste, la paresse même. Peu de promenades sans grandes nécessités, du jeu, de la conversation avec ses familiers, et tous les soirs un souper avec un très petit nombre, presque toujours les mêmes... Alors il était inaccessible à tout, et s'il arrivait quelque chose de pressé, c'était à Puységur à y donner ordre... »

Le roi Guillaume s'écria un jour, après une bataille perdue : « Je ne pourrai donc jamais battre ce bossu-là? — Bossu! s'écria le maréchal, comment le sait-il? Il ne m'a jamais vu tourner le dos. »

Après la victoire de Nerwinde, le prince de Conti donna à Luxembourg le nom de *tapissier de Notre-Dame,* tant il envoyait de drapeaux ennemis pour couvrir les murs de la cathédrale.

Sa modération envers les vaincus faisait dire en même temps au comte de Solms : « Quelle nation est la vôtre! vous vous battez comme des lions, et vous traitez les vaincus comme des amis! »

On a parlé de l'ingratitude de Louis XIV envers Luxembourg et de l'inimitié de Louvois. Ces accusations sont fort hasardées. Il est vrai que le roi refusa au maréchal la survivance de sa charge de capitaine des gardes pour son fils, et la restitution des biens confisqués sur le comte de Bouteville, son père; mais, à part ces deux circonstances, Luxembourg eut toujours à se louer du roi.

De l'inimitié de Louvois, il serait difficile de fournir le moindre témoignage. Loin de là, les relations du ministre et du maréchal, leur correspondance surtout, prouveraient une certaine inclination de part et d'autre. D'estime ou d'amitié il n'y avait pas l'ombre, mais ils se surveillaient avec force caresses.

III

Replacé à la tête de l'armée de Flandre, au mois de mai, le maréchal de Luxembourg s'efforce de plaire au roi par de longues lettres remplies de détails inutiles, mais qui seront pour Sa Majesté l'occasion d'ordonner, de blâmer, de louer. Ce grand seigneur, ce maréchal de France, se fait humble devant Louvois. Il lui écrit : « Vous savez, Monsieur, avec quel plaisir je rechercherai les choses qui pourront plaire au roi et qui vous donneront lieu d'être satisfait de ma conduite. Je sais trop bien où s'étend ma petite autorité pour croire pouvoir tirer un seul homme d'une place sans vous en avoir écrit auparavant. Le roi m'a commandé de lui envoyer l'ordre de bataille; je vous l'adresse, Monsieur, pour le présenter à Sa Majesté, aussi bien qu'une lettre que je me donne l'honneur de lui écrire, avec cinq règlements différents pour que l'on ne manque à rien. Je vous supplie, Monsieur, de vouloir bien les lui montrer, lorsqu'elle aura quelque temps à perdre. Vous m'avez dit, Monsieur, que le roi voulait que je vous proposasse toutes les vues que je pourrais avoir, et vous me l'avez répété si souvent, que je croirais manquer à l'obéissance que je dois à ses volontés si j'y manquais. C'est pourtant avec quelque répugnance que je me détermine à vous exposer ce qui me passe par la tête, sachant bien que tout ce qu'il y aura de bon à faire ne peut venir que de vous, et ne regardant ce que j'imagine que comme de simples idées produites par l'oisiveté dans laquelle nous vivons ici. »

Un maréchal de France ne saurait oublier plus complètement sa dignité.

Luxembourg, peu scrupuleux de sa nature, avait toujours laissé le soldat se livrer au pillage; mais les circonstances sont graves, et Louvois recommande la sévérité. Le maréchal répond : « Il coûtera quelque chose au régiment des gardes et au régiment du roi pour une petite pillerie qu'ils firent hier; ajoutant à cela un peu de penderie, dès qu'on prendra quelqu'un sur le fait, je pense que cela empêchera ces libertinages, un peu trop usités, les campagnes précédentes, selon ce qu'on m'en dit. Aujourd'hui, tous les fourrageurs ont vu passer à leur tête le prévôt avec ses archers et des cavaliers commandés à sa suite, avec un cordelier et l'homme propre à punir sur-le-champ le premier qui aurait voulu passer au delà de l'escorte. »

Il ne fallut pas longtemps pour que le maréchal de Luxembourg ne rejetât dans l'ombre le malheureux de Lorges, quoique celui-ci fût en compagnie de monseigneur le Dauphin, de Chamlay et de Saint-Pouange, tandis que Luxembourg était seul.

Le 21 juin, le maréchal, exécutant une marche vers la Sambre, reçut de Louvois un plan de campagne fort raisonnable, qu'il exécuta jusqu'au moment qu'il avait été impossible de prévoir. Le ministre faisait savoir à Luxembourg qu'un corps d'armée, commandé par le prince de Waldeck, devait se réunir sur la Sambre pour y attendre l'électeur de Brandebourg. Empêcher cette jonction était la consigne donnée au maréchal de Luxembourg. Cependant le maréchal devait envoyer quatorze bataillons et trente-six escadrons au maréchal d'Humières, qui, de son côté, recevait les instructions de Louvois. Le plan de Louvois renfermait cette recommandation : « Vous observerez qu'il est capital que vous soyez entre la Meuse et M. de Waldeck, afin d'empêcher que M. de Brandebourg et lui ne jouent de la navette et ne puissent s'envoyer des troupes l'un à l'autre qu'en faisant un grand tour. Vous observerez encore qu'il convient que vous vous rendiez maître d'un passage sur la Sambre, avant que M. de Waldeck puisse s'y opposer, et afin qu'il ne lui tombe pas dans l'esprit de se camper vis-à-vis de vous, la Sambre entre deux, ce qui lui donnerait moyen, quoique inférieur, de s'approcher de vous impunément. Sa Majesté souhaiterait fort qu'il fît cette folie sans être couvert par une rivière; car elle espère qu'avec l'armée qu'elle vous donne, vous ne le marchanderiez pas, pourvu qu'il ne fût pas posté avantageusement. »

Luxembourg franchit la Sambre et manœuvra pour se rendre compte de la position de l'ennemi. Pendant la journée du 30 juin, le maréchal, quoique souffrant, parcourut le terrain toujours à cheval, suivi d'une faible escorte. Il se rendit un compte exact de la position du prince de Waldeck.

Minuit venait de sonner le 1er juillet, lorsque le maréchal de Luxembourg fit prendre les armes et forma son armée en cinq colonnes, l'artillerie au centre, la cavalerie aux ailes. A trois heures du matin chacun était à son poste, et l'on se mit en marche.

Le maréchal adopta un ordre de bataille qui surprit son adversaire : il ne présenta qu'une seule ligne. La seconde, formée en colonne, exécuta un mouvement tournant, afin d'attaquer en flanc, pendant que la première se présenterait devant le front. Ce plan de bataille fut, depuis, mis presque constamment en usage par Frédéric II. M. de Waldeck, dès qu'il s'aperçut du péril qui menaçait son flanc, exécuta un changement de front.

Cette grande victoire de Fleurus fut terriblement disputée. M. de Waldeck opposa une vive résistance et ses troupes manœuvrèrent fort bien. Il perdit six à sept mille hommes, sans compter près de huit mille prisonniers. Luxembourg envoya au roi cent six drapeaux ou étendards, et prit en outre quarante-neuf pièces de canon, cinq pontons et plus de deux cents caissons.

L'armée française eut moins de deux mille morts, parmi lesquels M. de Gournay, lieutenant général d'un grand mérite, et M. Dumetz, commandant d'artillerie.

La bataille de Fleurus avait été livrée le 1er juillet 1690. Louvois écrivit le 4 au maréchal de Luxembourg : « Trouvez bon, je vous supplie, que je vous fasse mes compliments sur ce que vous venez de faire, dont je connais assez la conséquence pour pouvoir dire que c'est le plus grand service qui pût être rendu au roi et à l'État. Je vous supplie d'être persuadé de la part que j'y prends. »

Le soir même de la victoire, Luxembourg avait envoyé, pour en porter la nouvelle au roi, le grand prieur de Vendôme, qui, n'ayant pas tout vu, ne pouvait donner les détails ; mais, le lendemain, le maréchal fit partir son propre fils, le duc de Montmorency, avec les instructions les plus minutieuses. Il devait raconter les mouvements et ne pas oublier que le duc de la Roche-Guyon, gendre de Louvois, s'était particulièrement distingué par son courage et son habileté, ce qui d'ailleurs était vrai.

Louvois, reconnaissant de cette attention, écrivit, le 6 juillet, cette seconde lettre à Luxembourg : « Je ne puis m'empêcher de commencer ma lettre par des remerciements de la manière dont vous avez traité M. de la Roche-Guyon, que j'ai sentie comme elle le mérite. Dans le peu de temps que j'ai osé retenir M. le duc de Montmorency, je l'ai écouté avec un grand plaisir, et il me paraît qu'il faut qu'il ait vu ce qui s'est passé pour pouvoir l'expliquer aussi nettement et aussi intelligiblement. Je vous fais encore mes compliments de tout mon cœur sur les mêmes choses que vous avez faites et sur le grand service que vous avez rendu au roi et à son État. »

A peine a-t-il lu cette lettre que Luxembourg répond à Louvois : « On serait bien heureux, Monsieur, d'avoir fait plus qu'une petite chose qui vous fût agréable, puisque vous me savez gré d'une de peu de conséquence que M. le duc de la Roche-Guyon ne pouvait manquer de s'attirer et par vous et par lui. Je pense que mon fils a été mieux questionné par vous qu'il n'a répondu, et comme il y avait des faits que vous vouliez savoir et que vous lui aurez bien fait comprendre, cela aura fort aidé à la netteté de ses réponses. Je voudrais qu'elles eussent été assez justes pour vous donner quelque opinion de lui. »

Sans rien enlever à la gloire du maréchal de Luxembourg,

il est juste de rappeler qu'il avait auprès de lui M. de Puységur, plus autorisé qu'un conseiller. Les habiles manœuvres qui donnèrent la victoire à Luxembourg n'étaient-elles pas inspirées par Puységur?

Jacques-François de Chastenet, marquis de Puységur, était né en 1655 et devint maréchal de France en 1734; il mourut en 1745. Officier fort instruit, auteur d'un ouvrage remarquable : *L'Art de la guerre*, écrit pour l'instruction du duc de Bourgogne. Puységur fit partie du conseil de la guerre pendant la minorité de Louis XV. L'armée espagnole lui doit les ordonnances de Philippe V sur la formation et la discipline des armées.

Lorsqu'il eut atteint la dignité de maréchal de France, Puységur écrivit cet aveu : « J'aurais pu, dès longtemps, développer mes principes; mais, quand on est dans les emplois inférieurs et qu'on veut mettre au jour les connaissances qu'on a acquises avec bien du travail, on trouve parmi ses supérieurs nombre de gens qui s'en offensent. La modestie alors et les égards qu'on doit aux personnes de mérite, d'ailleurs élevées en dignité, imposent silence; ceux qui voudraient le rompre ne s'en trouvent pas bien : c'est ce que plusieurs ont éprouvé, et ce qui dégoûte les autres de communiquer des lumières qui pourraient être utiles. Il en résulte que les anciens usages subsistent toujours. »

A Fleurus, les anciens usages furent habilement écartés. On en fit honneur à Luxembourg, et presque tout le mérite en revient à Puységur.

Même de nos jours, les écrits de Puységur sont consultés avec confiance.

Le maréchal de Luxembourg avait eu l'habileté de s'attacher un tel homme, honnête, laborieux, discret, modeste et très supérieur à ses contemporains.

Tantôt occupé de la flotte, que Tourville allait illustrer, tantôt de Jacques II, à jamais vaincu par les lâchetés de Lauzun, Louvois ne perdait pas de vue les affaires des Pays-Bas.

Les instructions de Louvois au maréchal de Luxembourg étaient loin d'être positives. Il y avait du vague et un certain air d'inquiétude. Un mois après la victoire de Fleurus, Louvois écrit au maréchal : « ... Sa Majesté m'a commandé de vous répéter encore que vous ne devez attaquer M. de Waldeck et M. de Brandebourg que lorsque vous trouverez un gros avantage à prendre sur eux, et qu'ainsi Sa Majesté approuverait fort que vous vous déterminiez à attendre M. de Brandebourg et M. de Waldeck dans un bon poste et de profiter des démarches qu'ils pourraient faire devant vous. Sa Majesté a une telle confiance en vous qu'elle est persuadée que vous ne ferez sur cela que ce qu'elle vous prescrit, et qu'en même temps vous ne manquerez pas l'occasion de battre encore une fois M. de Waldeck, s'il vous donne lieu de l'attaquer avec avantage. »

Le journal de Dangeau des 17 et 29 septembre 1690 donne des détails sur les gracieusetés que se faisaient les généraux ennemis. Ainsi M. le duc de Luxembourg et M. le duc du Maine demandèrent au marquis de Castagana, adversaire du maréchal d'Humières, un passeport pour faire venir des dentelles de Flandre à leur armée. Le marquis refusa le passeport, mais envoya des marchands avec de magnifiques dentelles pour dix mille écus. M. de Luxembourg et M. du Maine en achetèrent pour des sommes considérables. Mais les marchands refusèrent le payement, disant que M. le marquis de Castagana leur avait défendu de rien accepter. « M. de Luxembourg et M. de Brandebourg, ajoute Dangeau, continuent à s'entre-faire beaucoup d'honnêtetés. »

Parmi ces honnêtetés se trouvaient de beaux chevaux polonais que M. de Brandebourg priait le maréchal de Luxembourg d'accepter, ce que celui-ci ne manquait pas de faire. Il avait soin d'en informer Louvois, qui le trouvait plaisant. Le maréchal termine une de ses lettres par dire que M. de Brandebourg lui a envoyé un magnifique cheval pie par un trompette : « Le discours du trompette finit en me disant que, s'il y avait une bataille ou quelque rencontre, M. de Brandebourg me priait de monter la pie qu'il m'avait envoyée, parce qu'elle était connue de toutes ses troupes, qui avaient ordre de respecter celui qui serait dessus. »

Louis XIV avait envoyé son fils, monseigneur le Dauphin, commander une armée. Malheureusement cette armée était la seule qui vécût dans une regrettable oisiveté. Luxembourg, à l'armée des Pays-Bas, avait eu sa victoire de Fleurus; Catinat illustrait l'armée d'Italie à Staffarde; l'armée navale elle-même, sous les ordres de Tourville, battait les flottes ennemies.

Le Dauphin se sentait humilié d'une inaction contraire à son espoir. Il écrivit au roi pour solliciter l'honneur de combattre, et reçut cette réponse : « Pour votre gloire particulière il conviendrait de combattre, mais non pas pour le bien de l'État. Vous ne devez rien hasarder, à moins que vous ne soyez sûr d'une victoire certaine. »

Écrite de la main du roi, cette réponse était bien faite pour décourager le Dauphin. Ce qui le décourageait encore plus était M. le maréchal de Lorges. Saint-Pouange, l'un des conseillers de Monseigneur, écrivait à Louvois : « Il me paraît que nous faisons ici de méchantes manœuvres ; aussitôt que l'on dit que les ennemis marchent en avant, nous décampons, et l'on est si irrésolu qu'il semble que c'est la marche des ennemis qui nous fait marcher. On trouve qu'ils peuvent tout faire avec facilité, et tout difficile à l'armée du roi. Enfin il me paraît que, lorsqu'on a une aussi bonne et nombreuse armée que celle-ci, l'on devrait marcher avec plus d'audace et ne pas tant faire connaître à l'officier et au soldat, par les manœuvres que l'on fait, que l'on appréhende que les ennemis ne nous approchent. L'on ne peut jamais rien apprendre de certain sur les partis qu'on envoie à la guerre, parce qu'on leur défend de s'approcher de l'armée ennemie, et ils n'ont ordre que de voir de loin, sur les hauteurs, le lieu où elle peut être campée. Vous voyez bien que de cette manière on sera difficilement informé des marches que les ennemis feront, si l'on ne change pas de maxime, ce qui n'est pas aisé à faire faire par l'opiniâtreté qu'on a sur ce que l'on propose. »

Fatigué du rôle de figurant, le Dauphin quitta son armée le 30 septembre et revint à la cour.

Les armées prirent leur quartier d'hiver à la fin d'octobre, et la campagne de 1690 se termina plus heureuse pour la France que pour la coalition.

Seignelay étant mort à l'âge de trente-neuf ans, le 3 novembre 1690, Louvois eut une part de sa succession en se faisant attribuer les haras et, ce qui lui importait plus encore, les fortifications des places et des ports de mer.

Louvois écrivit à Vauban : « Le roi m'ayant commandé de me charger des fortifications des places dont M. Seignelay avait la direction, même de celles des ports de mer, j'ai un grand besoin de votre assistance pour essayer de mettre un ordre à ce que vous savez qui n'en avait pas trop ; ce qui me fait vous prier, si votre santé vous le permet, de venir ici le plus tôt que vous pourrez sans rien précipiter. »

IV

Au commencement de l'année 1691, il fallut augmenter l'armée. Les levées qui se firent dans les provinces donnèrent lieu à de nombreuses plaintes contre les recruteurs. Louvois écrivit alors aux gouverneurs et intendants, le 11 février 1691 : « Le roi a appris avec surprise qu'il ait été fait des violences considérables dans les provinces par les officiers de ses troupes pour faire des levées. Sa Majesté trouve bon *que l'on dissimule les petites tromperies qu'ils font pour enrôler des soldats;* mais, comme elle désapprouve entièrement les violences qu'ils font pour prendre les gens sur les grands chemins, aux foires et aux marchés, elle m'a recommandé de vous faire savoir ses intentions, afin que vous teniez la main à ce que pareille chose n'arrive plus, et que vous fassiez réprimer les violences au moment que vous en aurez connaissance. »

Louvois avait, au commencement de 1691, deux grandes préoccupations : trouver des soldats et de l'argent.

Menacée de tous côtés, la France était condamnée à des sacrifices au-dessus de ses forces. Heureusement le duc de Savoie fit des ouvertures secrètes, afin d'obtenir une suspension d'armes. Louvois saisit avec empressement cette bonne fortune, qui permettait de ne plus s'inquiéter de la frontière d'Italie. Catinat fut chargé de la négociation, et s'acquitta de cette difficile mission avec une grande habileté. Il ne tarda pas à reconnaître que Victor-Amédée ne cherchait qu'à tromper Louis XIV.

Fort mécontent d'avoir été dupe d'une intrigue, Louvois donna l'ordre à Catinat de s'emparer du comté de Nice. La conquête se fit promptement.

Nous avons dit qu'en ce temps-là les gazettes jouaient un grand rôle; la caricature était aussi de mode. Après la prise de Nice, l'une de ces caricatures courut le monde. Elle représentait l'Empereur et le roi d'Espagne en chemise, et considérant avec douleur leurs vêtements foulés aux pieds de Louis XIV, qui dépouillait Victor-Amédée. Celui-ci défendait sa chemise, en criant : « Empêchez donc qu'il me l'ôte! » » L'Empereur et le roi d'Espagne répondaient : « Patience, ami, nous vous la ferons rendre quand nous aurons repris nos habits ! »

Cette caricature fut envoyée par Catinat à Louvois; celui-ci la mit sous les yeux de Louis XIV, qui ne fit qu'en rire.

La prise de Nice était un rude coup porté au duc de Savoie; il en fallait un non moins rude pour l'Empereur. Louvois voulut s'emparer de Mons.

Le 15 février 1691, après des préparatifs mystérieux, la place de Mons est investie par une armée française; quatre-vingts bataillons et deux cent quarante escadrons sont aux ordres du roi, qui n'a jamais vu d'aussi belles troupes. Louis XIV veut commander en personne ce siège qui attire les regards de toute l'Europe. Il part de Versailles, accompagné de monseigneur le Dauphin, du maréchal de la Feuillade, de quelques seigneurs, mais non des dames, comme par le passé, et comme il en sera l'année suivante au siège de Namur.

Il est inutile d'ajouter que Vauban était auprès du roi. Il y avait aussi les maréchaux de Luxembourg et d'Humières, gardant les lignes de communications. Louvois était aussi devant la place, veillant aux approvisionnements, créant des hôpitaux et même, à l'occasion, donnant des ordres.

L'armée française, exaltée par la présence du roi, se montrait pleine d'entrain. Les camps étaient en fête, et le roi se voyait acclamé avec enthousiasme dès qu'il paraissait. Les assiégés, au contraire, se montraient fort tristes. Louvois écrivait à Pontchartrain : « De toutes les places que le roi a attaquées jusqu'à présent, aucune garnison n'a moins montré de vigueur que celle-ci et n'a fait de plus mauvaise contenance. »

Louvois écrivait son journal, qu'il adressait chaque jour à Pontchartrain, et que celui-ci communiquait au rédacteur de la gazette, M. l'abbé Renaudot. Louvois autorisait cette communication, qui permettait au gazetier de composer ses articles. Mais, peu versé dans l'art de la guerre et n'en connaissant même pas les termes, le malheureux journaliste commettait des bévues qui réjouissaient les gens du métier et mécontentaient Louvois, expert en ces matières et qui ne jugeait bons que les articles sortis de sa plume. Aussi écrivit-il un jour, du camp devant Mons, au malheureux gazetier : « Je vous prie de vouloir mieux vous expliquer quand vous parlez de ce siège-ci; car, quand vous dites que la tranchée étant à vingt toises de l'ouvrage à corne, on a sapé le demi-bastion dudit ouvrage, ce sont des expressions ridicules. Il n'est point vrai qu'il y ait eu de lieutenant d'artillerie tué. Je vous ai déjà fait dire de ne vous point mêler de nommer les troupes qui sont dans les armées, et je vous prie que ce soit la dernière fois que cela vous arrive. »

Une lettre de Louvois à M. de Pontchartrain, du 5 avril, prouve qu'il était le principal personnage du siège, malgré la présence du roi, celle de Vauban et de deux maréchaux de France. C'est Louvois qui interroge les paysans amenés au camp, c'est lui qui donne les ordres pour appeler de nouvelles troupes. Il est tranquille, tandis que Louis XIV craint sans cesse de voir arriver le prince d'Orange.

Mons se rendit le 8 avril. Le lendemain, dit le journal de Dangeau, le roi donna cent mille francs à Vauban et lui fit l'honneur bien rare de l'inviter à dîner, honneur que Vauban n'avait pas encore reçu. Outre ce don magnifique, Louis XIV fit remettre deux mille pistoles à M. de Vigny, commandant de l'artillerie, et deux mille pistoles à M. de Mesgrigny, ingénieur, qui avait été blessé. Cet officier avait déjà reçu trois cents pistoles.

Louvois n'obtint aucune faveur, et même, si l'on en croit Dangeau, il fut assez malheureux pour mécontenter le roi. Voici ce que dit Dangeau : « J'ai appris que, durant le siège, le roi avait été un peu en colère contre M. de Louvois, de l'opiniâtreté avec laquelle il avait voulu que les commissaires des guerres marquassent le camp de la cavalerie qu'on fît entrer dans les lignes ces jours passés. Ce soin regardait naturellement le maréchal des logis de la cavalerie, et le roi voulait que cela se fît dans les formes ordinaires. »

Le duc de Saint-Simon raconte d'une façon différente les causes de la colère du maître. « Le roi, qui se piquait de savoir mieux que personne jusqu'aux moindres choses militaires, se promenant autour de son camp, trouva une garde ordinaire de cavalerie mal placée, et lui-même la replaça autrement. Se promenant encore le même jour l'après-dîner, le hasard fit qu'il repassa devant cette même garde, qu'il trouva placée ailleurs. Il en fut surpris et choqué. Il demanda au capitaine qui l'avait mis où il le voyait, celui-ci répondit que c'était Louvois qui avait passé par là. « Mais, reprit le roi, ne lui avez-vous pas dit que c'était moi qui vous avais placé? — Oui, Sire, » répondit le capitaine. Le roi, piqué, se tourna vers sa suite et dit : « N'est-ce pas là le métier de Louvois? il se croit un grand homme de guerre et savoir tout. » Et tout de suite replaça le capitaine avec sa garde où il l'avait mis le matin. »

Quoi qu'il en soit, le mécontentement du roi n'était plus un secret, et Louvois se sentait menacé d'une disgrâce. Il s'irrita, et son humeur, de plus en plus mauvaise, froissa les plus honnêtes gens et même ses amis : il devint impitoyable. Après avoir envoyé au maréchal de Luxembourg l'ordre de brûler la ville de Hal, poste avancé de Bruxelles, il prescrivit au marquis de Boufflers de détruire Liège de fond en comble; plus de trois mille maisons furent la proie des flammes. Enfin il ordonna au maréchal de Luxembourg de bombarder Bruxelles. Mais Luxembourg répondit au ministre pour lui démontrer l'inutilité de ces bombardements; Vauban écrivit de son côté, pour calmer la colère de Louvois. Celui-ci suspendit l'exécution de son ordre.

Plus que jamais, Louvois formait des plans de campagne, écrivait nuit et jour aux maréchaux, réorganisait les armées, et semblait être en proie à de fiévreuses inquiétudes.

Était-il malade, comme on l'a dit depuis pour expliquer sa mort si soudaine et si imprévue?

Oui, cet homme souffrait. Il sentait que son bonheur touchait à sa fin. Le roi n'avait pour lui que des regards froids et sévères, les généraux commentaient ses ordres, et les courtisans eux-mêmes montraient moins d'empressement. Il n'était pas jusqu'au dévoué et modeste Catinat qui n'écrivît : « Je vous supplie, Monseigneur, de lire avec une véritable réflexion tout ce que je prends la liberté de vous mander, et de ne point passer là-dessus comme sur des raisons d'opiniâtreté d'un homme attaché à son sens. Du reste, je sais ce que c'est qu'un ordre prescrit, et qu'il faut renoncer à son sentiment et songer à obéir. »

Catinat, parvenu à faire abandonner à Louvois ses plans trop ambitieux, s'empara de Veillane, ce qui lui valut cette lettre du ministre : « Sa Majesté a été informée que vous vous êtes exposé considérablement à l'attaque du château de Veillane; elle m'a commandé de vous dire qu'elle vous défend de vous exposer de même dans de pareilles occasions, ne concevant point qu'un homme comme vous, dans des affaires de cette nature, soit mis hors d'état de lui continuer vos services. »

Après avoir fait incendier le château de Rivoli, résidence de Victor-Amédée, Catinat dit à Louvois : « Il y avait plusieurs peintures à fresque dans les grandes pièces des appartements, que l'on disait être bonnes. C'est un dommage dont M. le duc de Savoie se doit prendre à lui-même, puisqu'il fait servir ses maisons pour établir des troupes et nous faire la guerre. »

Cette philosophie tant vantée de Catinat ne résistait pas aux entraînements du métier.

Louvois, mécontent de la levée du siège de Coni, préoccupé des querelles de M. de Bulonde, lieutenant général, et de M. de Feuquières, méchant homme s'il en fut, se montrait plus sombre que de coutume.

Le 16 juin 1691 était un lundi. La veille, quoique ce fût jour de repos, Louvois avait travaillé une partie de la soirée. Le lundi matin, il donna des audiences, écrivit et dicta vingt-trois lettres, compléta des dépêches, et se rendit chez le roi pour l'entretenir d'affaires importantes. Le ministre était d'une pâleur extrême, dont Sa Majesté fut frappée. Louvois dut se retirer avant la fin du travail.

Il traversa la galerie du château d'un pas lent, se sentant de plus en plus faible et respirant avec difficulté. Rentré à la chancellerie, il se laissa tomber sur un fauteuil et demanda son médecin et sa famille. La marquise de Louvois était absente de Versailles, et les fils du ministre, Courtenvaux et Souvré, faisaient la guerre. Barbezieux, leur frère, gardait le lit, mais on l'invita à se rendre auprès de son père. Il y arriva trop tard.

Voici le récit de Barbezieux sur les derniers moments de Louvois : « Il mourut lundi plus subitement que l'on ne peut se l'imaginer. Il s'était plaint un demi-quart d'heure auparavant d'avoir quelque chose dans l'estomac qui l'étouffait. L'on le saigna du côté gauche, et, se sentant soulagé par cette saignée, il demanda qu'on en fît autant de l'autre bras. Son médecin lui refusa, par l'extrême faiblesse où il était. Il demanda où j'étais et qu'on m'allât querir ; j'étais malade dans mon lit ; l'on me vint avertir. M. Fagon, pour qui il avait beaucoup de considération, sur les entrefaites, entra dans sa chambre. Il commença à lui conter ce qui lui faisait mal ; mais, un moment après, il dit qu'il étouffait. Il me demanda encore avec empressement, et dit qu'il se mourait. Après ces dernières paroles, la tête lui tomba sur les épaules, ce qui fut le dernier moment de sa vie. J'arrivai lorsque la tête lui tombait, et, voyant tout le monde désolé, et ne pouvant croire ce que le triste visage d'un chacun m'apprenait, je me jetai à lui; mais il était insensible à mes caresses, et c'en était déjà fait. L'on l'a ouvert le lendemain matin, et, quoiqu'il n'y ait point d'indice assez positif pour assurer qu'il ait été empoisonné, il n'y a cependant presque pas lieu d'en douter. Voilà comme j'ai perdu tout ce qui m'etait le plus cher au monde. »

Barbezieux était le troisième fils de Louvois; il lui succéda dans l'administration de la guerre, à l'âge de vingt-trois, et mourut dix ans après, en 1701, sans avoir soutenu la réputation de Louvois et de le Tellier. Cependant Barbezieux forma, en 1692, cette belle armée de cent mille hommes qui prit Namur.

Le public crut à l'empoisonnement de Louvois, et Victor-Amédée fut accusé d'avoir fait exécuter le crime. Le ministre avait toujours dans son cabinet une carafe d'eau froide, dont il buvait pour se rafraîchir. Avant de se rendre chez le roi, le lundi matin, il avait bu deux verres. Malreusement l'eau contenue dans la carafe ne fut pas analysée.

Quelle main coupable avait pu verser le poison? On chercha, et les soupçons se portèrent sur un pauvre serviteur, chargé de frotter les appartements, et qui était Savoisien, c'est-à-dire sujet de Victor-Amédée. Il fut arrêté.

Barbezieux écrivit le 27 juillet à M. de la Reynie, lieutenant de police : « Je crois que vous devez avoir reçu présentement l'ordre du roi nécessaire pour faire transférer à Vincennes le Savoyard qui était dans notre maison, que l'on a arrêté. J'ai cru vous devoir donner un avis que j'ai reçu, qui est que l'on voulait faire mourir cet homme-là pour l'empêcher de parler. Comme il est nécessaire d'en tirer toutes les lumières que nous pourrons, j'ai cru ne devoir pas vous laisser ignorer cette circonstance, afin que vous puissiez prendre les mesures que vous jugerez à propos pour que ces gens-là ne réussissent pas dans leur dessein. Je vous prie de me mettre en état de rendre compte au roi exactement de ce que vous découvririez sur cette affaire. »

Ce malheureux frotteur ignorait même le crime dont on l'accusait. Remis en liberté, il reprit le chemin de son pays, où il vécut et mourut pauvre et obscur.

L'autopsie du corps de Louvois avait été faite par deux chirurgiens fort habiles, MM. Félix et Dionis, qui déclarèrent que Louvois était mort d'une apoplexie pulmonaire. Cependant un grand nombre de médecins trouvèrent dans cette mort des indices d'empoisonnement.

La princesse Palatine écrivait de Versailles, le 22 juillet :
« Mal en a pris à M. de Louvois de boire son eau, comme vous l'avez appris sans doute; mais on ne sait pas encore si c'est l'eau minérale ou l'eau douce qui lui a fait mal. Tous les docteurs et les barbiers qui l'ont ouvert disent (et ils l'ont signé) qu'il est mort d'un affreux poison. En un petit quart d'heure, il est passé de vie à trépas. Je l'avais rencontré une demi-heure avant sa mort, et je lui avais parlé. Il semblait bien portant et avait si bonne mine que je lui dis : « Il paraît que l'eau de Sorge vous fait du bien. » Il voulait, par civilité, m'accompagner dans ma chambre; mais je lui dis que le roi l'attendait, et je ne voulus par conséquent pas le permettre. Si je l'avais laissé venir, il me serait mort dans ma chambre, ce qui aurait été un horrible spectacle. On a déjà arrêté un de ses domestiques, qu'on soupçonne d'avoir empoisonné un pot d'argent dans lequel M. de Louvois a bu l'après-midi. On saura bientôt si c'est vrai ou non. Puisqu'il avait à mourir, j'aurais souhaité que cela fût arrivé il y a trois ans, le pauvre Palatinat s'en serait bien trouvé... »

Deux mois après, le 18 septembre, la princesse Palatine écrivait de Fontainebleau : « ... M. de Louvois est maintenant si bien oublié qu'on ne s'inquiète plus de savoir s'il a été empoisonné ou non. M. de Barbezieux se mariera bientôt avec une dame que son frère aîné, M. de Courtenvaux, a dû épouser. La dame, qui est une demoiselle d'Hussay, a préféré le cadet, en quoi elle a eu grandement raison. L'aîné est sot et très laid, tandis que Barbezieux est très joli garçon et de plus spirituel. Ils sont aussi riches l'un que l'autre; bien qu'au commencement l'aîné parût amoureux, il s'est tout de suite rendu à la volonté de son frère; mais, comme il a empoisonné à Rome son gouverneur, je crois que son frère fera bien de ne pas manger souvent avec lui. Notre grand homme (Louis XIV) est incapable de faire une chose pareille. Je sais et je connais des gens qui lui ont offert d'assassiner le prince d'Orange (Guillaume III, roi d'Angleterre), mais il n'a jamais voulu y consentir... »

Ainsi la belle-sœur du roi croit à l'empoisonnement; et de plus elle constate que deux mois suffirent pour faire oublier le grand ministre.

V

Quels furent les sentiments de Louis XIV en apprenant la mort de Louvois ? Depuis trente ans il travaillait avec ce ministre, qu'il avait formé ; depuis trente ans il le comblait de faveurs, mais souvent ne le supportait qu'avec peine. Le roi se servait de Louvois sans l'aimer et peut-être sans l'estimer.

Les paroles de Louis XIV furent celles-ci : « Dites au roi d'Angleterre que j'ai perdu un bon ministre, mais que ses affaires et les miennes n'en iront pas plus mal pour cela. » C'est Dangeau qui rapporte ce propos, adressé au gentilhomme qui venait, de la part du roi Jacques, apporter les compliments de condoléance du monarque détrôné.

En écrivant au maréchal de Luxembourg, au marquis de Boufflers et à d'autres, Louis XIV déplore la perte d'un grand ministre, mais sans attendrissement, sans qu'un cri du cœur fasse soupçonner le moindre regret personnel.

Laissons parler le duc de Saint-Simon. « Louvois était, quand il mourut, tellement perdu, qu'il devait être arrêté le lendemain et conduit à la Bastille. Le fait de cette résolution prise et arrêtée par le roi est certain ; je l'ai su depuis par des gens bien informés ; mais ce qui demeure sans réplique, c'est que le roi même l'a dit à Chamillart, lequel me l'a conté. »

La chose n'est pas impossible. Fouquet est là pour montrer que Louis XIV avait deviné le mot de Mirabeau : « La roche Tarpéienne est près du Capitole. » Louvois prisonnier eût-il trouvé des amis comme la Fontaine et Mme de Sévigné?

Cependant il y eut autour de sa tombe des regrets exprimés par de nobles cœurs. Catinat écrivit : « Je suis dans une situation où je me fais de grandes violences pour ne me point laisser aller à la vive douleur que je ressens de la grande perte que vient de faire le roi, l'État, et moi de mon protecteur, dont l'affection m'a toujours cent fois plus touché que tous les biens qu'il pouvait me faire. »

Vauban écrit à Barbezieux : « Je vous aime et honore de tout mon cœur, pour l'amour de vous et de votre illustre père, dont la mémoire ne me sortira jamais du cœur ni de l'esprit. » Villars souhaite à Barbezieux une plus longue vie et autant de gloire et de bonheur que son père en a eu dans le gouvernement le plus florissant et le plus puissant qui ait jamais été. L'intendant Bouchu dit qu'il n'y a que les ennemis de l'État qui puissent n'être pas touchés de cette perte. Le marquis de la Fare prononça ce jugement si bref : « Il aurait fallu que Louvois ne fût point né, ou qu'il eût vécu plus longtemps. »

L'expression de ces sentiments privés ne saurait donner la mesure des regrets publics, ni même mettre en lumière la personnalité de Louvois. L'historien du siècle de Louis XIV, lorsqu'il raconte les événement de l'année 1691, passe sous silence la mort de Louvois. Entre la bataille de Fleurus et le siège de Namur, c'est-à-dire de 1690 à 1692, Voltaire ne trace pas le nom de Louvois. Ce n'est que dans son résumé historique, fort rapide il est vrai, que Voltaire écrit : « Il commençait à devenir difficile en France de faire des recrues, et encore plus de trouver de l'argent. La rigueur de la saison, qui détruisit les biens de la terre en ce temps, apporta la famine. On périssait de misère au bruit des *Te Deum* et parmi les réjouissances. Cet esprit de confiance et de supériorité, l'âme des troupes françaises, diminuait déjà un peu. Louis XIV cessa de paraître à leur tête. Louvois étant mort le 16 juillet 1691, on était très mécontent de Barbezieux, son fils. Enfin la mort du maréchal de Luxembourg (en janvier 1695), sous qui les soldats se croyaient invincibles, sembla mettre un terme à la suite rapide des victoires de la France. »

La mort de Louvois n'avait pas interrompu les succès militaires des armées de Louis XIV. Fleurus, Namur, Steinkerque, Nerwinde, Spire-Bach, Gironne, prouvèrent à l'Europe que la France n'était pas grande parce qu'elle avait un grand ministre, mais parce qu'elle obéissait à un grand roi. Lorsqu'il raconte la bataille de Nerwinde, Voltaire fait admirer, dans les rangs étrangers, un régiment composé de gentilshommes français émigrés à la révocation de l'édit de Nantes, et que les *cruautés de Louvois* avaient forcé de haïr leur patrie.

Lorsque Barbezieux eut succédé à Louvois, Louis XIV comprit le danger d'accorder ainsi des survivances qui créaient, pour ainsi dire, des dynasties de ministres. Ayant à se plaindre de Barbezieux, le roi écrivit à l'archevêque de Reims, propre frère de Louvois, une lettre fort remarquable, où il exprime un regret : « Je sais, dit-il, ce que je dois à la mémoire de M. de Louvois; mais si votre neveu ne change de conduite, je serai forcé de prendre un parti. J'en serais fâché; mais il faudra en prendre un. Il a des talents, mais il n'en fait pas un bon usage. Il donne trop souvent à souper aux princes, au lieu de travailler; il néglige les affaires pour les plaisirs; il fait attendre trop longtemps les officiers dans son antichambre; il leur parle avec hauteur et quelquefois avec dureté. »

Après la mort de Louvois, Barbezieux n'obtint pas toutes ses charges. La direction des postes fut donnée à le Pelletier, ancien contrôleur général; son frère le Pelletier de Souzy eut les fortifications; Villacerf obtint la surintendance des bâtiments, et Pontchartrain fut pourvu des manufactures et des haras. Dangeau fut nommé, un peu plus tard, grand maître de l'ordre de Saint-Lazare, dont Louvois avait été grand vicaire ou gouverneur. Barbezieux n'hérita donc que du ministère de la guerre et de la chancellerie de l'ordre du Saint-Esprit. Encore les attributions du ministre de la guerre furent-elles réduites, Saint-Pouange ayant l'administration, tandis que le roi se réservait les plans de campagne, les questions politiques et la direction des armées. Chamlay, qui était en Allemagne, est appelé à la hâte, et Louis XIV le place auprès de sa personne comme secrétaire général; les dépêches, les correspondances, les plans sortent du cabinet de Chamlay, qui les fait approuver et signer par le roi.

Le duc de Beauvilliers entre au conseil comme ministre d'État, M. de Pomponne est rappelé, et Louis XIV reprend cette liberté d'allures que Louvois lui faisait regretter depuis longtemps.

Chamlay n'apportait pas dans la guerre plus d'humanité que n'en avait eu Louvois. Cinq jours après la mort de ce ministre, Catinat recevait du roi cette dépêche semblable aux précédentes : « Il est fâcheux d'être obligé de brûler des villages pour porter les peuples à payer les contributions; mais puisque ni par menace, ni par douceur, on ne peut les y obliger, il ne faut pas discontinuer d'user de ces rigueurs-là. »

Si l'on voulait une preuve de la satisfaction du roi, il faut la demander aux *Œuvres de Louis XIV,* dans la *relation de ce qui s'est passé au siège de Namur.* C'est le roi qui parle, son langage exprime une sorte de fierté. Il agit seul, sans conseils, sans contrôle, et il réussit dans ses entreprises. « Le roi partit de son camp le 3 juillet 1692, pour retourner à petites journées à Versailles, d'autant plus satisfait de sa conquête (Namur), que cette grande expédition était *uniquement* son ouvrage, qu'il avait entreprise *sur ses seules lumières* et exécutée, pour ainsi dire, *par ses propres mains*, à la vue de toutes les forces de ses ennemis; que par *l'étendue de sa prévoyance* il avait rompu tous leurs desseins et *fait subsister ses armées.* »

La France et l'Europe savaient donc désormais que le roi n'avait pas eu besoin, pour faire subsister ses armées, des lumières et de la prévoyance de Louvois.

Le 16 juillet, jour anniversaire de la mort de son ministre, Louis XIV rentrait à Versailles, plus triomphant que jamais et sans donner un souvenir à ce ministre.

Louvois était au moment de sa mort directeur et administrateur général de l'hôtel royal des Invalides. Deux jours après sa mort, le roi accorda au ministre la sépulture de l'hôtel des Invalides, distinction fort rare en tout temps. Louvois eut donc son tombeau sous le dôme de cet hôtel qu'il avait contribué à fonder.

Mais le 22 janvier 1699, à minuit, le corps de Louvois fut enlevé par ordre de Sa Majesté, et transporté sans pompe, presque secrètement, dans la chapelle des capucines de la place Vendôme.

Lorsque les travaux de cette place et de la rue de la Paix firent disparaître l'église des capucines, le mausolée de Louvois fut envoyé au musée des Petits-Augustins.

La paix du tombeau ne fut même pas accordée à cet homme. Des Petits-Augustins, le corps alla dans l'église de l'hôpital de Tonnerre.

Le mausolée de Louvois mérite l'attention des artistes. Les figures du ministre et de la marquise de Louvois, en marbre blanc, sont de Girardon; les deux figures allégoriques en bronze, la Sagesse et la Vigilance, sont de Desjardins et de Vanclève. L'épitaphe, malgré sa longueur, mérite d'être rapportée :

« Ici repose haut et puissant seigneur, monseigneur François le Tellier, marquis de Louvois, de Courtenvaux et de Crusy, comte de Tonnerre, etc., conseiller du roi en tous ses conseils, commandeur et chancelier de ses ordres, ministre et secrétaire d'État au département de la guerre, surintendant général des postes et relais de France, surin-

« tendant et ordonnateur général des bâtiments et jardins de
« Sa Majesté, arts et manufactures de France, etc.

« Avant sa vingtième année, Louis le Grand lui donna la
« survivance de la charge de secrétaire d'État avec le dépar-
« tement de la guerre, dont pour lors le chancelier le Tel-
« lier, son père, était pourvu. L'exemple et les instructions
« de ce grand homme le rendirent bientôt capable d'exercer
« cette place importante au gré du roi; avec un génie éga-
« lement étendu, prudent et solide, il embrassa en peu de
« temps tout ce que renferme la science difficile de la guerre
« et le vaste détail des troupes. A peine avait-il atteint la
« trentième année de son âge que, devenu capable des plus
« grandes affaires, il fut appelé par Sa Majesté dans ses
« conseils les plus secrets et honoré de sa confiance. Appli-
« qué, vigilant, infatigable, prêt en toutes les occasions et
« les saisons à exécuter les ordres du roi dans les entre-
« prises les plus difficiles que lui confiât Sa Majesté; juste
« et heureux dans ses mesures, il servit son maître avec une
« ardeur toujours nouvelle jusqu'à la fin de sa vie, qui fut
« terminée par une mort subite à Versailles, le seizième
« jour du mois de juillet 1691. Il a vécu cinquante ans, six
« mois et seize jours. »

VI

Louvois était de taille ordinaire, d'un embonpoint remarquable et de physionomie peu distinguée. La vivacité et
l'intelligence du regard le sauvaient; sans cela, il était loin
de paraître gentilhomme.

D'une sobriété exemplaire, n'aimant pas le jeu, éloigné des
soupers fort à la mode en ce temps-là, il jouissait de la réputation, méritée d'ailleurs, d'homme raisonnable. Ce qui ne
signifie nullement d'homme vertueux. Mais il sut éviter les
scandales dont on se jouait dans la seconde moitié du
XVIIe siècle. D'ailleurs Louvois était protégé par le travail,
ce bienfaiteur des grands aussi bien que des petits.

La marquise de Louvois, Anne de Souvré, manquait totalement d'esprit; la cour et la ville lui prêtaient toutes les
sottises qui se débitaient. Mme de Sévigné écrivait à sa fille:
« Il y avait l'autre jour une dame qui confondit ce qu'on dit
d'une grive, et au lieu de dire : Elle est soûle comme une

grive, disait que la première présidente était sourde comme une grive. Cette dame, c'était Mme de **Louvois**. »

Lorsqu'on étudie avec attention les immenses travaux de Louvois, il semble que lui seul ait fait le siècle de Louis XIV, au moins depuis le jour où il entra aux conseils du roi jusqu'à sa mort. La figure de Louvois prend de telles proportions que le roi y perd de sa grandeur. Pour éviter que l'esprit ne s'égare, il n'est pas inutile de se rapprocher de Louis XIV, pour le voir travailler avec d'autres autant qu'avec Louvois.

Non seulement Louis le Grand travaillait, mais tout homme connu obtenait l'honneur de l'entretenir, et tout inconnu pouvait lui adresser des requêtes, des projets et des placets. Ces choses étaient sérieusement examinées par un maître des requêtes, qui les annotait, les apostillait et les plaçait sous les yeux du roi. Il lisait et donnait ses ordres. On vit souvent les auteurs inconnus de projets utiles admis à discuter avec les ministres, sous les yeux de Sa Majesté.

Après la chute de Fouquet, le roi diminua les impôts. Il fit élever des hôpitaux dans les principales villes du royaume. Les routes, les ponts, les moyens de communication prirent un grand développement.

Dès l'année 1662, Louis XIV releva le commerce de la France et créa le commerce maritime.

En accordant la franchise aux ports de Dunkerque et de Marseille, il attira le commerce du Levant dans cette dernière ville, et le commerce du Nord dans la première.

La compagnie des Indes occidentales et celle des grandes Indes furent fondées en 1664, ce qui permit à la France de n'être plus tributaire de l'industrie hollandaise. Le roi donna plus de six millions à ces compagnies. La reine, les princes, les grands fournirent deux millions; les cours supérieures s'imposèrent volontairement pour douze cent mille livres; les financiers pour deux millions; les corps des marchands pour six cent cinquante mille livres.

En 1669, le roi fonda une compagnie du Nord, qu'il dota richement. Il encouragea la noblesse à s'intéresser au commerce, à l'industrie, à l'agriculture.

Colbert secondait le roi dans ses généreuses entreprises.

Non seulement Louis XIV voulut enrichir la France, mais aussi augmenter la population. Tout paysan qui s'établissait à l'âge de vingt ans était exempt de tailles pendant cinq années; tout père de famille qui avait dix enfants était exempt de tailles pour toute sa vie.

De 1663 à 1672, il se fonda plusieurs manufactures chaque année. Abbeville eut les draps, qui venaient jusqu'alors d'Angleterre et de Hollande. Le roi avançait au manufacturier deux mille livres pour chaque métier, sans compter les gratifications annuelles.

Dans l'année 1669, il fut établi, dans les provinces, quarante-quatre mille deux cents métiers en laine. Les manufactures de soie, particulièrement encouragées, produisirent un commerce de plus de cinquante millions. Le roi fit planter des mûriers dans tous les terrains favorables.

En 1666, la France commença à fabriquer des glaces aussi remarquables que celles de Venise, et répandit ces glaces sur tous les marchés de l'Europe.

La Savonnerie donna des tapis de Turquie et de Perse aussi beaux que ceux qui venaient d'Orient. Il sortit des Gobelins des tapisseries supérieures à celles de Flandre, que huit cents ouvriers fabriquaient et dont trois cents étaient logés dans l'établissement. Des peintres habiles imitaient les dessins des anciens maîtres italiens. D'admirables mosaïques sortaient aussi des Gobelins, et les étrangers, surpris, ne cessaient de louer l'art nouveau en France de la marqueterie.

La ville de Beauvais avait aussi sa manufacture de tapisseries, et le roi donna une somme considérable pour y attirer six cents ouvriers.

Le 5 août 1675, Louis XIV créa la manufacture de dentelles connue sous le nom de *point d'Alençon*. Seize cents femmes furent occupées à ce travail délicat. Trente ouvriers vinrent de Venise et deux cents de Flandre. Colbert donna cinquante mille écus à l'établissement dirigé par une dame Gilbert, et le roi distribua aux ouvriers trente-six mille livres d'encouragements.

Sedan eut ses fabriques de drap, Aubusson ses tapisseries, tandis que Lyon et Tours fabriquèrent ces riches étoffes où l'or et l'argent se mélangeaient à la soie.

Le roi fit acheter en Angleterre le secret de la fabrication des bas, qui jusqu'alors se tricotaient à la main.

On vit sortir des nouvelles manufactures ces faïences, ces cuirs maroquinés, ces aciers, ce fer-blanc, que l'étranger importait sur nos marchés depuis si longtemps.

Chaque année, le roi consacrait huit cent mille livres à

l'achat des produits nouveaux, dont il faisait présent aux dames de la cour, afin d'encourager les industries nouvelles.

Louis XIV fit éclairer et paver la ville de Paris; il créa, en 1667, un magistrat chargé de la police, il donna à ce magistrat des compagnies de soldats à pied et à cheval, qui parcouraient la ville nuit et jour.

Le Louvre, Saint-Germain, Versailles s'élevèrent, et de superbes édifices remplacèrent de trop modestes logis.

Ce ne fut qu'en 1660 que le prince de Condé amena de Bruxelles un carrosse orné de vitres. Les glaces ne vinrent que plus tard, puis les ressorts. Le roi fit copier la voiture du prince de Condé et encouragea les carrossiers à perfectionner les voitures.

Sous François Ier, on ne comptait à Paris que trois carrosses : celui de la reine, celui de Diane de Poitiers et celui du maréchal de Bois-Dauphin. En 1640, Christophe de Thou, premier président, atteint de la goutte, se fit construire un carrosse, qui fut le premier appartenant à un particulier. Mais la femme du premier président ne montait jamais dans le carrosse et continuait de se promener à cheval, en croupe derrière un serviteur. Henri IV n'avait qu'un seul carrosse pour lui et la reine; ce carrosse était entouré de rideaux en cuir.

En 1662, on comptait dans Paris trois cent vingt carrosses.

On connaît le goût de Louis XIV pour l'architecture, la sculpture et les jardins. Il fit venir de Rome le cavalier Bernini et le combla d'attentions et de présents. On lit dans les Mémoires de Charles Perrault, premier commis des bâtiments du roi : « La veille du départ de Bernini, je lui portai moi-même et dans mes bras, pour lui faire plus d'honneur, trois mille louis en trois sacs, avec un brevet de douze mille livres de pension par an, et un de douze cents livres pour son fils. On lui promit trois mille louis d'or s'il voulait rester ; six mille livres pour son fils, et autant au seigneur Mathias, son élève. Neuf cents livres au sieur Jules, six cents livres au sieur Côme, camérier, et cinq cents livres à chacun de ses estafiers; et en cas que le sieur Mathias demeurât seul, on lui promit douze mille livres par an. »

On voit la magnificence de Louis XIV, mais surtout le désir d'attirer en France les grands artistes. Cette fois, le roi se trompa, car Bernini ne rendit aucun service.

Après le Louvre, Versailles, Trianon, Marly, il faut citer

l'observatoire élevé en 1666, lorsque le roi créait l'Académie des sciences.

Rappelons encore le canal du Languedoc, qui joignit les deux mers; l'hôtel des Invalides, royale demeure des vieux soldats; Saint-Cyr, berceau de la jeune noblesse. Enfin cette création de l'ordre de Saint-Louis pour les *pauvres officiers* des armées de terre et de mer. Cette institution suffirait à l'illustration d'un souverain. Payer le sang versé par un simple ruban est une pensée sublime.

Louis XIV réforma les lois. Le chancelier Séguier, Lamoignon, Talon, Bignon, et le conseiller d'État Puffort travaillaient à la rédaction d'un code. Le roi assistait souvent à leurs réunions. En 1667, l'ordonnance civile parut et fut suivie du code des eaux et forêts, puis des statuts pour les manufactures. L'ordonnance criminelle, le code de commerce, celui de la marine vinrent successivement; enfin le code noir protégea l'esclavage colonial, autant que le permettaient les idées de cette époque.

Toutes ces institutions, toutes ces réformes se firent sans la participation de Louvois, qui y demeura complètement étranger. Il faut en excepter l'hôtel des Invalides.

Ce n'est pas Louvois qui dicte à Louis XIV ce billet au comte d'Estrades, son ambassadeur : « Le roi d'Angleterre et son chancelier peuvent voir quelles sont mes forces, mais ils ne voient pas mon cœur. Tout ne m'est rien à l'égard de l'honneur. »

Louvois demeura étranger au développement de la marine française. Le roi créa sans lui les gardes de la marine; sans lui les illustres marins parvinrent à la dignité de maréchal de France; sans lui les colonies de la Martinique, de Saint-Domingue, du Canada, reprirent une vie nouvelle.

Louis XIV mit le comble à sa gloire en adoucissant les mœurs, qui devinrent polies, faciles, pleines d'urbanité.

Après la mort de Colbert, lorsque le roi se proposa de mettre le Pelletier à la tête des finances, le Tellier lui dit : « Sire, il n'est pas propre à cet emploi. — Pourquoi? dit le roi. — Il n'a pas l'âme assez dure, dit le Tellier. — Mais vraiment, reprit le roi, je ne veux pas qu'on traite durement mon peuple. »

Louvois n'a donc été qu'un ministre de Louis XIV, et non le ministre dominant tout, régnant et gouvernant. Sans doute sa place est belle, mais elle ne remplit pas tout l'espace. Ce n'est ni le cardinal de Tournon, ni Richelieu, ni Mazarin.

VII

Si Louvois n'a pas eu sur le règne de Louis XIV une influence complète, unique, indiscutable, il n'en faut pas moins reconnaître qu'il a exercé sur les affaires de la guerre une autorité presque souveraine.

Cette autorité a-t-elle été toute dans l'intérêt du roi et dans l'intérêt de l'État? Nous n'oserions l'affirmer.

Nommé ministre sans la moindre expérience et beaucoup trop jeune, Louvois reçut les leçons de son père, qui appartenait à l'ordre civil. Il ne fut pas difficile de se faire des règles administratives pour le recrutement des armées, la solde, les munitions et l'entretien des troupes. Le Tellier et Louvois s'y montrèrent habiles. Le premier, doué d'un meilleur esprit, alla même au delà. Mais, lorsque ces hommes éminents eurent l'ambition de diriger les armées, de tracer des plans de campagne, de dominer le commandement militaire, ils ne purent que s'égarer. Alors ils soumirent le commandement à l'administration et commirent des erreurs irréparables. La France et les États européens en souffrirent longtemps et en souffrent encore.

On s'explique difficilement comment Louis XIV, avec son esprit juste et son bon sens si remarquable, put confier le ministère de la guerre à des hommes très jeunes et complètement étrangers à la science de la guerre ; comment ce roi, jaloux de fonder un grand empire par les armes, préféra des commis à ses généraux, si supérieurs en tout.

Peut-être, dans ses conseils, le roi voulut-il échapper au contact des supériorités et se placer près des hommes qu'il pouvait dominer.

Supposons que Louis XIV ait eu pour ministre de la guerre Turenne, Vauban ou Catinat; quel changement dans ses destinées! Au lieu de cette guerre de sièges, lente, monotone et presque sans résultats, il y eût eu de brillantes campagnes comme celles de Gustave-Adolphe et de Frédéric II; la France eût conquis des provinces plus facilement qu'elle n'emporta quelques villes.

Ces grands capitaines n'auraient pas eu au cœur ces colères, ces vengeances, ces cruautés, qui portent atteinte à l'honneur de Louis XIV.

Il faut connaître la vie de Louvois, non comme exemple à suivre, mais pour l'intelligence du règne de Louis XIV.

Nul homme ne fut plus actif, plus laborieux et plus éclairé. Mais cet esprit si vaste ne s'élevait pas à une très grande hauteur. Habile en affaires, égoïste, ambitieux, cruel, Louvois semblait étranger aux sentiments généreux, aux nobles pensées, aux beaux sacrifices. Il n'imprima jamais au règne de son maître ces sublimes élans de générosité dont le temps ne peut effacer le souvenir.

Après avoir connu la vie de Louvois, nous n'avons pu nous défendre de penser à ces deux maximes de la Rochefoucauld : « Celui qui croit pouvoir trouver en soi-même de quoi se passer de tout le monde, se trompe fort ; mais celui qui croit qu'on ne peut se passer de lui, se trompe encore davantage. »

— « Il y a de méchantes qualités qui font de grands talents. »

FIN

TABLE

Préface 7

CHAPITRE I

1641 - 1672

Michel le Tellier. — Diverses opinions sur Louvois. — Expéditions. — L'intendant Robert. — Coligny. — Les commissaires des guerres. M. de Mirabeau et le commissaire. — Le marquis de Coëtquen. — Le marquis du Montal. — Corps d'armée au secours des Hollandais. — Lettres familières de Louvois. — Le marquis de la Vallière. — Turenne. — Expédition de Flandre en 1667. — Rapide conquête de la Franche-Comté. — Voyage de Louis XIV. — Le comte de Gramont. — La législation militaire est antérieure à Louvois. — Le Tellier a préparé toutes les réformes de Louvois. — Réformes inspirées par Turenne. — Lettre de Vauban à Louvois. — Activité de Louvois. — Expédition contre le duc de Lorraine Charles IV. — Lettre de Louvois au maréchal de Créqui. — Probité de Vauban. — Louvois est nommé grand vicaire de l'ordre de Saint-Lazare et ministre d'État. — État de l'armée prête pour la guerre de Hollande. — Difficultés entre les maréchaux de France. — Entrée en campagne. — Passage du Rhin. — Fautes commises par Louvois. .   9

CHAPITRE II

1672 - 1676

Louis XIV. — Luxembourg. — Turenne. — Préparatifs pour la campagne de 1673. — L'intendant Robert à Utrecht. — Le prince de Condé à Utrecht. — Louis XIV assiège Maëstricht. — D'Artagnan le mousquetaire. — Prise de Colmar. — Lettre de Turenne au roi. — Plan de la campagne de 1674. — Le maréchal de Bellefonds. — Seneffe. — Opinion de Vauban sur les gazettes. — Naïveté du brave marquis de Chamilly. — Lettre de M. de Saint-Abre, lieutenant général, au roi. — Que sont les incendies du Palatinat? — L'arrière-ban. — Le chevalier de Rohan. — Désordres dans les provinces. — La démocratie à Besançon. — Un bourgeois de Dôle. — Louis XIV se rend à l'armée. — Louvois chez Turenne. — Turenne chez le cardinal de Retz. — Montecuculli. — Turenne et Montecuculli. — Opinion de Folard. — Guerre méthodique. — Dernier jour de Turenne. — Paroles de Montecuculli en apprenant la mort de Turenne. — Lettre de Mme de Sévigné. — Sentiments de Louvois pour Turenne. — Montecuculli attaque l'armée française sur la Schutter. — Promotion de huit maréchaux de France. — Ordonnance réglant le commandement à grade égal. — Le duc de Saint-Simon. — Lettres de Louvois au maréchal de Duras. — Lassitude du prince de Condé. — Lettre de Luxembourg. — Désordres à Bordeaux. — Répression 56

CHAPITRE III

1676-1684

Le courage de Louvois. — Belle occasion manquée par Louis XIV. — Confiance du roi. — Campagne de 1676. — Campagne de 1677. — Assaut de Valenciennes. — Le comte d'Aligny. — Prudence de Louvois. — Son désintéressement. — Louvois dans les détails. — Le Tellier est nommé chancelier. — La marine. — Préparations pour le siège de Gand. — Campagne de 1678. — Le voyage de la cour. — Surprise de Gand. — Siège d'Ypres. — Lettre du maréchal de Navailles à Louvois. — Villacerf surveille la reine. — Le jeu de la cour et M. de Langlé. — Cruauté de Louvois. — Paix de Nimègue — Le journal officiel créé par Louvois. — Mariage de Mlle de Louvois. — Les empoisonnements. — Le maréchal de Luxembourg compromis avec les empoisonneurs. — M. de Feuquières accusé. — La comtesse de Soissons et la duchesse de Bouillon. — Lauzun et Mlle de Montpensier. — Les chambres de Metz et de Brisach. — Strasbourg réuni à la France. — Bonnes œuvres de la marquise de Chamilly. — Compagnie de cadets. — Louvois est nommé surintendant des bâtiments à la mort de Colbert. — Louvois, la noblesse et les parlements. — Travail de Louis XIV. — Déclaration de guerre de l'Espagne à la France. — Bombardement de Luxembourg. — La ville est entourée de troupes. — Vauban sollicite une faveur, conduite de Louvois 111

CHAPITRE IV

1684-1686

Siège de Luxembourg, correspondance entre Louvois et Vauban. — Le grade de lieutenant général refusé à Vauban. — Ingénieurs. — Le soldat qui tient mal son fusil à la revue. — Les secrétaires d'État de la guerre le Tellier, son fils et son petit-fils. — Louvois donne d'utiles leçons. — Encore les cadets. — Le marquis de Grignan, colonel à dix-huit ans. —

Les milices. — Le dépôt de la guerre. — Inventions de Vauban. — La comédie sera-t-elle permise? — La justice militaire. — Lettre de Louvois à Vauban. — Mort de Marie-Thérèse. — Le frère de Mme de Maintenon. — Arrestation de courriers. — De la révocation de l'édit de Nantes. — L'intendant Marillac est révoqué de sa charge. — Louvois cesse d'être modéré. — Lettre de Mme de Maintenon. — La réforme. — Lettre de Louvois. — Mort du chancelier le Tellier. — Bossuet prononce son oraison funèbre. — Conséquences de l'édit de révocation. — Persécution dans les Cévennes. — Mémoire de Vauban. — Louvois en cette circonstance. 159

CHAPITRE V

1686-1690

Effets de la révocation de l'édit de Nantes. — Les Barbets. — Catinat. — Les Vaudois résistent. — Lettre de Catinat à Louvois. — La bourgeoisie sous Louis XIV. — Le prince d'Orange. - Le Dauphin en campagne. — Siège de Philippsbourg. — Manheim. — La bravoure allemande, d'après Vauban. — Le Dauphin revient à la cour. — Promotion dans l'ordre du Saint-Esprit. — Dons à Vauban. — Raser une place? — Incendie du Palatinat. — La princesse Palatine. — Administrateurs et généraux. — Ligue d'Augsbourg. — Indiscipline du fils de Louvois. — Jacques II. — Sa désastreuse entreprise. — Il revient en France. — Les Stuarts. — Défaite de Valcourt. — Lettres de Louvois et de Chamlay. — Siège de Mayence par le duc de Lorraine. — Chamlay. — Les officiers d'alors. — Les soldats perdent toute discipline. — Le maréchal de Duras reçoit l'ordre de secourir Mayence. — Le maréchal de Lorges, frère du maréchal de Duras. — Louvois veut partager le commandement entre les deux frères. — Sa lettre au maréchal de Lorges. — Le marquis d'Uxelles, défenseur de Mayence. — Capitulation de Mayence. — Reddition de Bonn. Mort du baron d'Asfeld. — Grave accusation contre Louvois. — Louis XIV va chasser à Meudon, chez Louvois. — Défaveur de Louvois. — Origine de la guerre de 1688, d'après Saint-Simon. — Mouvement des réformés. — Catinat est nommé général du corps expéditionnaire en Italie. — Les instructions que lui donne Louvois. — Les Barbets sont attaqués. — Catinat entre en Piémont. — Mort affreuse de M. de Parat, lieutenant-colonel du régiment d'Artois. — Commencement des hostilités. — Chamlay conseille un manifeste. — Victor-Amédée, duc de Savoie. — Mouvement stratégique de Catinat. 209

CHAPITRE VI

1690-1691

Bataille de Staffarde. — Lettre de Louis XIV à Catinat. — Récit du comte d'Aligny. — Catinat abandonne le Piémont. — Prise de Suse. — Louvois journaliste. — Duplicité de Victor-Amédée. — L'argenterie portée à la Monnaie. — Mort du duc de Lorraine. — Le maréchal de Lorges. —

Chamlay libelliste. — Critique de Louvois. — Le maréchal de Luxembourg rentre en faveur. — Victoire de Fleurus. — Correspondance de Louvois et de Luxembourg à la suite de la bataille. — Le marquis de Puységur. — Politesses entre généraux ennemis. — Inaction de monseigneur le Dauphin. — Louvois est chargé des haras et des fortifications. — Le recrutement donne lieu à des violences. — Catinat s'empare du comté de Nice. — Caricatures. — Siège de Namur. — Reproches de Louvois au rédacteur de la gazette. — Mécontentement du roi contre Louvois. — Mort subite de Louvois. — Récit de Barbezieux sur cette mort, qu'il attribue au poison. — Vaines recherches. — Lettres de la princesse Palatine. — Les tombes de Louvois. — Son épitaphe. — Portrait de Louvois. — La marquise de Louvois. — Louis le Grand. — Ses travaux. — Jugement sur Louvois. — Deux maximes de la Rochefoucauld. 256

11246. — Tours, impr. Mame.

FORMAT IN-12

BIOGRAPHIES NATIONALES

BAYART (HISTOIRE DE PIERRE TERRAIL, SEIGNEUR DE), par A. Prudhomme.
BLANCHE DE CASTILLE (HISTOIRE DE), par J.-S. Doinel, ancien élève de l'Ecole des Chartes, bibliothécaire-archiviste de Niort.
BOSSUET (HISTOIRE DE), évêque de Meaux, par J.-J.-E. Roy.
CHARLEMAGNE ET SON SIÈCLE, par J.-J.-E. Roy.
CHARLES VIII, par Maurice Griveau.
COLBERT, ministre de Louis XIV, par Jules Gourdault.
CRILLON (VIE DE), par H. Garnier, licencié ès lettres, élève de l'Ecole des chartes.
FÉNELON (HISTOIRE DE), archevêque de Cambrai, par J.-J.-E. Roy.
FRANÇOIS DE LORRAINE (VIE DE), duc de Guise, surnommé le *Grand*, par Ch. Cauvin.
GODEFROI DE BOUILLON, par Alphonse Vétault, ancien élève pensionnaire de l'École des Chartes.
HENRI DE GUISE LE BALAFRÉ, histoire de France de 1563 à 1589, par Charles Cauvin.
JEANNE D'ARC, par M. Marius Sepet, ancien élève de l'École des chartes.
JEUNESSE DU GRAND CONDÉ (LA), d'après les sources imprimées et manuscrites, par Jules Gourdault.
LOUIS XI (HISTOIRE DE), par J.-J.-E. Roy.
LOUVOIS, d'après sa correspondance (1641-1691), par le général baron Ambert.
MONTMORENCY (LE CONNÉTABLE ANNE DE), 1490-1567, par le général baron Ambert.
RICHELIEU (LE CARDINAL DE), par Eugène de Monzie.
SUGER, par Alphonse Vétault, ancien élève pensionnaire de l'Ecole des chartes.
SULLY ET SON TEMPS, d'après les Mémoires et Documents du XVIᵉ siècle, par Jules Gourdault.
TURENNE (HISTOIRE DE HENRY DE LA TOUR D'AUVERGNE, VICOMTE DE), par L. Armagnac.

Tours. — Impr. Mame.

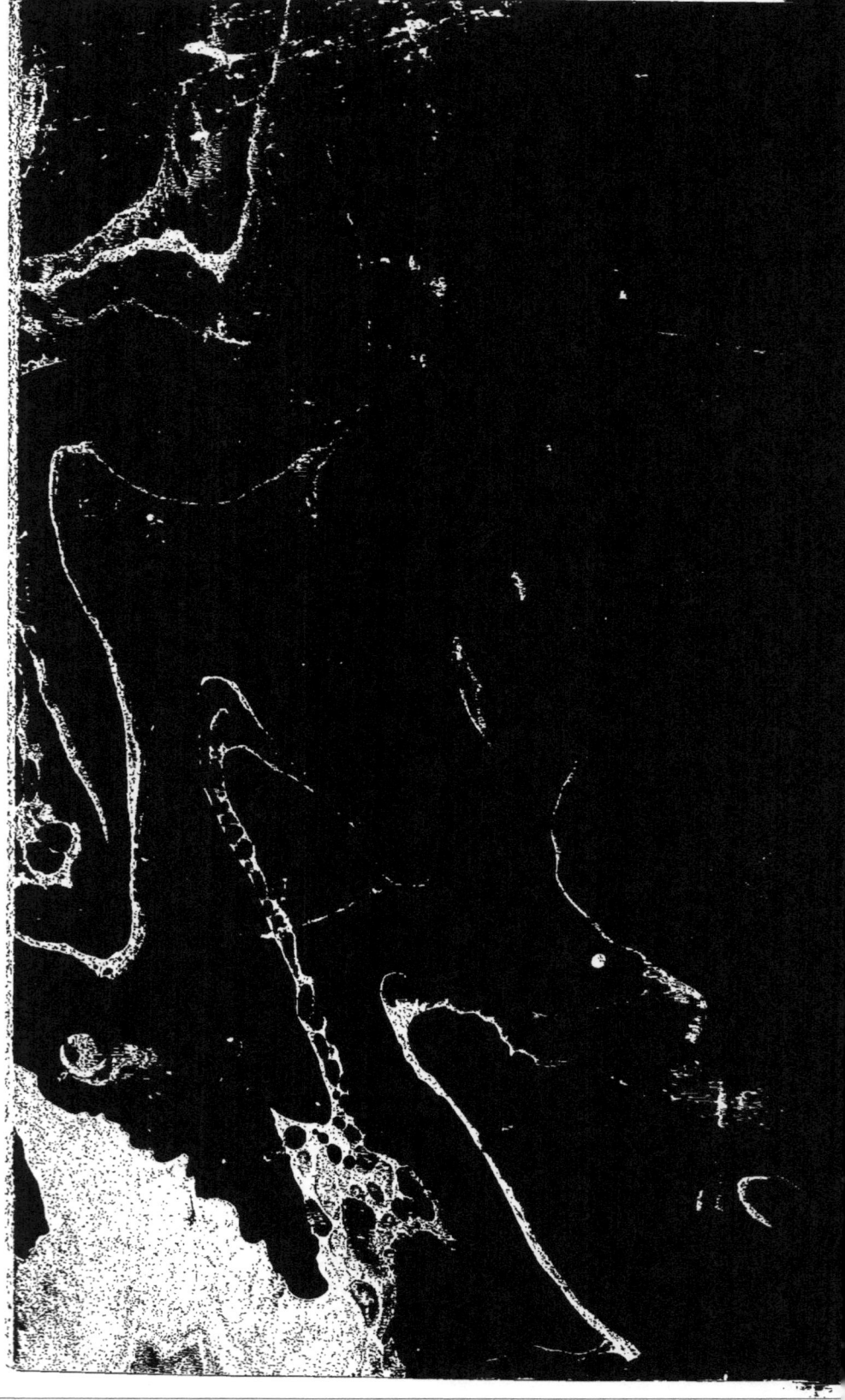

www.ingramcontent.com/pod-product-compliance
Lightning Source LLC
Chambersburg PA
CBHW070630160426
43194CB00009B/1416